刘利群 主编
李 敏 执行主编

妇女·儿童·家庭·社区

社会工作专业硕士课程案例集

WOMEN,
CHILDREN,
FAMILY,
COMMUNITY

A CASE SET OF
MASTER'S PROGRAM
IN SOCIAL WORK

社会科学文献出版社
SOCIAL SCIENCES ACADEMIC PRESS (CHINA)

前　言

社会工作是立足科学知识、回应不同人群需要并寻求社会积极改变的制度安排。社会工作专业是将社会工作理念、知识、方法综合运用于社区、妇联等领域，以培养解决社会问题专门人才的重要学科专业领域。

党的十八大以来，习近平总书记高度重视妇女、儿童、家庭和社区工作，发表了一系列重要论述。他特别强调妇女儿童的主体作用，指出"推进强国建设、民族复兴伟业，妇女是重要力量，儿童是未来生力军"[1]；特别强调家庭的基点作用，指出"家庭是社会的细胞。家庭和睦则社会安定，家庭幸福则社会祥和，家庭文明则社会文明"[2]。此外，他还特别强调社区工作的重要性，指出"社区很重要，上面千条线，底下一根针，很多工作都要靠社区去完成"[3]。

为了更好地贯彻落实习近平总书记的重要指示精神，发挥学院智库作用助力做好妇女、儿童、家庭、社区领域的各项工作，中华女子学院（全国妇联干部培训学院）选取具有代表性的社会工作优秀案例，编辑出版了《妇女·儿童·家庭·社区：社会工作专业硕士课程案例集》。该案例集包括妇女篇、儿童篇、家庭篇、社区篇四个部分，内容涉及"妇女社会工作理论与实务""儿童社会工作理论与实务""家庭社会工作理论与实务""妇女发展政策""高级社会工作实务""社会工作评估""社区

---

[1]《带着真心真情付出更大努力　为推动妇女儿童事业高质量发展作出新的更大贡献》，光明网，https://epaper.gmw.cn/gmrb/html/2023-09/29/nw.D110000gmrb_20230929_4-01.htm，最后访问日期：2024年6月14日。

[2]《习近平：推动形成社会主义家庭文明新风尚》，新华网，http://www.xinhuanet.com/politics/2016-12/12/c_1120103506.htm，最后访问日期：2024年6月14日。

[3]《习近平：我很重视社区工作》，中国新闻网，https://www.chinanews.com.cn/gn/2022/07-15/9803881.shtml，最后访问日期：2024年6月14日。

治理与发展"等课程领域。其中,"妇女篇"聚焦家政女工、女大学生以及空巢老年女性等不同妇女群体的发展需要,选取了以专业价值为指导、提升女性发展能力、服务妇女精神健康、支持女性老年生活的案例。"儿童篇"根据儿童的成长特点和现实需求,选取了以科学理论为基础,充分运用社会工作方法和技巧开展的儿童照护、儿童网络素养提升、困境儿童帮扶等案例。"家庭篇"围绕促进家庭关系和谐与发展,选取了家庭教育、反家暴服务、临终关怀等的案例。"社区篇"立足"五社联动"的背景,选取混合型老旧社区、农村集中安置社区、农转居等不同社区开展社区活力激发、社区参与提升、社区教育等活动的案例。

本书是中华女子学院(全国妇联干部培训学院)相关课程团队开展课程建设的阶段性成果,可为从事社会工作专业硕士研究生教学活动的授课者、研究者提供理论指导与实践参考。

编者

2024 年 6 月 14 日

目 录

妇女篇

家政女工赋能服务
——以"绿色家政工助力城市社区可持续发展"项目为例
.... 苗艳梅　李文芬 / 3

ABC 理论在中度抑郁患者干预中的运用
.... 谷劲松　刘盈希 / 17

农村空巢老年女性的社会支持个案服务 .... 刘梦阳　王淑钰 / 32

儿童篇

困境儿童个案服务
——以公共危机背景下的困境儿童干预为例
.... 李　敏　杨　然 / 57

完善社会政策，促进妇女全面发展
——以《关于促进 3 岁以下婴幼儿照护服务发展的指导意见》为例
.... 王向梅 / 73

学龄期儿童网络素养提升服务
——以 H 市某小学亲子小组为例 .... 刘梦阳　刘昊越 / 89

家庭篇

"亲子共成长"家庭教育促进项目评估
.... 郝彩虹　刘依洋　冯苏萍 / 111

反对家庭暴力，维护妇女合法权益
　　——以《中华人民共和国反家庭暴力法》为例 ………… 王向梅 / 133
临终关怀个案服务
　　——以癌症末期患者的临终关怀服务为例
　　………………………………………………… 刘　焱　丰　芮 / 154

社区篇

激发社区活力：混合型老旧社区社会工作实务探索
　　——以北京 H 社会工作机构干预式社区实验为例 ……… 李　敏 / 177
成都市农村集中安置 Z 村社区社会工作实务探索
　　——增权视角下的社区参与水平提升 …………………… 陈伟杰 / 209
农转居社区社会工作实务探索
　　——以北京 X 机构的社区教育服务项目为例 …………… 刘　焱 / 231
社区工作介入随迁老人归属感提升的实务探索
　　——以北京市 S 社区"随居而安"项目为例 …………… 苗艳梅 / 253

妇女篇

家政女工赋能服务

ABC 理论在中度抑郁患者干预中的运用

农村空巢老年女性的社会支持个案服务

家政女工赋能服务
——以"绿色家政工助力城市社区可持续发展"项目为例

苗艳梅　李文芬[*]

一　课程基本信息

（一）教学目标

1. 整体教学目标

"妇女社会工作"是社会工作本科专业基础课。该课程的整体教学目标是使学生了解妇女以及认识妇女的问题，将马克思主义妇女观和社会性别作为基本的分析范畴，掌握女性社会工作的基本概念、理论基础和方法；以妇女为服务对象，结合新时代妇女群体多元化的需求，深入分析影响妇女发展的不同层面的因素，提升学生服务妇女的专业实践能力，培养学生的反思精神和创新意识。

2. 本案例聚焦的教学目标

将妇女研究相关理论和社会工作实务相结合，分析某一群体即家政工群体的问题，学习性别视角下的个案、小组、社区方法以及性别分析、赋权等方法。通过探讨北京鸿雁社会工作服务中心（以下简称"鸿雁"）"绿色家政工助力城市社区可持续发展"项目（以下简称"绿色家政项目"）的底层逻辑、实务历程、行动反思等，让学生从实践案例中理解社会性别理论和方法如何切实应用于妇女赋能项目的设计、执行、评估与实践知识生产。

---

[*] 苗艳梅，社会工作学院副教授；李文芬，北京鸿雁社会工作服务中心业务总监。

（二）教学主题

可穿插在下列各教学主题中，逐步引导学生进行思考，分析该案例。

1. 认识妇女（教学第二章）

了解妇女群体的多元化、不同妇女群体面临的现状和困境及其影响因素，理解妇女身心社不同层面的需求。家政工群体（流动群体的一部分）的现状与困境可从鸿雁开展的调研说明。

2. 妇女的问题与需求（教学第三章）

深入学习和理解妇女面临的问题，分析妇女面临的共性需求，以家政女工为例，分析其不同于其他妇女群体的个性化需求。

3. 妇女社会工作的目标与原则（教学第四章）

能够依据妇女的问题及需求，制定妇女社会工作的目标。深入理解并体验妇女社会工作的原则，能够将妇女社会工作原则应用于实务服务中。

4. 妇女社会工作的理论（教学第五章）

了解妇女社会工作的相关理论，尤其是妇女与赋权理论、参与式发展理论等；分析家政工在自己家庭中的地位、对雇主家庭环境的适应等。

5. 妇女社会工作实务领域和训练（教学第六章、第七章）

该部分的教学主题是了解某一妇女群体的主要需求和问题，通过实地调查分析问题成因，在此基础上设计相应的服务方案，整合社会工作实务，根据通用过程模式详细介绍鸿雁以及绿色家政项目。

（三）教学内容

（1）概述，主要包括妇女社会工作的历史、界定、本土探索等。

（2）认识妇女，包括妇女群体的多元化，妇女的生理、心理、社会需求分析。

（3）妇女的问题与需求，包括妇女面临的问题、妇女的共性需求和特殊需求。

（4）妇女社会工作的目标与原则。

（5）妇女社会工作的理论，包括马克思主义妇女观、西方女权主义、妇女社会工作实务理论（妇女与赋权理论、性别与发展理论、参与式发展理论）。

（6）妇女福利与妇女政策。

（7）妇女社会工作实务领域。

（8）妇女社会工作实务训练，结合理论、政策、实务方法部分，进行案例分析及实务演示。分组讨论主要内容：①该人群有什么需求和问题（与文献回顾相结合）？②该项目能否满足服务对象需求？如何评估服务成效？③运用社会性别视角、赋权理论如何分析该项目？④你的总体反思和建议是什么？

（四）教学对象

社会工作专业本科三年级学生和硕士研究生。

二 案例主体

（一）案例概况

自国内家政行业起步以来，家政工群体职业认同感低、职业流动性大的问题突出，导致家政行业难以提质扩容、社会对家政服务水平日益提升的要求得不到满足。响应国家生态文明建设、乡村振兴、家政行业提质扩容等政策，立足家政工群体人数规模大、影响家庭多、节俭意识强、与自然联结深等优势，绿色家政项目与家政公司、城市社区等社会力量展开合作，重点围绕绿色工作技能的研发和推广，着力协助更多家政工培养绿色家政服务的意识和专业能力，在城市家庭打造健康生活方式上发挥引领作用，从而增强职业认同和自信、争取社会认可和尊重。绿色家政项目围绕绿色工作技能、绿色人际关系、绿色身心状态等板块合作研发及推广绿色家政赋能体系，支持家政工群体实现职业价值、提升职业尊严，促进个人、家庭、社会及自然的可持续发展。

（二）案例背景

1. 家政工群体的职业认同感低

中国大约有 3700 万名家政工，其中 90% 以上是女性，90% 来自乡村，绝大多数年龄在 40~60 岁，以小学和初中文化程度居多。家政工群体对自身职业处境有现实感知，很多人有改变现状的主观需求。家政工群体弱势处境形成的深层次原因包括家政工职业污名化和边缘化，家政行业专业性弱，家政工权益意识不足、缺乏沟通技能、社会支持网络薄弱，等等。

2. 政策对家政行业发展的需求凸显

近年来，党中央、国务院高度重视家政服务业发展，习近平总书记曾多次对家政工作做出重要指示。习近平总书记强调"要把更多资源、服务、管理放到社区，为居民提供精准化、精细化服务"。[1]"推动家政进社区，既有利于促进家政服务业提质扩容，扩大优质家政服务供给，又有利于完善城乡社区服务体系，满足社区群众的多样化需求。'推动家政进社区'这项工作每年都被写入家政服务业提质扩容工作要点中，体现出国家对这项工作的重视。"[2] 3700 万名家政工以原子化形态活跃于城市社区和居民家庭中，对家庭及社区的生活方式会产生直接影响。此外，《北京市生活垃圾管理条例》明确支持家政行业协会制定行业自律规范，开展行业培训，参与推进生活垃圾的治理工作。

（三）项目实施

项目组面向家政工和雇主开展了绿色家政需求调查。结果显示，除工作重、工作时间长、睡不好、吃不好、身体伤害等因素外，53.5% 的

---

[1] 《让党建成为社区治理的最强动力——深圳市龙华区探索党建引领基层治理新模式》，光明网，https://epaper.gmw.cn/gmrb/html/2019-10/24/nw.D110000gmrb_20191024_6-02.htm，最后访问日期：2024 年 5 月 9 日。

[2] 《强化举措 精准施策 全力推动家政进社区高质量发展——〈关于推动家政进社区的指导意见〉解读之三》，平凉市发展和改革委员会，http://fgw.pingliang.gov.cn/zfxxgk/fdzdgknr/zcjd/sjzcjd/art/2023/art_efe57a69971d4bb3a60f3a78cb92cc66.html，最后访问日期：2024 年 5 月 17 日。

家政工感觉未被雇主足够尊重，40.0%的家政工表示总有说不清的压力，36.9%的家政工觉得自己能力不足或低人一等，28.3%的家政工感觉雇主比较挑剔或沟通困难。可见，雇佣关系是家政工觉得自身处境困难的重要因素。

调查结果显示，80%以上的家政工认为掌握绿色家政工作技能有助于提升专业水平、获得雇主认可和尊重，74%的家政工认为掌握绿色家政工作技能有助于为城市家庭发展和自然环境保护做出更大贡献，超过60%的家政工认为掌握绿色家政工作技能有助于增强职业安全和健康意识、增加工作信心和自主性以及找到更好的工作。79%的家政工非常想成为绿色家政工，66%的家政工希望得到免费的绿色家政工作技能培训。可以说，绿色家政工作技能的学习与运用符合家政工群体对职业安全、职业尊严和职业发展的期望。

调查结果显示，雇主对绿色生活的理念有一定的认识，需求较大。多数雇主重视健康，较多雇主有节约能源的环保习惯，但垃圾分类、水资源循环利用的环保习惯尚未养成。48.3%的雇主表示非常想打造绿色家庭生活，38.3%的雇主表示比较想打造绿色家庭生活，说不清楚的占11.7%，只有1.7%的雇主表示不太想打造绿色家庭生活；家政工在家居清洁、家庭餐烹饪、垃圾分类方面的技能被大部分雇主看重，选择比例分别为85.0%、65.0%、53.3%；关于"您在打造绿色家庭生活方面有何顾虑"，55.0%的雇主认为没有时间或精力，48.3%的雇主认为改变以前的生活习惯不容易，46.7%的雇主认为欠缺相关知识和技能，35.0%的雇主认为绿色生活会增加家务量，8.3%的雇主认为绿色生活比较费钱。当被问到"是否愿意支付高一些的工资聘用掌握绿色家政技能的绿色家政工"时，35.0%的雇主表示非常愿意，40.0%的雇主表示比较愿意，18.3%的雇主表示"看情况"，1.7%的雇主表示不太愿意。

显然，具备绿色生活理念和绿色家政工作技能的家政工可以消除雇主打造绿色生活的部分顾虑。

家政工承担做饭、清洁、处理垃圾、照护老幼病残孕等工作，部分家政工还负责日用物资采买，其生活理念与家政服务表现会给家庭成员的观念和行为带来潜移默化的影响。同时，家政工大多来自乡村，保有传统的绿色生活智慧和习惯，并在长期的家政服务过程中积累了很多实用的绿色生活技巧。正因如此，对于助力城乡家庭提升生活品质、调整生活方式而言，家政工群体有巨大的、难以替代的优势和潜能。

（四）项目具体实施

1. 目标体系

绿色家政项目的目标体系由鸿雁与万科公益基金会反复讨论后确定。项目希望达成的总目标为：促进家政工群体发挥优势和潜能，探索出一条有助于家政工群体、城市家庭及自然可持续发展的新路径。

绿色家政项目的分目标是：（1）协助家政工群体培养绿色生活理念及提升绿色家政工作能力；（2）依托家政社群共学互助网络推进绿色家政服务实践；（3）研发并面向社会推广绿色家政工作技能赋能课程。

2. 策略选择

绿色家政项目主要采用能力建设、行动促进、知识生产与传播推广等工作策略。

能力建设。与家政公司和城市社区合作，提供线下培训、线上共学、视频自学等学习机会，协助家政工群体梳理自身已有的观念和做法，培养绿色生活理念和掌握绿色家政工作技能，增强职业信心及发挥自身优势。

行动促进。鼓励家政工在工作与生活中运用绿色家政工作技能、参与绿色家政宣传活动，用实际行动促进自身及雇主家庭的可持续发展，逐渐改变社会对家政工群体的认知，同时增强家政工持续行动的信心和动力。

知识生产。对能力建设与行动促进过程进行观察、记录和反思，结合家政工群体的工作场景及参与者分享的实用经验，制作以家政工群体为目标受众的培训手册和培训视频，方便绿色家政理念及工作技能的传播推广。

传播推广。"线上+线下+跨界+跨区域"合作推广绿色家政工作技能课程，让更多家政工及社会力量有机会了解家政工群体的职业优势和潜能，增进支持家政工群体的意愿和行动，进而激发家政工群体的动力，挖掘家政工群体的潜能。

3. 项目具体活动

（1）开展两轮绿色家政工作技能培训

第一轮培训为线下培训，共四次，参与者64人次，其中有12人全程参与并通过考核。第二轮培训调整为线上进行，参与者204人次，有26名家政工全程参与并通过考核。

（2）开展社区活动

鸿雁与北京顺义、海淀等地社区合作，开展腊八节社区活动、元宵节社区探访、社区居民及家政工问卷调查等，社区参与者192人次；开展零废弃日闯关活动、绿色家政之手作润肤霜、万能清洁剂、手作紫草膏四场社区活动，参与者包括社区居民和家政工。

（3）与家政公司合作，助力绿色家政工作技能视频课程上线

鸿雁与家政公司多次开展春游等融合活动，建立了良好的合作关系；与"阿姨来了"家政公司合作，将绿色家政工作技能视频课程上线该公司的学习平台，惠及该公司38万名注册家政工。

（4）绿色家政工成长服务

运营绿色家政互助共学群，通过实践打卡、积分兑奖等方式鼓励家政工在工作与生活中运用绿色家政工作技能，分享实践经验，提出并讨论在实践中遇到的问题。该群中的多次主题讨论为"绿色家政之垃圾减量"视频课程、《家庭垃圾减量实操手册》的制作提供了经验。

组织家政工开展"环保村游学""绿色过大年"等共学活动。环保领域前辈分享实践道路上的苦与乐，让家政工深受感动和激励。2022年8~12月，鸿雁同步进行绿色家政实践故事的征集与发布活动，共有13名家政工参与，她们用朴素的语言面向家政工群体和社会大众讲述学习及使用绿色家政工作技能以来的个人成长和对外影响。

（5）研发绿色家政视频课程

2022年7~9月，鸿雁团队以前期工作为基础，研发形成"绿色家政之垃圾减量"视频课程、《家庭垃圾减量实操手册》。视频课程是对线下

培训的浓缩，共四节，每节 20~30 分钟，课程内容得到相关领域专家的认可。手册内容更加翔实，补充了相关政策法规和调研数据，适合对绿色家政感兴趣的社会各方进行阅读和参考，也适合有一定学习能力的家政工进行自学。

（6）宣传推广活动

鸿雁通过开展题为"垃圾减量：绿色家政助力城市社区环境可持续发展"项目成果发布会暨圆桌论坛，"看见、赋能与创新"的绿色家政论坛等活动，呈现家政工自信、能干、勤劳、智慧的集体形象，推动社会对家政工群体的关注。

（五）项目成效

鸿雁通过项目培育了 40 名绿色家政工，形成一个百人绿色家政实践互助群，群里的家政工在其日常工作生活中积极开展绿色家政实践，分享实践带来改变的故事，这些改变包括自身技能的发展、内在信心的增加、个人价值感的提升、雇主家庭的变化等。

通过进社群、进社区、进家政公司的培训实践，鸿雁开发形成面向家政工的环境问题与绿色家政、减少食物浪费、旧物循环利用、垃圾分类等系列视频教学课程，以及面向各界合作伙伴的《绿色家政之垃圾减量实操手册》。

与国内影响较大的家政公司"阿姨来了"、原属北京妇联的三八家政服务有限公司、北京某高档社区形成长期合作关系，其中，视频课程已上线"阿姨来了"旗下家政工培训平台，可触达在该公司注册的 38 万名家政工。

项目后期与蚂蚁公益和全国家政兴农重点区县合作进行课程推广。人社部教材出版机构初步计划把绿色家政技能课程纳入新版的家政职业培训教材。

绿色家政宣传短片和相关产品在第 27 届联合国气候变化大会（COP27）上展出，作为亚洲女性气候行动与解决方案的一部分。

2022 年 9 月召开"垃圾减量：绿色家政助力城市社区环境可持续发

展"发布会，现场直播观看人数达到10.3万人次。

绿色家政项目入围凤凰网主办的行动者联盟2022公益盛典年度创意项目。

新华社主办刊物、生态环境部主办刊物、中国妇联主办刊物、中央政法委机关报法治日报社主办刊物、社会工作者党建媒体平台、《工人日报》、凤凰网、腾讯新闻等主流媒体对鸿雁的绿色家政工作进行了报道。其中，2022年5月，新华社主办刊物《瞭望》刊发专题《新家政工人》，将鸿雁绿色家政工纳入家政行业新业态。

三　案例使用说明

（一）案例所覆盖的理论知识点、能力训练知识点、价值观讨论点等

1. 理论知识点

社会性别概念和基本观点、社会性别分析框架、赋能理论等。

（1）社会性别是指人们认识到的基于男女生理差别之上的、实际存在的社会性差异和社会性关系。它不是先天存在的，而是社会文化及其制度造就或建构的。社会性别概念被社会学家用来描述在一个特定社会中，由社会形成的男性或女性的群体特征、角色、活动及责任。

社会性别是一种社会身份，是社会化的产物，男性和女性的社会性别差异受文化和制度的影响。在传统社会中，由于女性在体力等方面与男性相比处于劣势，对女性生物角色的延伸，形成了社会对女性的歧视。这种"男强女弱""男尊女卑"的社会现象是社会建构过程的产物。建构是后天的，也是可以改变的。社会性别理论是对传统社会性别关系的挑战和反对。

个人的问题是政治的问题；性别既存在于私人生活领域，也存在于公共生活领域。

（2）社会性别分析框架

性别角色分析：女性多扮演生育和社区管理角色，其社区管理角色

是对家庭和生育角色的延伸，一般是无偿和自愿的；男性多扮演生产和社区政治角色，一般是有报酬的，而且社会地位较高。

性别需求分析：可分为两类，即实用性社会性别需求分析和战略性社会性别需求分析。实用性社会性别需求是妇女基于传统社会承认的角色产生的需求，不会对传统性别角色和分工模式造成挑战。战略性社会性别需求是因妇女在社会中的从属地位而延伸出的需求，对传统的分工模式和权力提出挑战，要求获得更多的平等权利，挑战妇女的从属地位。

性别分类资料收集：首先是制作家庭中男女家长的劳动时间、劳动类型、拥有资源和决策情况的图表，然后进行对比。此方法多用于性别意识培训。另外，绘制大树图也是常用的资料收集方法，树干是问题，树枝是成因，分析问题成因中的性别因素并找出干预方法。

（3）赋权即提升权力的目的与过程

一般来讲包括四个层次：个人层次、人际层次、微观的环境及组织层次、宏观的环境或社会政治层次。

社会工作者在提供服务时要注意以下原则。

①透明化：消除社会工作服务的神秘色彩，将工作过程和内容透明化。

②意识觉醒：通过阅读、小组讨论、经验分享、一人一故事等方法促进妇女意识觉醒。

③权力分析：社会工作者要与妇女一起讨论两性之间、家庭及日常生活中的权力关系。

④政策倡导：进行政策倡导，为妇女提供一定的政策支持。

⑤鼓励和肯定：鼓励妇女进行改变，肯定她们的成长。

2. 能力训练知识点

通过社会性别视角及赋能理论分析家政工群体处境及其背后的原因，融入家政工社会工作者服务项目的设计、实施与评估。

家政工（与流动妇女需求的关系）的需求问题：工作权益受到侵害、工资低、工作不稳定；家庭支持不足，远离家人、孩子等。找准需求，设计服务项目。

家政工自我身份认同上的变化，工作上的自食其力与家庭责任承担，通过烹饪技巧提高、环保技能使用等获得雇主的肯定，引起关系和环境的改变。

3. 价值观讨论点

家务劳动／家政服务的社会价值讨论。

家务劳动／家政服务的技术含量如何？很多人觉得很容易，不需要专业能力，你有何看法？

如何解读妇女与生态之间的关系？

妇女与家政工作之间有何关系？90%以上的家政工是女性，这意味着什么？

（二）思考题

（1）如何收集关于某一妇女群体需求的资料？对于某一妇女群体的需求，社会工作如何回应？

（2）你觉得女性的主流价值观是什么？

（3）你对"女佣"、"小保姆"和"家政工"的称谓变化如何理解？

（4）你认为家政工可能面临哪些需要？为什么？（结合教材知识点）

（5）如何运用社会性别分析、赋能理论回应鸿雁服务的家政工群体？

（三）讨论、分析的思路及要点

该案例使用时引导学生进行讨论、分析，可以在多个章节进行探讨。

1. 妇女的需求、问题和妇女社会工作的特点

妇女的需求包括生殖健康、权益保障和发展需求，促进就业、教育、参政、婚姻、家庭等方面的平等以及贯彻男女平等基本国策，制定性别公正的政策、制度等，消除一切歧视。

妇女面临的问题主要包括以下几个方面。第一，婚姻与家庭问题：离婚率上升，未婚人口增多，单亲母亲家庭贫困和社会福利保障缺乏；

13

第二，针对妇女的暴力问题：婚姻暴力、拐卖、性暴力、性骚扰和性服务、基于男孩偏好的强迫堕胎等；第三，生殖健康问题：生殖健康容易受到危害，缺乏生殖健康方面的知识，生殖健康权利意识薄弱；流动妇女、打工妹、从事商业性性服务的妇女生殖健康极度缺乏保障；第四，留守妇女和流动妇女问题：工作权益受到侵害、工资低、工作不稳定、远离家人、远离孩子等；第五，就业问题：失业率高、受排斥、收入低、很难享受医疗服务；第六，贫困女性化问题：缺少经济收入、健康状况差、文化水平低、无安全感；第七，参政问题；第八，推动社会性别主流化问题。

妇女社会工作的特点：关注妇女的多样性；关注妇女的声音和经验；理解和接纳妇女的现实处境；两性生理差异不等于女性次于男性；强调"个人的即政治的"；注重本土妇女工作经验的总结和提炼。

讲述后引导学生思考上述内容在家政工群体中的具体体现。

2. 妇女社会工作的目标与原则

妇女社会工作的目标可分为直接目标、中间目标和最终目标。（1）直接目标：缓解压力和宣泄情绪；重塑自我，增强对自我的认识；解决妇女的实际困难和需要（分享这方面鸿雁是如何做的）。（2）中间目标：协助妇女重新界定妇女问题，认识到"个人的即政治的"；增强性别平等意识，促进自省、自信和自我认同；建立妇女的支持小组，减少成员的孤独感。（3）最终目标：重新建构权力关系；建立妇女网络与网络之间的联结；倡导、建立全社会的性别公正和公平的意识与制度。

妇女社会工作的原则：（1）承认妇女的多样性以及与其一起工作的视角的多样性；（2）尊重妇女作为独立的个体，而不是家庭角色的扮演者；（3）了解、理解和接纳妇女的现实处境和她们的生存选择；（4）认识到妇女有能力处理自己的问题；（5）妇女是发展的主体，而不是客体；（6）增加妇女的资源和选择的多样性；（7）将个体与群体联结起来，促进妇女之间特别是具有类似经历的妇女进行互助；（8）社会工作者与服务对象之间是平等的关系。

讲述后引导学生结合上述目标和原则再次回顾鸿雁的工作理念、家政工的资源等。

3. 妇女社会工作实务领域

以家政工群体为例，引导学生查阅文献，对影响该群体问题的原因进行深入分析，尤其是要引导学生聚焦与雇主关系、家政工工作环境改善等方面，赋权等方法如何运用，通过调研并分析问题的成因，设计相应的干预方法，再结合鸿雁实际工作内容进行思路拓展。

（四）案例使用要点

案例使用的关键点是，根据课堂教学计划逐步引入，从家政工群体特点的思考、文献、调研入手，分析社会工作在该领域采用的方法等，再进一步展现鸿雁致力于该群体发展的过程。

案例使用的难点是，涉及的知识点较多且相对分散，难以在一两个课时呈现一个完整的案例教学过程。

家政工群体属于妇女社会工作关注的流动妇女中的一个独特类型，与妇女所处环境、组织等赋权方法联系较紧密，但其组成比较复杂，有月嫂、高级管家、保洁人员、护工、钟点工、住家家政服务员等不同类型，差异较大，学生也可能会有刻板印象。要注意鸿雁服务的群体主要从事保洁、住家家政服务员等，也可引导有条件、有机会的学生了解月嫂、高级管家的工作现状，这有助于更全面、更深入地了解家政工群体。

（五）建议的课堂教学计划

前期妇女的需求、理论等章节的提问与思考、讨论等可以思考题的形式分组进行，每次大约 15 分钟，达成学习小组共识；实务领域的讨论可以更加充分，每次 30 分钟左右。汇总各组的服务计划，呈现鸿雁在该领域的整体思路等大约需要 45 分钟。

（六）案例使用辅助手段或工具

通过课堂讲授、小组讨论、课后访谈、剧本模拟等方式，学生了解家政工群体的困难与需求，并能够运用马克思主义妇女观，社会性别理论，专业价值观、理论和方法提供服务。

（七）案例教学的监测和评估

在案例教学结束后进行评估，通过数据分析或访谈文本分析改进案例的使用方式，促进教学质量提升。

（八）案例使用的延展建议

除"妇女社会工作"课程外，该案例在社会工作专业实务领域都可使用，可以提供一个服务人群的社会工作专业范例。

ABC 理论在中度抑郁患者干预中的运用

谷劲松　刘盈希[*]

一　课程基本信息

（一）教学目标

1. 掌握案主访谈与收集资料的技巧。
2. 准确分析与评估案主的问题及需求。
3. 掌握 ABC 理论在实务过程中的运用。

（二）教学主题

医务社会工作、妇女社会工作实务研究。

（三）教学内容

1. 个案工作的内容及工作方法。
2. 健康社会工作的实务案例分析。

（四）教学对象

学习"医务社会工作"课程的学生、从事医务社会工作的工作人员。

---

[*] 谷劲松，社会工作学院讲师；刘盈希，社会工作学院2019级社会工作专业硕士研究生。

二 案例主体

（一）案例背景

1990~2019年，全球患抑郁症人数增长48.1%；2019年之后，全球的抑郁症病患持续增加，焦虑障碍病患数量也明显增加。其中，抑郁症患者的数量增加了5300万人，增幅为27.6%。[①]根据中国精神卫生组织的相关调查，我国成年人患有终身抑郁障碍的比例是6.8%，其中，抑郁症人群占比为3.4%，数量是9500万人，青年患病率最高，18~34岁青年患抑郁症的多于其他年龄段人群，大学生和职场人员占大部分（叶大军，2008）。导致出现抑郁症的原因有很多，抑郁症患者的表现也各不相同，一般有情绪低落，对自身评价较低，容易出现自责或内疚、睡眠障碍、食欲不振等情况。长期发展下去，病患的大脑机能会受到损坏，有可能出现萎缩情况，尤其是主管思维反应的额叶的体积会不断缩小，影响人的认知功能，病患甚至会出现自杀倾向，危害性显著。

大学生作为国家人才后备力量，其心理健康问题不容忽视。特别是在巨大的学业和就业压力下，大学生群体中抑郁症的发病率与其他群体相比更高。抑郁症会对大学生的身心健康产生严重的影响，主要表现为：在情绪方面出现持久的心情低落；在认知方面出现自我认知偏差，产生对自身及其他事物的消极想法；在躯体反应方面出现食欲降低、睡眠障碍等状况；在社会功能方面会出现孤僻、回避人际交往等状况，甚至会出现极端行为，如自残、自杀等。所以，引导大学生正确认识和面对抑郁症，提高大学生对情绪问题的应对能力，进而提高大学生的心理素质，既是学校工作中不可忽视的重点问题，也是整个社会需要关注并解决的难点问题。

社会工作遵循的伦理价值是案主利益优先，相较于其他专业，社会工作无论在价值观念、服务方向方面，还是在职责内容、工作技巧方面，

[①]《2022年数字化精神心理健康服务行业蓝皮书》，http://cn.chinadaily.com.cn/a/202204/28/WS626a5e2ba3101c3ee7ad2feb.html，最后访问日期：2024年5月10日。

都非常适用于抑郁症患者的帮扶，在抑郁症治疗过程中发挥着不可替代的作用。社会工作者能够利用专业的服务方式，帮助大学生抑郁症患者调适心理和疏导情绪，并协调校内外相关资源，更好地完成抑郁症的介入工作。与此同时，社会工作者能够亲身感受抑郁症患者的实际生活，从中发现问题并解决问题。社会工作者联合高校心理健康中心共同帮助患有抑郁症的大学生，能够提升相关部门、高校学生对社会工作的重视程度，使其更好地了解社会工作者的职责内容。社会工作介入大学生心理健康问题治疗，能够在一定程度上减轻高校心理健康中心的工作压力，进而帮助更多抑郁症患者，使其尽快回归正常生活。

（二）案例描述

1. 案主基本情况

案主是一名正在读大四的女生，今年22岁，20~22岁的两年时间里因某些经历导致其人际关系紧张。当谈论到这段经历的时候，案主的情绪十分激动，表现出强烈的抵触和悲伤情绪。案主的母亲今年56岁，全职在家，照顾案主的生活起居，但因为母女间代沟较大，沟通较少，母女关系紧张。案主还有一个哥哥，目前已经结婚，因为嫂子怀孕，母亲的重心在哥哥一家。案主曾经的不开心经历让她耿耿于怀，近期母亲对她的关心较少，再加上案主即将进入考研阶段，几重压力下，她不再如以前一样积极阳光。在意识到自己经常情绪低落、睡眠质量极差、对生活各方面事情都提不起兴趣等情况后，案主于2022年1月主动到医院进行检查，被确诊为中度抑郁症。案主在确诊后积极寻求康复方法，并进行药物治疗和心理治疗，考虑到心理治疗费用较高，案主寻求其他方式进行治疗。

2. 案主的情绪问题

（1）情绪低落，自我评价低

社会工作者对案主、案主的母亲和朋友进行访谈时了解到，案主的情绪常常处于低落状态，尤其是涉及不开心的经历时，案主的情绪更加难以控制，这段经历令案主极其难过，她不愿意回想和提起。

其实我以前是一个比较积极开朗的人，但是这两年我不知道怎么了，就是很容易难过，遇到一点事情我就会想特别多，会想自己能不能做好这件事，能不能度过这段时间，很多时候我都在怀疑自己。有的时候我本来还挺开心的，但一想到这些，我就突然很难过，我的情绪一点也不稳定，大起大落的。（案主自述）

我女儿其实以前是一个特别开朗的女孩，非常阳光，但是最近两年，她就是郁郁寡欢的，我感受特别深。（案主母亲描述）

我明显感觉到她的情绪非常非常不好。然后那天她叫我陪她去医院检查，也就是查出来了她的抑郁症。其实我很惊讶，因为她以前是那么活泼开朗的人，得了这个病，我真的替她难过。（案主朋友描述）

曾经紧张的人际关系和一些挫败经历对案主的打击较大，导致案主的性格产生较大改变。

我觉得这和我之前在（某地）待过有关。因为我从大学里面半路去（某地），很长一段时间我联系不到我的家人和朋友，在一个陌生的环境里我很恐惧也很孤独。然后突然转换身份，我可能没有适应那么快，在那儿的时候经常犯错，而且我体能也不好，但那里又是对体能要求很高的地方，所以我在那里面非常非常不开心，我都不知道那两年是怎么过来的，这段经历我每次想起来心里都像面对深渊，那股黑暗要吞掉我一样。（案主自述）

（2）压力较大，焦虑情绪明显
案主近期面临备考，因此学习压力较大，导致出现焦虑情绪。

我最近在准备考研，压力真的挺大，因为中间两年没有学习，专业课落下了好多，最近突然开始这么高强度的复习，我真的觉得很难复习完，我虽然背完一轮了，但是打开书还是感觉没印象，我每天都在焦虑，既然开始好好复习了，我就想着一定要考上，每天都在给自己这样的压力。（案主自述）

造成此问题的原因主要是，案主出去两年，回来刚刚复课就要准备考研，课业欠缺较多，而考研难度较大，案主担心没法实现自己的目标，因此出现了备考焦虑。

（3）性格孤僻，逃避与母亲沟通

通过与案主及其母亲的访谈中，社会工作者了解到案主并没有经常与其母亲进行沟通，也没有从母亲那里得到充分的情感和心理上的支持。面对这种情况，母亲也是手足无措，找不到沟通的方法，这导致母女关系出现了较大的问题。

之后我从（某地）出来了，又回到大学里，我之前的好朋友都已经毕业了，我又是一个人，很孤独，然后和比我小的学妹一起上课，我又是在家上网课，每天和我妈待在家，有些事情我不愿意跟她讲，所以我在家真的很孤独。（案主自述）

（从某地）出来之后她好像变了一个人，性格很孤僻，每天在家里躺着不愿意出去，也不愿意和别人交往，她之前其实很爱和朋友一起出去玩的，但是她现在是能在家待着就在家待着，从来也不出去。我们俩之间呢，有的时候我不知道该怎么跟她沟通，因为我以前可能更习惯的就是，她有什么事儿就主动来和我讲，现在我感觉到她情绪不好的时候我也会问她，但是她和我说得很少。（案主母亲描述）

造成此问题的原因主要是，案主缺少朋辈群体的支持，和母亲的代沟较大，案主母亲对案主的关心较少，母女沟通方式存在问题。

现在因为疫情在家上网课，我哥哥那边是因为我嫂子怀孕了，然后我妈更多关心的是我哥哥他们，我觉得有的时候心里挺不平衡的。然后有些什么事儿呢，我也不太愿意和我妈讲，因为我们之间代沟也挺深的，她也不理解，有些什么事儿，我就憋在心里不和她讲。平常就我和我妈在家，我真的希望她能懂我，这样也不至于经常感觉到没有人能理解我。（案主自述）

我也知道我女儿得的这个病，其实是很需要外界为她提供帮助的，但是她很少向我寻求帮助。总之，我女儿的变化非常大，我觉得这中间有我的问题，可能我没有给她足够的安全感，而且我俩代沟还挺深的，有的事儿呢，我说了她就是不愿意接受，然后有时候她的一些想法和行为，我也接受不了，所以我们娘俩之间的沟通是有问题的，我也很想改变，很想很想做出改变。其实我一直很想以一个朋友的身份和她相处，但是一直找不到这个突破口。（案主母亲描述）

（三）干预过程

1. 前期准备

该阶段的重点是了解案主的详细资料，建立专业的服务关系，并对案主的实际需求进行评估，进而制订出具有针对性的服务方案。社会工作者多次和案主进行会谈，了解其真实情况。在开始治疗前，社会工作者需要进行关系破冰，采用个案工作专业技巧，尊重、接纳案主的各种情绪问题，给予案主充分的信任。社会工作者需要收集案主的医院检查记录、朋友与家人的访谈记录，对案主进行初次评估，制订出具有针对性的服务方案。

2. 正式介入

在介入过程中，根据理论和实际情况，社会工作者设计了较为详细的介入方案，包括案主理性情绪表达、亲子关系改善以及巩固和结案三个阶段。这三个阶段共有9次服务，在实际提供服务时，社会工作者根据前期制定的目标，综合考虑案主反馈及生活突发事件进行相应调整，并按照由浅入深的层次逐步推进。

（1）理性情绪表达

这一阶段基于前期评估发现的案主容易产生焦虑情绪、对突发状况的接受能力较弱以及存在自卑心理而开展有针对性的服务，社会工作者根据情绪 ABC 理论，为案主讲述认知行为疗法和 ABC 自我剖析方法，并使用日常情绪管理表与案主一同剖析情绪和信念的来源，分析原因，找到解决方法。

（2）亲子关系改善

这一阶段社会工作者与案主探讨其与母亲的矛盾。案主与母亲在生活琐事中积累的矛盾，导致其不愿主动与母亲沟通，而长时间缺乏有效的沟通，又导致案主与其母亲在原有代沟的基础上产生了更深的隔阂。

首先，社会工作者引导案主纠正不合理认知，说服案主通过让母亲参与其备考学习的方法来增加母女之间的交流。其次，社会工作者与案主母亲连线，双向了解情况并进行谈话，强调沟通的重要性，肯定母女二人共同努力取得的成果；继续跟进案主对亲子关系的处理，从中找出问题并进行讨论。最后，总结改善亲子关系的经验，与案主及其母亲讨论所取得的成果并加以巩固。

（3）巩固和结案

这一阶段的主要任务是对服务内容进行巩固、引导案主表达自身的真实想法，同时对社会工作者的服务满意度进行评价，而且社会工作者要进行回访、跟进。在这一时期，案主处于考研冲刺阶段，所以重点还包括向案主传递正能量，鼓励和支持案主。

（四）干预结果

1.案主学会科学控制情绪

社会工作者在前期评估时发现案主容易产生焦虑情绪、对突发状况的接受能力较弱以及存在自卑心理，于是根据情绪 ABC 理论为案主讲述了认知行为疗法和 ABC 自我剖析方法，并使用日常情绪管理表与案主一同剖析情绪和信念的来源，分析原因，找到解决方法。在这个过程中，案主勇于表达，主动向社会工作者袒露心声，并且深刻思考，对朋友、考研和母亲带来的压力进行了客观分析。在案主进行表达后，社会工作者引导案主寻找解决方法，并向案主分享了考研备考的方法和经验，这在一定程度上令案主对备考这件事有了更合理的认识以及更充足的信心。

由于抑郁症是一种较难恢复的疾病，案主的情绪反复较为明显，在这一阶段中案主的情绪突然转变，令社会工作者有些措手不及，在短时间内未能很好地进行处理。但是经过深思熟虑后，社会工作者通过让案主母亲共同参与并和案主母亲一同劝解，在一定程度上缓解了案主的不良情绪，同时加深了母女二人的互相理解，缓和了她们的亲子关系。在母亲的支持和配合下，案主的备考紧张情绪得到了明显的缓解。

2. 案主的焦虑情绪得到缓解

案主在这一阶段的进步很大，学会了寻找内心的合理认知和理性信念，并且认真完成了社会工作者布置的家庭作业。在此基础上，社会工作者向案主介绍了自我管理技能，并且同案主一起练习使用这项技能。其间，在社会工作者的引导下，案主制定了时间管理表并严格执行，生活起居逐渐变得规律，而且有更多时间进行有效的学习，这也使案主的备考压力减轻了很多。

3. 案主与其母亲的关系得到改善

这一阶段社会工作者与案主探讨其与母亲的矛盾。案主与母亲在生活琐事中积累的矛盾，导致其不愿主动与母亲沟通，而长时间缺少有效的沟通，又导致案主与母亲在原有代沟的基础上产生了更深的隔阂。

针对此问题，首先，社会工作者引导案主纠正不合理认知，说服案主通过让母亲参与其备考的方法来增加母女之间的交流。其次，社会工作者与案主母亲连线，了解母女二人的情况并进行谈话，强调沟通的重要性，并肯定了母女二人共同努力取得的成果；继续跟进案主对亲子关系的处理，从中找出问题并进行讨论。最后，总结亲子关系改善的经验，与案主及其母亲讨论所取得的成果并加以巩固。

三 案例使用说明

（一）理论知识学习

ABC 理论是艾利斯发展出来的关于非理性信念导致人们情绪困扰的理论，该理论着眼于服务对象的非理性信念，认为人的情绪和行为困扰不是直接由诱发事件引起的，而是由个体对这一诱发事件的非理性信念引起的。ABC 理论是对服务对象负面情绪进行干预的方法之一，其独特的优势在于检视隐藏在人们负面情绪背后看待诱发事件的非理性信念，与人们存在的非理性信念进行辩论，帮助人们建立理性信念和理性思维，获得积极正面的情绪和行为。ABC 理论聚焦服务对象自身系统，是一种由内而外、准确、高效的服务方式。

艾利斯在 1962 年总结了人们最常见的 11 种非理性信念，包括：（1）人们在生活中一定需要一个重要人物对其的喜爱和赞许；（2）一个人只有在各方面或至少在一方面有成就，才能被视为有价值的人；（3）人们绝对不能出现任何错误，一旦犯错，就应受到谴责，甚至去死；（4）人们发现事情发展与自己预期不一致，那么结果会很糟糕；（5）人们的负面情绪是由外界因素引起的，人本身没有控制情绪的能力；（6）人们应该时常担心危险或灾难性事件的发生；（7）人们选择逃避困难比承担责任更容易；（8）人们总是需要依靠别人，并且应该依靠比自己强的人；（9）人们的行为总是会受到过去的影响，一件对其产生了影响的事情会影响其一辈子；（10）人们应该对因他人的困难而产生自身的负面情绪感到困扰和不安；（11）人们对于任何一件事情，都应找到十全十美的解决办法，如果找不到，那么会很糟糕。

在 ABC 理论中，A 代表当事人所遭遇的现实事件，B 代表针对该事件当事人自身的认知，C 代表当事人的情绪和行为。ABC 理论认为，C 出现的原因是 B 而不是 A，也就是说，现实事件并不是人们产生情绪行为反应的直接原因，而是由于人们的认知能力，当人们对现实事件的信念不合理时，就会出现不良情绪。D 代表与不合理的信念进行辩论，即纠正认知偏差，改变信念，从而减少行为上产生的困扰，最后达到 E 效果，产生新的良好的情绪及行为，负面情绪得到缓解。一般来说，产生抑郁情绪、不合理行为的原因是患者存在非理性认知，而不是由于诱发性事件，这类事件通常只会间接导致抑郁，抑郁的本质原因源于人们对事件的真实看法。每个人都是不完美的，或多或少都会存在非理性信念，但是如果这种非理性信念长时间存在，那么大脑就会处于焦虑和抑郁状态，进而导致情绪障碍。

就相同事件来说，每个人对其的认知都存在差异，即该事件对个体的影响也不相同，因此，在介入大学生抑郁症案例的过程中，可以采用的方式就是用理性信念代替非理性信念。社会工作者可以根据上述理论内容，对案主进行相关评估，综合考虑其实际情况，利用专业技巧引导案主寻找自身的非理性认知，再进行辩论，然后形成正确的理性认知，提升自我认知水平。

ABC理论有五个技巧。第一个是反驳非理性信念，引导案主检查和发现自身存在的非理性信念；第二个是合理的因应句型，改变案主在认知中存在的非理性信念；第三个是模仿，案主通过观察他人的积极想法、模仿他人的合理行为建立起自身的正确信念；第四个是给他人传授疗法，激励案主给周围的人传授理性情绪疗法，巩固和强化案主已形成的理性观念；第五个是布置认知家庭作业，使案主在辅导完成后可以独立找到自己的非理性信念，在日常生活中养成理性的思考方式。

在本案例中，案主由于其自身经历以及目前所面临的压力等一系列事件，出现认知偏差，产生非理性信念。社会工作者需要了解其背后原因，并通过介入改变案主的情绪反应，使案主可以通过理性的情绪反应应对生活中出现的事件，从而使其情绪及行为方面的困扰得到摆脱。

例如：

事件1：案主母亲让案主同时准备考研和考公。

情绪反应：烦躁。

行为：和母亲吵架。

对照艾利斯总结的11条非理性信念中的第5条，案主存在"人们的负面情绪是由外界因素引起的，人本身没有控制情绪的能力"的非理性信念。因此，社会工作者与案主针对与母亲的冲突这件事进行了辩论，在辩论中社会工作者指出了案主的非理性信念，并引导其认识到良性沟通比吵架更容易说清楚一件事，而解决问题的前提就是要将某个问题讲清楚，改变案主与母亲意见相左时产生的用吵架和逃避来解决问题的非理性信念。

事件2：案主朋友因疫情而放弃考研，这对案主产生了刺激。

情绪反应：焦虑。

行为：消极备考。

对照艾利斯总结的11条非理性信念中的第10条，案主存在"人们应该对因他人的困难而产生自身的负面情绪感到困扰和不安"的非理性信念。因此，社会工作者先对案主的负面情绪进行宣泄，尝试改变案主的认知和信念。在备考过程中，考生面对太多的阻力，而对于案主的朋友来讲，最大的阻力就是身体状况，案主作为她们的朋友，应该给予她们精神上的支持，而给予她们精神支持的前提就是自己要保持坚强和乐观的心态。

（二）思考题

1. 在以上案例中，案主的需求体现在哪些方面？
2. 案例中是否还有其他可以介入的点？
3. 针对本案例中案主的问题，是否还有其他因素？
4. 本案例所用的理论有哪些，为什么？

（三）案例使用要点

1. 关键点

（1）对案主所面临的问题的分析。

（2）案主已有的支持性因素分析。

（3）社会工作者能为案主提供的其他方面的支持性因素分析。

（4）社会工作者在服务过程中需要为案主链接的资源和灵活设计的方案。

2. 难点

（1）是否需要深挖案主患病原因

最初接案时，社会工作者第一次对案主进行访谈，当社会工作者问到案主抑郁的深层次原因——在（某地）的经历时，案主的情绪波动很大，匆匆挂了电话。在后来的谈话中，案主向社会工作者袒露心声，一些事情即使过了很久也是绝对不想再回忆起来的，那段经历只要回忆起来就会感到极度悲伤。因此，社会工作者在接案后的任何一次访谈中都没有再触碰过案主心底最黑暗的地带，因为过多的回忆和关注会唤起案主极度悲伤的情绪。即使知道某段经历就是引发案主抑郁的根本原因，也绝不能在刚刚接触或是短时间内直接提出。本次服务的初衷是带领案主在现在和未来找到管理情绪的方法，即找到令案主目前来讲最舒服的状态，而不是反复揭开案主的伤疤。过度纠缠往事不利于案主病情的恢复，对于专业关系的维持来说，这种做法有很大的危险性。

（2）服务过程中案主的情绪反复

抑郁症的康复是一个较为漫长的过程，在这个过程中若是急于求成，则很容易前功尽弃。在本次服务中，社会工作者一直保持着极大的耐心与案主相处。但即便如此，案主情绪的反复也时常令社会工作者措手不及。例如，前一周甚至前一天，案主的情绪还很稳定，但是第二周或第二天突然180度翻转，一开始发生这种情况时，社会工作者很惶恐，害怕之前的努力前功尽弃，但是在深入了解抑郁症以后，社会工作者发现这种情况是很常见的。抑郁症患者的情绪不稳定，很容易出现较大的波动。社会工作者在这个过程中要保持冷静，遇见突发状况首先要稳住自己的心态，这样才能更好地辅导案主，更好地开展服务。同时，社会工作者要对自己的专业能力和案主抱有信心，灵活地调整介入方案，更好地契合案主每周的情绪变化和反馈。只有稳住自己，才能为他人提供有效的服务。

（3）进行药物治疗和个案工作介入的独特效果

由于案主在接受药物治疗，个案工作结束后，社会工作者进行了两种治疗结果的对比反思。抗抑郁药物是一种用以治疗抑郁症性疾病的精神药物。它不同于振奋剂，只能消除病理性抑郁情绪，并不能提高正常人的情绪。由此看出，抗抑郁药物更多是针对病症的治疗，试图通过调整神经递质、改变大脑功能直接消除抑郁症状，是对抑郁症状直接、快速、硬性的矫正。而个案工作介入中度抑郁患者的治疗，则是从案主的抑郁成因入手，通过挖掘案主自身的潜力以及案主身边的资源来改变案主的非理性信念和案主与母亲的关系，补充了抑郁症药物之外的抑郁症成因的治疗。在服务过程中，案主需要承担治疗康复责任，参与治疗方案的设计，这使其能够很好地发挥主观能动性。也就是说，社会工作者扮演的角色是协调者、方案推进者，而不是治疗主体，其能够利用优势视角，尽可能帮助案主挖掘资源，促进其建立自信，掌握控制情绪的能力。因此，药物治疗与个案工作介入同时进行，加快了案主的恢复速度，也展现了社会工作介入大学生中度抑郁症的成效与特别之处。

（4）线上进行个案介入的利与弊

疫情期间，案主与社会工作者分隔两地，从服务的开始到结束，一直采用线上方式进行。对此，社会工作者在服务过程中尽力去对案主的情绪进行感知，也正是因为线上的缘故，案主讲述起一些不好的经历和宣泄情绪时相对放松。因为线上的环境相对来说是较为自由的，案主在自己的家中这样一个熟悉的环境来接受访谈和服务，避免了直接面对社会工作者时产生的紧张或生疏感。同时，线上服务也存在一些弊端。比如，社会工作者对案主情绪的把控是比较困难的，社会工作者没有办法与案主进行面对面的交流，案主的眼神和表情都是无法看见的，这就需要社会工作者进行多次询问，以了解案主的真实情绪。在面对案主较为突然的情绪低落时，社会工作者会手足无措，线上辅导远远比不过面对面的情绪安慰，而中度抑郁症又恰恰会引起案主的情绪波动，社会工作者有时会产生无力感，这也是线上进行个案介入所体现出来的弊端。

3. 注意点

（1）案例适用的课程。并非与社会工作相关的所有课程都适用，该案例适用于医务类、实务类个案讨论。

（2）案例适用的教学阶段。建议将该案例置于课程中后期，在学生学习完基本课程内容后分析该案例，使学生能够综合使用课程内容，锻炼学生的实务综合能力。

（3）案例适用的对象。该案例中案主面对的问题比较复杂，需要分析者具有一定的综合分析能力，所以该案例更适用于高年级学生，不太适用于低年级学生。

（4）案例适用的形式。相对于其他教学形式，该案例更适用于课堂上的小组讨论。

（四）建议的课堂教学计划

1. 将该案例用于理论学习环节，使学生能够理解并掌握理论在社会工作实务过程中的运用与作用。

2. 该案例可用于课堂案例教学展示，引导学生反思案例中的理论选择是否合适、选择合适的理论来指导实务过程应考虑哪些因素。

（五）案例使用辅助手段或工具

常规教学设备。

（六）案例教学的监测和评估

1. 案例展示与学生反馈。

2. 以该案例为示范，考虑其他案例中合适的理论选择。

3. 组织学生进行分组讨论，将各组讨论结果进行比较、筛选，总结出案主需求。

4. 模拟案主困境及社会工作者介入手段与技巧，使学生熟悉、掌握相关技能。

（七）案例使用的延展建议

除了"医务社会工作"课程外，本案例还可用于"个案工作"课程的实务领域。需明确 ABC 理论的知识要点，如艾利斯总结的 11 种非理性信念。

四 案例教学后的讨论和反思

在此案例中，造成案主情绪问题的原因还包括缺乏相关的社会支持系统，如朋辈群体的支持、学校的支持等。遇到相似的案例，可把社会支持网络的建立作为介入手段。本案例亦可作为个案工作的案例进行分析。

参考文献

叶大军，2008，《抑郁症与社会工作介入》，《中国校医》第 5 期，第 595 页。

农村空巢老年女性的社会支持个案服务

刘梦阳　王淑钰[*]

一　课程基本信息

（一）教学目标

1. 掌握社会支持理论在老年社会工作实务中的运用。
2. 掌握社会工作者的职责与角色定位。
3. 掌握社会工作者提供服务的过程及主要步骤。
4. 了解社会工作者的工作内容及工作方法。
5. 了解社会工作者对突发公共卫生事件中的困境老人的具体干预过程。

（二）教学主题

社会工作理论应用教学、老年社会工作实务教学。

（三）教学内容

1. 社会支持理论在困境老人干预服务中的运用。
2. 了解老年社会工作服务的目的、角色、范围及对象。
3. 老年社会工作的实务案例分析。
4. 老年社会工作个案工作的具体流程。

---

[*] 刘梦阳，社会工作学院讲师；王淑钰，社会工作学院硕士研究生。

（四）教学对象

社会工作专业硕士以及社会工作本科高年级学生。

二 案例主体

（一）案例背景

新冠疫情对人们的正常生活秩序产生了巨大影响。尤其值得关注的是，数字化、智能化的疫情管理一方面使信息收集、发布的便利性得到提升，另一方面产生了数字鸿沟问题。疫情期间，健康码、信息平台等数字科技的应用对居民使用智能手机提出了较高要求，但农村空巢老人在这些方面面临多重困境，他们的生活受到影响。单一的服务模式已无法满足农村空巢老人的需求，他们需要全方位的服务来改善困境。因此，本案例运用社会支持理论分析案主的需求，为其制订具有针对性的服务方案。

社会工作在疫情期间能够发挥巨大作用，正如王思斌所说，社会工作的专业优势是相对于其他相关专业或者非专业的活动而言的，最为核心的是其助人自助的价值观念、科学艺术的工作方法和理性务实的服务风格。[1] 本案例将社会支持理论与实践相结合，积极探索社会工作介入重大突发公共卫生危机事件下农村空巢老人面临的问题，为更好地促进社会工作机构介入该群体提供实例和经验参考。

（二）案例描述

李奶奶，75 岁，有一儿一女，老伴已离世。

居住状况：案主的女儿嫁入外村，距离较远；儿子和儿媳于 20 多年前前往城里创业，案主及其老伴留在农村老家生活。2015 年，老伴离世后，案主独自居住在农村老家。

---

[1] 《王思斌：发挥社会工作专业优势，深入参与新冠肺炎疫情防控战》，《社工周刊》，https：//www.socialworkweekly.cn/news/13009.html，最后访问日期：2024 年 5 月 22 日。

身体状况：案主的身体状况较差，患有冠心病，常年不能断药；2018年双腿骨折，还未恢复，需要依靠拐杖走路，经常遭受腿疼折磨；患有胃病，日常饮食很慎重，血糖较高，高糖食物以及饭量都需要控制。

经济状况：案主儿子将案主老伴生前的存款全部作为老人的养老积蓄；案主儿子每月给其500元左右生活费；案主老伴生前栽种几十亩槐树，这几年陆续通过卖树获得额外收入。总体来看，案主的经济状况较好，能够满足其基本的物质生活需求。

生活照料：由于腿部骨折尚未完全恢复，案主的生活并不能实现完全自理。腿脚不方便，活动范围有限，只能在家里及邻居处走动。平时案主可以自己做饭，但由于购买蔬菜、日常生活用品、药品的地方距离较远，儿女帮其购买送回家中。疫情期间，村子实行封闭式管理，城里的儿子及外村的女儿不能回村探望老人，导致案主基本的物质资源供给不足。

（三）干预过程及效果

1. 需求评估

采用半结构式访谈法进行需求评估，前期与案主通过电话了解、记录其具体需求，以及时制订计划予以满足，中后期本地疫情状况好转，对案主进行面对面访谈。

（1）基本物质生活保障需求

案主前期因腿部骨折尚未完全恢复，行动不便，无法完全实现自我照料，需采购物资包括蔬菜瓜果、日常生活用品、药物及防疫物资等，需要依靠子女每周购买送至家里。但疫情期间，周围各村包括本村都采取"封路"策略，年前尚未返回老家的子女无法探望案主。此外，疫情扰乱了案主的心理和日常生活秩序，案主时常处于焦虑、失眠状态，健康水平一度下降。因此，案主的基本物质生活保障需求得不到满足。

（2）科学客观的信息获取需求

疫情期间，各种非官方渠道的信息令案主感到无所适从。农村中绝大多数留守在家、与子女分居的老人在很大程度上只能依靠自身获取信息。老年人获取信息的渠道具有特殊性,一方面,老年人对来自熟知群体(如亲属、熟人等)、官方媒体、居住社区的信息较为信任;另一方面,老年人对某些非官方渠道信息(如来自网站或微信的信息)也比较感兴趣。然而,老年人缺乏对有效信息的甄别,主动检索信息的能力较弱,获取信息的真实性、及时性和有效性不足,部分老年人因信息获取不及时或信息不对称而未能充分了解疫情状况和专业防护建议,没有进行有效的自我防护。

独居老人的信息获取能力对公共卫生事件中老年人的健康防护具有重要作用。做好突发公共卫生事件等特殊情境下的语言信息资源支持服务,能有效提升老年人获取、理解、甄别和运用信息的能力,切实回应老年群体对自身权益维护、实现语言资源公平的现实需求。因此,老年人需要科学客观的信息获取渠道。

(3)消极情绪疏导需求

农村空巢老人常常会存在负面情绪,情感诉求高,但普遍缺乏倾诉对象。笔者在对案主进行电话访谈的过程中发现,案主的消极情绪更为严重。"家里以前留的口罩也不多了!""疫情什么时候结束呢?"其实这些问题不仅是案主面临的问题,也是大多数人都关心的问题。在这一过程中,老人需要表达,需要被倾听并得到回应,有时候这种回应并不一定是解决问题式的回应,而是表达对老人的关心,老人需要的是支持和理解。因此,案主的心理状况需要被关注,消极情绪需要得到宣泄和疏导,需要获得一定的心理支持。

(4)人际交往需求

人人都渴望拥有和谐的人际关系,老年人也不例外。老年人劳动能力降低后,在家的时间长,交际圈子逐渐变窄。老年人主要的人际交往包括与家人的交往、与朋辈群体的交往、与邻居的交往,当然也有参加社区活动的交往等。老年人通过以上机会获得社会信息,获得与他人建立友谊和情感宣泄的机会。此次疫情在很大程度上阻断了人们之间的交往途径,尤其是不能灵活使用通信设备和网络的老年人的人际交往需求更大。

（5）情感支持需求

从心理学角度看，情感是人对客观事物是否符合人的需求所产生的态度体验。当人的需求得到满足时，人们会产生积极肯定的情感；当人的需求得不到满足时，人们会产生消极否定的情感。情感与情绪不同，情绪是暂时性的，而情感是长期的情绪体验。情感需求与人际关系密不可分，平时独居老人的情感支持主要源于子女，然而，因子女外出务工或住得较远，案主与子女的联系较少，且缺乏实质性内容，可提供的情感支持也较少。加之常年独自居住，且行动不便，日常活动集中于家中，案主与邻居及朋辈群体的交往较少，导致社交范围狭窄、社交情况较差、社交内容单一，无法获得充足的情感支持。

春节前后，在疫情初期的严格防控阶段，在城里工作的儿子不能回家看望案主，外村的女儿也无法随意流动，"每逢佳节倍思亲"，在春节这样阖家团圆的日子里还要自己待在家里，案主的心里更加落寞，心理防线更为薄弱，其心中的孤独感、焦虑感更易被放大。基于此，笔者整合案主的家人、邻里、同辈群体等资源，通过电话或视频形式增加彼此间的互动和交流，为案主提供情感支持和精神慰藉，同时消除负面情绪，引导案主保持良好的心态。

（6）文化娱乐需求

受疫情影响，案主在独处时间无法自由出行，娱乐活动极少。案主不会使用网络，没有自己的兴趣爱好，平时的串门、散步等休闲活动因疫情受到限制，仅以电视为伴使其深感苦闷、无聊和无奈。为帮助赋闲在家的案主度过孤独时光，笔者帮助案主共同挖掘并培养兴趣爱好，充分满足案主的文化娱乐需求，这既可以帮助案主打发时间，又可以扩大案主的知识面。

（7）自我价值实现需求

疫情期间，案主每日的活动十分有限，加之腿部骨折尚未恢复，无法实现完全独立的自我照料，对自我怀疑的情绪在持续的独处时间中慢慢加重。在电话访谈中，案主多次谈道"自己都照顾不了了""什么事都做不好，活着就是儿女的累赘""活着有什么意思，不如染病走了算了"

等，笔者深感案主对自我价值的严重贬低、自卑以及失落。有鉴于此，笔者对案主的想法加以引导和纠正，并帮助案主重新寻找自我价值，满足其自我价值实现需求。

通过半结构式访谈，笔者总结出案主的七项核心需求，这些需求并非独立而是相依相伴的（见图1），一项需求的满足有助于其他需求的满足。

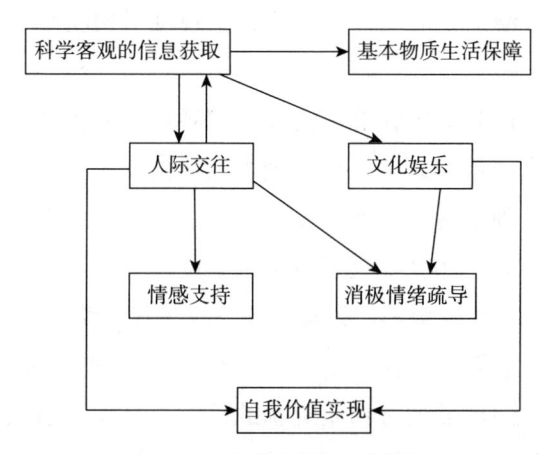

图1 案主的七项核心需求

可以看出，疫情期间信息获取是一项核心需求，相对隔离的社会空间需要科学的信息稳定案主的情绪、需要使用信息手段维持案主的人际关系，进而满足案主的情感需求。此外，抖音等平台可以丰富案主的文化娱乐生活，有助于调节案主的情绪。而人际关系的建立和文化娱乐活动的开展也能令案主感受到自己的价值所在。通过需求分析发现，案主的七项需求基本符合马斯洛需求层次理论，因此笔者在介入过程中试图提供能够满足案主需求的社会支持，并且特别关注核心需求和各个需求之间的关系，尽量为案主提供较为完整的社会支持网络。在介入过程中，笔者发现案主的情感支持和人际交往支持的重合度较高，因此将二者合并。

2.介入过程及效果

（1）接案

受新冠疫情影响，村子采取"封路"策略。笔者对案主及其家庭、案主所居住的社区的情况进行详细了解，并且与案主一家保持密切联系，建立了信任关系。笔者主动接触案主，使其成为自己的服务对象。

（2）服务过程

①生活支持

第一次

时间：2020年2月8日；地点：李奶奶家里。

服务目标：给予生活支持，解决案主在疫情期间基本物质资源缺乏的问题。

具体过程：社会工作者扮演资源链接者与服务提供者角色，既是联系人也是快递员，帮助案主解决基础难题。由于本村采取封闭式管理模式，案主面临各种生活上的不方便，笔者链接资源，为案主及时购买新鲜蔬菜水果等，帮助解决案主买菜难的问题。笔者与村委会工作人员、村医等多方联动，统一调配，为案主提供代买代送菜品、代购生活物资、代看基础诊疗等服务，让案主足不出户就能保证基本生活。

首先，为了满足案主对物质资源的需求，笔者联系案主子女，反馈相关情况，并积极协商。在案主及其子女的经济支持下，笔者根据案主需求为其购买所需基本生活物品，实现其物质生活层面的正式支持。其次，笔者提前与案主沟通，询问案主所需物品，并叮嘱案主尽量少出门、勤洗手，确实需要外出时必须佩戴口罩。最后，在首次探访案主，为其代送物品时，笔者与案主共同检查家里的门窗、水电等设备，发现损坏后及时链接资源，寻找专业人士检修；同时为老人保存村卫生室电话以备不时之需。电话访谈中案主提及因疫情不便出门，且自身行动不便，已经长时间未曾理发，于是笔者联系并邀请本村理发师上门为其理发。案主特别开心地回应："太感激你们了，没想到你们上门来帮我剪头发，你们真的想得太周到了。"

第二次

时间：2020年2月22日；地点：李奶奶家里。

服务目标：给予生活支持，引导案主培养良好的生活作息习惯，帮助案主增加室内活动。

具体过程：帮助案主培养良好的生活作息习惯。因疫情期间长时间居家，原有的生活节奏被打乱，案主出现了失眠、黑白颠倒等问题，这极大地影响了其身体状况和生活质量。为帮助案主进行生活调适，笔者与其共同制订生活计划，按时上床睡觉、按时起床，尽量不打乱既往的作息时间，保证规律的生物钟，增强自身免疫力，建立起新的生活模式，回归正常生活节奏，防止慢性疾病复发。

　　帮助案主增加室内活动。为了积极响应国家号召，疫情期间尽量减少外出，笔者帮助案主在能力范围内增加室内活动，因地制宜地进行锻炼。案主腿部骨折尚未恢复，身体锻炼仅限于主治医生嘱咐的康复训练内容，笔者在其中起到监督和鼓励作用，每晚和案主通话，督促案主保持良好作息，积极进行身体锻炼。

　　第三次

　　时间：2020年4月5日；地点：李奶奶家里。

　　服务目标：给予生活支持，通过实现案主种植菜园的心愿，增强家庭支持功能，巩固社会支持网络，并做好结案及案主情绪和专业关系处理。

　　具体过程：在与案主的访谈中，笔者了解到其希望在院子里种上西红柿、黄瓜、茄子等蔬菜。于是笔者与案主协商，邀请其子女回家一起帮助案主在院子里种菜；接着笔者及时与案主子女取得联系，诉说案主需求，子女欣然同意，并表示在"五一"假期期间回家帮案主种植菜园。其间，笔者鼓励案主向子女多提建议，如需要购买的蔬菜种子、需要提前做好的准备等，案主子女欣然接受并不由得赞叹"还是妈经历得多，老人真的很有智慧"，这些认可和肯定给予案主极大的信心。频繁的沟通和交流进一步加深了案主与其子女之间的感情。

　　②信息支持

　　时间：2020年2月8日；地点：李奶奶家里。

　　服务目标：给予信息支持，向案主传递与疫情相关的科学客观的信息，提高案主对疫情相关信息的了解和掌握程度。

　　具体过程：疫情初期，案主防护意识淡薄，不愿意佩戴口罩，还坚持外出锻炼身体。笔者运用同理心剖析老人为何会有这种不重视疫情的心理：第一，老人判断事情主要依靠以往生活经验，他们认为自己年龄大，生活经验比较丰富，经历过大风大浪，所以没有引起重视；第二，老人获取信息的渠道比较少，不看网络和新闻，没有意识到疫情的严重性。基于此，笔者帮助老人了解最新的疫情动态信息，并且解释病毒的危害，告知其老年人是高风险人群，更要学会正确地保护自己，使案主有基本的认识。

疫情期间，网络上各种信息庞杂，疫情报道也不尽翔实，导致老人对疫情的了解不够准确，后来案主从各种各样的信息及周围环境感知到疫情的严重性，不免产生焦虑情绪。向案主传递正确客观信息的前提是掌握老人对信息呈现方式的要求。老人习惯于口耳相传的信息交流方式，包括当面交流、电话或语音视频沟通等，阅读书面信息时语义密度不能过高。在日常生活中，老人对信息呈现形式通常会有特殊要求，如语音清晰度高、语速应较缓、书面文字字体较大、语法词汇相对简单、书面排版不能过于复杂等。

首先，笔者筛选官方视频信息，及时向案主传达疫情情况，并告诉她如何做好防疫准备；其次，笔者耐心地向案主讲解防控新型冠状病毒感染知识，向案主传达党和政府所采取的措施；最后，引导案主观看官方新闻，不轻信和传播个人转发的疫情相关信息，避免引起不必要的恐慌和盲目的乐观，科学认识疫情性质、临床表现和危害，鼓励案主积极响应防疫工作，引导其从自我保护角度出发，严格实施防控措施，做好自我防护，尽量减少外出，主动隔离返乡人员，减少人际交往。并且，笔者编制了标语式的生动语句，比如"今天到处串门，明天肺炎上门""省小钱不戴口罩，花大钱治病"，以戏说的方式让案主接受。鉴于疫情期间针对农村空巢老人的诈骗犯罪案件呈上升趋势，笔者提醒案主增强防范意识，不要轻信陌生人，不要贪图小便宜，家里尽量不要存放大量现金。

此外，还可以通过其他间接渠道向案主传递信息，如告知家人进行提醒，同时在每次探访案主时也可以多加提醒；村委会通过广播、宣传标语等，发布符合老年人信息交流特点的内容。

③心理支持

时间：2020年2月15日；地点：李奶奶家里。

服务目标：给予心理支持，疏导焦虑情绪，激发正面情绪，增强正能量。

具体过程：笔者在此过程中扮演治疗者和推进者角色，帮助案主调适心情，助力其身心健康。疫情期间，老人出现紧张、认知焦虑等负面情绪，笔者通过探访案主，帮助其科学减压。第一，倾听案主诉说不安、焦虑、烦躁和恐惧等情绪时，不排斥、多沟通，尽己所能理解老人的想法。笔者提醒老人要表达情绪、接纳情绪，要正确认识面对疫情出现的恐惧、焦虑、烦躁等情绪，要看见自己的情绪并做到理解和接纳。第二，引导案主主动调节自己的情绪，管理负面情绪。同时，笔者教授案主正确的情绪调节技巧，如呼吸调节。当案主感到紧张焦虑时，呼吸会变得浅而急促。笔者帮助案主有意识地调整自己的呼吸节奏，让呼吸变得深长缓慢，这可以在一定程度上帮助其恢复平静。让案主尝试把注意力放在呼吸上，每天做几次深长的腹式呼吸，有助于减轻压力、改善情绪、提升注意力。运动可以改善焦虑情绪，笔者陪同案主简单地伸展一下身体，在房间里来回走动几圈，洗洗手、搓搓脸，哼唱一首喜欢的歌曲等，帮助案主放松自己，缓解压力。第三，主动与家人沟通、谈心，适当地表达自己的担忧和害怕，及时释放疫情带来的压力，可以减轻这一事件对自身造成的不良影响，从而促进身心健康。同时，笔者通过动员家人积极关注、倾听案主，营造温馨的环境。第四，笔者通过不同的形式宣扬疫情期间的正能量事件，让案主了解到党和政府以及奋战在防疫战线上的工作人员给予民众的保护和支持，增强案主的信心。

④家人、邻里及同辈群体的人际交往支持与情感支持

时间：2020年2月29日；地点：李奶奶家里。

服务目标：帮助案主重获来自家人、邻里及同辈群体的情感支持。

具体过程：案主原本不多的人际互动因疫情而急剧减少，生活方式发生了很大的变化，这也考验着案主对这种相对封闭的生活方式的适应能力。在案主面临孤独、苦闷和空虚的情况下，一方面，笔者动员案主

的家人、邻里、同辈群体加强与案主的联系，多关注案主，告知其案主的精神状况，鼓励其与老人保持沟通，增加彼此每天的电话微信视频次数；另一方面，笔者指导案主学习使用智能手机，帮助案主主动通过新技术、新手段联系家人及朋友。

⑤文化娱乐活动支持

时间：2020年3月17日；地点：李奶奶家里。

服务目标：给予心理支持，通过挖掘培养兴趣爱好，帮助案主度过孤独时光，获得精神慰藉。

具体过程：笔者既是教育者也是使能者，指导案主学习新知识，调动资源，使案主发挥潜能。由于案主不会使用智能手机，很多社交、娱乐功能都无法使用，针对这种情况，笔者到案主家里教其使用智能手机。

受疫情影响，案主子女无法回家。即使不考虑疫情的影响，平时子孙都忙于工作和学业，不能常常陪伴在老人身旁，老人不可避免地有很多时间需要自己度过。作为服务对象的陪伴者和支持者，为了缓解案主的焦虑、减少案主的孤独感，使案主在空闲时间丰富自己的生活，减缓老人心理活动的退行进程，笔者与案主共同发现并培养其兴趣爱好，提升其专注力。

笔者最初询问案主有哪些兴趣爱好时，案主回应没有，但经过一番举例，当笔者提及戏剧时，案主提出自己以前特别喜欢看眉户戏《梁秋燕》，闲来无事还经常哼唱其中的经典选段，随后老人感叹道："现在电视上也看不到这类戏剧了，以前村里经常会有村民编排类似的戏剧，但这么多年来再没有过这样的活动了。"笔者了解情况后，拿出手机为老人搜索相关视频，当找到当年的旧版《梁秋燕》时，老人十分激动，目不转睛、笑脸盈盈地盯着手机屏幕，并不由自主地跟着哼唱。笔者见状鼓励案主大声唱出来，她刚开始不好意思，但随着笔者不断称赞案主唱得很好听，同时表示自己虽初次听到这类戏剧，但也觉得十分喜欢时，得到认可的案主变得自信起来，唱的声音越来越大，虽腿脚不便坐在床上，但不妨碍她边唱手里边比画着动作。看到案主这么开心和享受这一时刻，笔者便与案主一同重温了戏剧中的多个经典选段。其间，笔者引导案主回忆年轻时和自己一起编排眉户戏的有哪些人，那时候有哪些愉快的、印象深刻的事情，这时案主打开了话匣子，她滔滔不绝地为笔者讲述以前的故事，笔者耐心地倾听，不打断案主，及时给予眼神、微笑、点头、称赞等积极的回应。

基于此，笔者感受到案主对眉户戏剧的喜爱以及这份喜爱有助于帮助她度过独居的时光，但面临的一个问题便是案主不会使用智能手机。于是笔者为案主在手机里下载了多个相关视频，并抽空教案主如何使用智能手机、如何打开视频。另外，笔者还了解到周围邻居现在也学会刷抖音视频了，甚至有些村民会自己拍摄视频上传，之前邻居来串门时给案主看过一些小视频，案主也知晓抖音，但不会使用。因此，笔者引导案主学习使用抖音，且耐心鼓励老人积极接受新事物。当然，笔者也提醒案主在使用手机时应注意保护眼睛。

⑥促进自我价值实现的支持

时间：2020年3月10日；地点：李奶奶家里。

服务目标：为案主提供自我价值实现方面的支持，通过在抗疫期间做力所能及的事，贡献自己的力量，促进其实现自我价值，提升他尊和自尊。

具体过程：据笔者了解，案主以往有做厨师的经历和经验。笔者运用优势视角，让案主发挥其特长，在这次抗疫行动中做一些力所能及的事情。例如，给村口防疫执勤人员送爱心便当、送茶水等，让案主参与社会事务，感受到自己在社会中的价值。而执勤人员的积极反馈，如"婶做的饭菜真的好吃""婶的手艺真不错，有口福了"，给予案主极大的肯定和自信心，让其产生自豪感和价值感而非贬低自己为"没用的人"。笔者观察到案主的情绪得到改善，也更加积极地"找事做"，不再自怨自艾，煎熬度日，这些令人欣喜的改变表现出此次介入是成功和有效的，对案主的心理和日常生活产生了良好影响。另外，值得注意的是，案主主动为抗疫执勤人员送餐一事还得到了部分村民的关注，他们纷纷赞美老人的贴心和奉献，这不仅提升了案主在本村的影响力，而且加强了村民对其的重视和关怀，有利于强化案主与村民间的联系，增强村民对案主的社会支持。

三 结案与效果评估

（一）结案

2020年5月2日，子女一早回到案主家里，笔者也准时到达，案主的孙辈不用上网课，也都回家探望案主。案主子女提前买好了种子，当天一早在村民处买到了新鲜蔬菜苗，整理好后，笔者便与案主的子孙一同在菜地里忙碌，案主在旁观察指导，一家老小聚集在一起，以案主为中心，在笔者的引导下，一家人共同回忆过去的时光，案主也不由得连连发出感叹；笔者不断间接激励子孙们表达对案主的爱，案主听到后感动落泪。通过此次聚会，案主子孙感受到老人强烈的情感需求，纷纷表示以后一定要多关爱老人，增加通话和探望次数，及时了解老人的生活近况，满足其情感需求。由此可见，案主所需要的家庭层面的物质支持和情感支持都得到强化。

接着需要进行的是和案主讨论结束服务关系，案主听到要结束服务，觉得笔者要离开自己，情绪变得低落，笔者首先通过和案主一起回顾个案工作的介入过程，引导案主回顾自己已经取得的改变，引导案主想象未来生活，帮助其建立信心；协助案主总结解决困难的经验，提高应对问题的能力；告知案主以后如何寻求帮助，与其约定以后要主动寻求他人帮助；等等。笔者告诉案主，在个案工作开展过程中，笔者作为社会工作者，本身只是起到一定的帮扶作用，最重要的是来自案主自身的改变，经过笔者和案主子女的安慰和开导后，案主摆脱了这种负面情绪的困扰。同时，笔者嘱咐案主，以后有需要还可以联系笔者帮忙。并且与案主约定，案主应积极主动维持与子女、邻里及同辈群体的社会支持网络，案主答应了与笔者的约定。最后，笔者结束了与案主的工作关系。

（二）介入效果的评估

过程评估贯穿于每个阶段，本案例介入效果的评估方法是对比案主社会支持的六个方面。

1. 生活支持的效果评估

疫情前期，案主子女不与案主同住及案主自身行动不便，导致案主的基本物质资源无法得到满足。除此之外，案主家的水电设备损坏无法维修，日常理发需求也无法满足等，这些影响了案主的日常生活。疫情期间，封闭在家无法外出的案主的生活节奏被打乱，日夜颠倒，作息不规律且失去了进行运动和康复训练的热情，精神状态不佳，情绪略显低落。

介入后，笔者帮助案主承担采购物资的任务，满足案主对蔬菜水果等食材、日常生活用品、必备药品以及防疫口罩、消毒水等的需求；链接资源帮助案主维修水电设备、联系理发师为案主理发等，以上介入保证了案主日常生活的正常运转。辅导案主共同制订生活计划和康复训练计划并督促案主按时完成，使其恢复了正常的生活秩序，身体状况和精神状况得到很大改善。

2. 信息支持的效果评估

介入前，案主对疫情没有形成正确的认识，各种各样的新闻和见闻感受使案主产生焦虑心理，她独自在家时胡思乱想，偶尔坐立不安，情绪不稳定。

介入后，笔者传递给案主官方的科学客观信息使案主对此次疫情有充分了解，这增强了案主抗击疫情的信心，能够客观认识疫情，并做好自我防护。笔者在此过程中扮演宣传员和倡导者角色，提高了案主对各类信息的辨别能力，其焦虑情绪得到疏解，增强了其应对疫情的信心。由此可见，此次介入较为成功。

3. 心理支持的效果评估

介入前，疫情带来的焦虑情绪、子女不在身边陪伴带来的无助情绪、邻里及同辈群体无法交流带来的孤独情绪、空闲时间无法打发产生的苦闷无聊情绪等，都是案主无法排解的负面情绪，甚至使案主产生了人老无用、不如在这场疫情中走了的想法。

介入后，案主的消极情绪得到排解，精神状态好转，此次介入较为有效。而且案主尝试接触和学习智能手机及网络，挖掘培养自己的兴趣爱好。

4. 人际交往与情感支持的效果评估

介入前，案主来自家人、邻里及同辈群体的情感支持不足，这在以往也是如此，子女往往因工作繁忙而忽视对案主的精神慰藉，仅仅给予案主相应的物质支持和经济支持；加之案主行动不便，与邻里及同辈群体的交往减少，这使其无法获得关爱。疫情期间，完全居家封闭的案主要面对多种疫情信息带来的焦虑，此时却缺乏亲人的陪伴、邻里及同辈群体的关爱和支持，更容易陷入困境。

介入后，子女及孙辈能主动经常性地与老人通话、探望老人，了解其近况，及时关心了解老人在疫情时期的心理状态。此外，社会工作者还通过动员案主家人一起为案主种植菜园，进一步增加了案主与家人间的相处，情感再次升温，使案主的家庭支持网络更加坚固。案主主动联系邻里及朋辈群体，相互关心，重获邻里及朋辈群体的情感支持。随着案主对微信视频的熟悉和了解，案主明显提升了人际交往的自信心，增强了自身与家人、邻里及同辈群体之间的联系。当然，人际交往是双向的，由于笔者的介入及动员，不仅是案主自身，而且案主家人、邻里及同辈群体也意识到对案主提供情感支持的重要性，因而双方的沟通交往频率得到大幅度提高，案主的家庭关系、邻里关系及同辈群体间的关系更加紧密。

5. 文化娱乐支持的效果评估

介入前，案主的生活比较单一，缺乏发展兴趣爱好的动力。介入后，笔者与案主一同挖掘并培养真正契合其需求的兴趣爱好，通过案主自身来改变其生活环境，摆脱家人无法探望和陪伴的无聊与空虚，减轻心理压力，拥有积极健康的心态。同时，笔者借助案主对眉户戏的热爱，引导案主回忆往事，这种帮助案主回顾正向事件和感受以增强自我肯定与自我接纳的过程，对自信心和能力的提升有很大帮助，让案主更有尊严、更有价值地生活。学习使用智能手机增强了案主的自信心和成就感，而且使案主"与时俱进，开阔视野，了解社会新闻实事"，获得融入村民日常消遣活动的愉悦感，从而排遣孤独感和寂寞感，充实生活。

6.促进自我价值实现的效果评估

介入前，案主处于独居状态且腿部骨折，导致生活无法完全自理，这使案主一度产生对自我存在价值的质疑，不利于案主的康复。介入后，案主获得了肯定和认可，尤其是在此次疫情中贡献了自己的力量后，她意识到自己应"老有所用""老有所为"，这极大地提升了自我价值、促进了自我价值的实现。

（三）服务对象自评

服务结束后，案主表达了自己的感受："我儿子、女儿几乎每天给我来个电话，每周都来看我，对我比以前更关心了，比以前更孝顺了；邻居张婶儿做了好吃的总会给我送些，家里有啥急事，我都喊张婶帮忙，总是来得特别及时；村干部总会来看看我，送米送面，关心我的身体；这些都多亏了你啊，没有你，前期我连饭菜都困难的；要不是你，我一个人在这屋里，肯定胡思乱想，这疫情又很害怕，也没家人在身边，都不知道该怎么熬过来，太谢谢你了，闺女……"

（四）社会工作者自评

本次个案服务整体效果不错，疫情期间，社会工作者扮演着多重角色：做好宣传员及倡导者，科学宣教，及时给予必要的疫情及防护信息支持，增强信心；做好资源链接者，作为联系人及快递员，代买代送生活物品，解决基础难题；做好教育者及使能者，指导学习新知识，调动资源，挖掘潜能；做好治疗者及推进者，调适案主心情，助力其身心健康。

除此之外，通过本次个案服务，笔者还积累了很多服务过程中的访谈技巧，如运用支持性、引导性和影响性技巧为案主提供服务。

其一，支持性技巧主要是借助口头和身体语言，让服务对象感受到被理解、被接纳的技术，主要包括倾听、鼓励和同理心等。在电话会谈过程中，由于对话双方都不能看到面部表情，只能凭借语气、音量信息做出判断，加上受网络舆情、长久不能出门等多方面因素影响，案主可能会表现出质疑疫情防控措施、不信任笔者的情况，并且将笔者作为情绪宣泄的出口，因而需提前做好心理建设，需要"用心＋耐心"地聆听案主在电话中传达的信息。在话语的间歇期及时回应显得尤为重要，因为在两人通话过程中，如果双方都在说话则通话是完全无效的，应及时用"嗯""是的""对"等语气性词语回应对方，让对方明确感知到电话这一头的人是在积极关注她、认真听她诉说需求，创造尊重、真诚的沟通环境，间接影响案主的情绪状态。在日常的电话访谈中，案主时常开玩笑地说道："身体没问题，在家里憋疯了。"此时笔者给予案主鼓励，如"加油，这些天本地疫情已经有所缓解，我们马上就可以出门了"，肯定并感谢案主在疫情防控期间做出的积极表现。

其二，引导性技巧关注引导服务对象探索过往经验，主要包括对焦、澄清等。一般情况下，案主通常都有自己的诉求，想要咨询相关问题。所以，笔者在做好案主的倾听者的同时，采用对焦技巧和封闭式提问，缩小话题范围，更多聚焦其关注的问题。

其三，影响性技巧注重社会工作者为服务对象提供信息或建议，让服务对象采取不同的问题理解角度和解决方法，主要包括自我披露、建议、信息提供等。在工作中，受各种信息影响，当涉及个人利益问题时，案主很容易因信息不对称而质疑、不信任笔者，随之而来的是负面情绪宣泄。这个时候，笔者采用自我袒露技巧，告知案主更多本村一线防控信息，可以拉近与案主之间的距离，获得案主的理解与信任。与此同时，笔者接触到大量真实且可靠的疫情防控政策信息，在接听案主的咨询电话过程中，笔者经常性地使用建议与提供信息这两个技巧。笔者虽然了解到很多疫情防控措施，但是更注重"真实且可靠"五个字，错误信息随时会引发案主的负面情绪，这意味着笔者的回答需要准确无误。遇到无法解决、拿不准的"特殊情况"时，笔者一方面坦诚告诉案主"确定后及时回复电话"，另一方面寻求村委会帮助，寻求解决方案是较好的处理方式。

四 使用说明

（一）教学与训练

1. 理论知识学习

（1）社会支持的定义

索茨将社会支持定义为从身边的亲人、朋友等处获得的帮助，这种支持的范围广泛，包括为支持对象提供的物质和精神等支持。马特·G. M. 范德普尔将社会支持界定为一种情感上的支持，即将社会支持网络细化。社会学家迪尔凯姆就提出了社会关系与个体健康之间的关系（杨海龙、楚燕洁，2007）。有学者认为社会支持是主体从自己的网络圈子中获得资源从而降低自身的紧张度（李强，1998），也有学者从社会学的社会互动来定义社会支持，社会互动的前提是发生在一定的社会情境里面，在一个共同的社会里才能产生互相需要（郑杭生、杨敏，2003）。

（2）社会支持的分类

物质支持与情感支持。肖水源（1994）提出，社会支持分为客观物质支持与精神支持两种类型。客观物质支持强调的是一种物质形式，而物质支持是一种实实在在的物质帮助。精神支持是一种情感支持，是一种主观意义上的支持，或者说是一种精神层面的支持和营造一种环境，这种支持不是通过物质客观可以量化的，是一种个体主观要得到的帮助与心理上获得的支持。

正式支持和非正式支持。闫秋梅（2012）通过对山东省一个个案进行调研访谈，从社会支持类型角度进行分类研究，从正式社会支持和非正式社会支持两个角度分析老人的现状、存在的问题以及原因，并且从正式与非正式两个角度指出解决应对之策，角度合理、划分详细。刘祖云、刘敏（2005）对人力资本、社会资本与流动农民之间的关系进行分析，通过对人力资本与社会资本的比较、强关系与弱关系的比较以及对原始家庭社区等资本与新型社会资本的比较分析流动农民工地位的影响因素。

（3）老年人社会支持研究

张连杰（2011）从经济支持、生活照料支持和情感支持的角度分析我国农村空巢老人在生活中存在的问题。聂小民（2011）认为，社会支持网络中的老人问题是由家庭、个人与社会共同造成的，并且家庭功能在弱化，空巢老人需要社会的支持。他对山东省28名老人进行了实地调研，总结出空巢老人在情感支持、工具性支持和社会活动支持方面存在问题（聂小民，2011）。路瑜（2014）比较了城市社区老人与城郊社区老人社会支持的差别，认为农村老人的社会支持水平不如城市，农村还是依靠土地生存。

孙璐（2015）在《社会支持理论视角下居家养老服务问题探析》一文中基于社会支持理论，以南京市栖霞区居家养老为例，通过社会支持主体的划分，将居家养老社会支持体系分为宏观层面、中观层面和微观层面，并提出相应的完善养老服务的机制。王丽君（2013）从失能老人个案入手，分析失能老人社会支持网络中存在的问题与解决对策，从物质、情感和需求三个方面具体阐述失能老人存在的问题。刘肖肖（2011）通过对山东省的一个村子的调研，分别从经济问题、生活实际和情感支持三个角度进行具体分析，作者在分析情感支持时发现了"老年歧视"这个问题。老年人的思想或者生活习惯存在被歧视现象，即老人被赡养是子女的"面子工程"，文中指出了子女这种心理对老人本身的伤害。

此外，老人的社会支持也是国外研究关注的热点。一项研究随机抽取了82位65岁以上的老人，发现医护人员除了给患者药物治疗以外，还要从社会支持角度增加对老人身体健康的关注（Johnson，1996）。将农村独居单身老人的生活满意度与已婚以及丧偶的进行比较，作者发现，独居单身老人的生活方式更积极。与丧偶的老人相比，独居单身老人没有经历婚姻的幸福和丧偶的痛苦，反而更适应单身生活，心理比丧偶的老人健康；与已婚的老人相比，独居单身老人的孤独感更强，但是生活方式更积极（Scott and Kivett，1986）。有研究发现，老人自理自助生活加上子女提供有限帮助的支持模式是老人和子女认可度较高的模式，农村老人最好的支持就是来自家庭的支持（Cohen，2013）。作者研究了16位生活不能自理的农村老人，其中8位老人通过自己的家人、邻居和社会志愿者提供社会支持，另外 8 位老人通过网络提供支持，结果发现通过网络提供支持的老人的心理健康程度更高（Cohen and Bennett，2017）。

总之，社会支持通常被分为物质支持和非物质支持或正式支持与非正式支持。有关老年人的社会支持研究发现，无论是国内老年人还是外国老年人，都不仅有物质支持的需求，而且有强烈的情感需求和社交需求。

结合本案例的社会背景，运用社会支持理论，为案主提供生活支持、情感支持、情绪支持、文化娱乐支持和信息支持。

2. 能力训练

（1）结合社会背景进行需求评估的能力

通过实际案例，培养学生结合疫情社会背景和理论知识分析案主需求、制订服务方案的能力。

（2）灵活运用理论的能力

社会支持理论经过多年的广泛应用，已经形成了较为固定的模式，如何根据案例突出社会支持的重点方面而非全景式描述案主的社会支持状况？

3. 价值观讨论

（1）专业关系建立的重要性

个案工作顺利开展的必要前提是建立良好的专业关系，本案例中社会工作者尊重案主，从案主的切身利益出发，倾听其诉求，与案主建立良好的关系后，取得了案主的信任。在相互信任的前提下，社会工作者为其制订有针对性的服务方案。

（2）保密

社会工作者应尊重和保护案主的隐私，案主不愿公开的，在不违反法律法规、不对案主构成伤害的前提下，应为其保守秘密。

（3）案主自决

社会工作者应遵循助人自助的原则，相信案主有自我决定的能力。社会工作者要挖掘案主潜在的社会支持，给予案主自主决定权，并且相信案主在社会工作者的帮助下能发挥优势，解决自身面临的问题。

（二）思考与讨论

1. 社会支持理论适用于什么情况？
2. 本案例中如何判断介入的重点？

五　案例使用要点

1. 社会支持理论的灵活运用。
2. 设计有针对性的社会支持介入方案。
3. 各种社会支持之间相互联系的分析。

六　教学计划与建议

（一）教学计划

向学生介绍案例，分组讨论，分析案例，包括案主的社会支持现状、案主的需求、社会支持系统的重点，制订有针对性的介入方案。

（二）教辅手段或工具

常规教学设备、大白纸、马克笔、相关文献等。

（三）教学检测和评估

1. 课堂上有关该案例的分析、讨论与汇报。
2. 关于该案例的介入分析报告。
3. 通过督导学生相关知识点的运用，评估教学效果。

（四）案例使用注意事项

1. 使用案例前，要掌握案主的基本情况。
2. 学生在分析案例前，要对公共卫生危机的预防与应对政策有一定的了解。

3. 本案例亦可用于社会工作者从事老年领域入职前的培训等。

参考文献

李强,1998,《社会支持与个体心理健康》,《天津社会科学》第1期,第66~69页。

刘肖肖,2011,《农村空巢老人社会支持体系的研究——基于山东省东阿县Y村的调查》,硕士学位论文,东北财经大学。

刘祖云、刘敏,2005,《关于人力资本、社会资本与流动农民社会经济地位关系的研究述评》,《社会科学研究》第6期,第124~129页。

路瑜,2014,《城市化进程中的大城市郊区农村老年人养老支持研究——以天津市为例》,博士学位论文,南开大学。

聂小民,2011,《农村空巢老人社会支持网研究——以山东省A村为例》,硕士学位论文,黑龙江省社会科学院。

孙璐,2015,《社会支持理论视角下居家养老服务问题探析——以南京市栖霞区为例》,硕士学位论文,南京大学。

王丽君,2013,《农村失能老人的社会支持研究——基于湖南省L县T镇失能老人的个案访谈》,硕士学位论文,华中科技大学。

肖水源,1994,《〈社会支持评定量表〉的理论基础与研究应用》,《临床精神医学杂志》第2期,第98~100页。

闫秋梅,2012,《农村空巢老人社会支持探究——以山东省青岛市Q村为例》,硕士学位论文,东北财经大学。

杨海龙、楚燕洁,2007,《社会资本与"互构"的社会支持》,《理论导刊》第7期,第42~43页。

张连杰,2011,《农村空巢老人的社会支持状况研究——以空巢老人的生活状况为例》,硕士学位论文,华中师范大学。

郑杭生、杨敏,2003,《社会互构论的提出——对社会学学术传统的审视和快速转型期经验现实的反思》,《中国人民大学学报》第4期,第

21~32 页。

Cohen, Adrienne L. 2013. "Family Assistance and Autonomy in the Lives of Rural Elders." *Marriage & Family Review* 6: 491-503.

Cohen, Adrienne L. and Colleen R. Bennett.2017. "Support Network Connectedness in the Lives of Community-Dwelling Rural Elders and Their Families." *Marriage & Family Review* 6:576-588.

Johnson, Julie E. 1996. "Social Support and Physical Health in the Rural Elderly." *Applied Nursing Research* 2 : 61-66.

Scott, Jean Pearson and Vira R. Kivett.1986. "Differences in the Morale of Older, Rural Widows and Widowers." *The International Journal of Aging and Human Development* 2 : 121-136.

儿童篇

困境儿童个案服务

完善社会政策，促进妇女全面发展

学龄期儿童网络素养提升服务

困境儿童个案服务

——以公共危机背景下的困境儿童干预为例

李 敏 杨 然[*]

一 课程基本信息

（一）教学目标

1. 掌握生态系统理论、理性情绪疗法、优势视角在儿童社会工作实务中的运用。
2. 掌握社会工作者的职责与角色定位。
3. 掌握社会工作者提供服务的过程及主要步骤。
4. 了解社会工作者的工作内容及工作方法。
5. 了解社会工作者对突发公共卫生事件中的困境儿童的具体干预过程。

（二）教学主题

社会工作理论应用教学、儿童社会工作实务教学。

（三）教学内容

1. 生态系统理论在困境儿童干预服务中的运用。
2. 理性情绪疗法在困境儿童干预服务中的运用。
3. 优势视角在困境儿童干预服务中的运用。

---

[*] 李敏，社会工作学院教授；杨然，社会工作学院2019级社会工作专业硕士研究生。

4. 了解儿童社会工作服务的目的、角色、范围及对象。

5. 儿童社会工作的实务案例分析。

6. 儿童社会工作个案工作的具体流程。

（四）教学对象

社会工作专业硕士以及社会工作本科高年级学生。

二 案例主体

（一）案例背景

2020年1月30日，世界卫生组织发布新型冠状病毒感染肺炎疫情为国际关注的突发公共卫生事件。突发公共卫生事件具有突发性、公共属性和严重的社会危害性。本次疫情深刻影响了各类人群的生活。儿童是自我防卫意识弱、自我保护能力不足的社会弱势群体，尤其是困境儿童的家庭变故、环境影响及他人侵犯等外界伤害更容易使他们陷入危机。

2020年3月5日，国家卫健委和民政部联合印发《关于加强应对新冠肺炎疫情工作中心理援助与社会工作服务的通知》，提出要将心理援助与社会工作服务纳入疫情防控的整体部署：一是重点关注儿童、老人、残障人士、有原发疾病等特殊需要的人员和因公殉职者家属、病亡者家属；二是发挥各专业优势，提供协同服务，高度关注重点人群，向社会提供困难救助、疫情认知、心理疏导、健康指导、情绪辅导、家庭支援、社会关系修复、政策咨询、针对性评估和危机干预、转介服务等社会工作服务。2020年3月14日，国务院印发《因新冠肺炎疫情影响造成监护缺失儿童救助保护工作方案》，要求各地加强对困难儿童及家庭的救助帮扶，落实监护缺失儿童救助保护工作，确保不发生冲击社会道德底线的事件。儿童社会福利发展水平在一定程度上代表着国家的福利发展水平，完善公共卫生危机下的困境儿童社会服务是当前中国完善儿童社会服务体系的重要内容。儿童社会工作是儿童社会服务体系的重要力量之一，肩负着责任和使命，需充分发挥专业优势，提供更多人文关怀。

疫情期间，笔者因居家而无法外出提供线下服务，通过某社会工作机构联系到4名困境儿童，初步沟通后1名初三困境儿童愿意并希望接受社会工作者的线上个案服务。为此，笔者为这名15岁的城市女孩提供了线上个案介入服务。

（二）案例描述

案主小许（化名），女，初三学生。小许的父亲是一名普通工人，母亲为全职妈妈，主要在家照顾刚满1岁的妹妹。家庭收入主要来源于父亲的工资，每月4000元左右。小许的父亲工作繁忙，母亲悉心照顾她的生活起居，父母因自身学历原因无力辅导她学习，但父亲常为她购买辅导书。

小许初中阶段学习成绩起伏不定。初一入校成绩为年级第20名，初一成绩一直名列前茅，数学成绩尤为突出，备受数学老师喜爱，是老师同学重点关注的对象。父母也以她为傲，尽量满足她一切物质上的要求。但到初二这种情况发生了变化，一名外表帅气、性格幽默的男孩小汪（化名）成为她的同桌，两人性情相投，共同爱好较多，因此关系日渐亲密。等到妹妹出生后，全家人的注意力都转移到幼小的妹妹和母亲身上。她和父母的交流时间明显变少，家里经济压力增大，吃穿用比以前节俭。她感觉在情感和物质待遇上自己与妹妹出生前相比有明显落差。初二寒假，小汪时常陪她聊天，带她玩乐，不久后两人便确定为男女朋友关系。小汪学习成绩较差，喜欢与社会上结交的朋友打牌。小许便经常与他出入社会场所，并经常用父母给的零花钱替他还债。初二下学期的开学考试，小许的成绩大幅度下滑，引起了班主任和父母的注意。父母主动与班主任联系后发现，小许以学校补充必读课外书为由向父母要了300元钱，父母仔细询问后才知道，小许将300元钱全部给了小汪。由此，班主任和父母发现了两人的男女朋友关系。为此，班主任全班通报批评小汪，并让小汪母亲将小汪给小许的钱都还给小许母亲，小汪觉得脸上无光便与小许分手，表示不愿再与她来往。为此，小许伤心不已并埋怨母亲不讲情面。

经此波折，小许父母意识到他们对小许的疏忽，在生活和学习上重新关心小许。小许母亲在家专心照看两个孩子，父亲除日常上班外，下班时间开网约车补贴家用。在老师和父母的引导下，小许渐渐意识到自己的错误并期望自己能够考上好的高中，同时遇见更优秀的人，有更好的未来。随着初三的到来，小许专注于学习，成绩有大幅提升，保持在班级前十名，但偏科明显，数学可考满分，历史从未及格。小许感觉自己英语落下很多，又嫌历史枯燥、语文无聊，虽数学成绩好，但学习物理比较吃力，再也回不到初一时风光无限的状态。为此，小许对中考比较忧虑。

疫情期间，小许按照学校安排居家线上学习，但学习自觉性下降，常受母亲和妹妹玩乐的影响，学习时忍不住与1岁的妹妹玩闹。线上学习效果不佳，老师答疑迟缓且没有针对性，学习上的困惑无法及时解答造成小许越学越艰难。随着中考的临近，学习压力越来越大，加上父母时常将她与邻居家同校同年级成绩更好的孩子比较，小许出现了失眠现象。邻居知道小许早恋的事情后也不准孩子与她往来。她一方面认为自己备受嫌弃，另一方面越来越怀疑自己的学习能力。疫情期间，家里学习环境较差，1岁的妹妹时常吵闹，父母也经常因为钱的事情吵架，小许心生不满，也不愿与父母沟通。同时，小许无法与朋辈群体进行线下联系，线上联系也逐渐减少，不能和朋友谈心，情感得不到宣泄。但在此期间，小汪时常主动关心小许，鼓励她努力学习，在她与家人争吵后，分享趣事安慰她，小许既高兴又害怕，既怕学习分心，成绩下滑，又不舍温暖的陪伴，因此陷入纠结状态。社会工作者接案前一周，小许与父母因学习问题大吵一架，她甚至扔了自己的书。与父母僵持一天后，父亲告诉小许，如果她中考考不上重点中学，就只能读技校，这增加了小许的压力，使其多次出现失眠现象。近期，小许知道她的两个闺蜜报了全科补习班，自己虽感到学习吃力却碍于家庭经济状况不佳，不敢向父母申请参加补习班，在焦虑中煎熬。

（三）干预过程及效果

1. 需求分析

（1）案主个人

疫情期间，全市学校统一延期开学，初三学生也只能在家上网课。但线上授课有一定的局限性，案主上课容易走神，不能及时解惑，心中焦虑无法自控。案主在家生活作息不规律，学习计划被打乱，学习自控力下降，陷入迷茫和自我怀疑。随着中考日益临近，案主学习压力不断加大，焦虑情绪日渐加深，情绪崩溃次数增加。为此，案主目前存在以下具体需求：首先，减轻焦虑，积极应对升学压力，正确认识自己目前的学习状况，提高自制力和自信心；其次，适应网上上课，突破学习困境；最后，加强与朋辈群体的人际交往，正确处理异性情谊。

（2）家庭系统

疫情期间，案主父母很难增加家庭收入，案主父亲的4000元工资是家庭唯一的经济来源。案主1岁妹妹的奶粉钱和案主的课外辅导费成为家庭负担，案主不敢告知父母自己的学习困境，独自苦恼自责。父母长期把她与成绩更好的同龄邻居做比较，只看重学习成绩而不关注她的学习过程，经常批评、刺激她，让她越来越反感和父母交流，并感到自卑，压力不断增加。此外，疫情期间，家人每天都在家中，由于家庭经济问题，父母当着她的面争吵的次数增多。父母与妹妹玩闹也不注意时段，影响了案主的心情和学习状态。为此，案主的家庭目前存在以下具体需求：首先，改善家庭关系，营造和谐的家庭氛围；其次，转变父母的教育理念，学会运用鼓励支持的教育方式；最后，注重营造良好的学习环境。

（3）学校系统

疫情期间，学生都居家线上上课，案主表示线上上课比较枯燥，老师授课缺少针对性和互动，这让她越来越担心学习效果。课业难度越来越大，她感到个别科目学习吃力，既无法及时得到老师的解答，又缺乏同学间的交流互助。案主与同学和朋友仅有少量的线上联系，缺少倾诉和分享对象。案主曾经的早恋对象主动多次关心她的生活，让她学习分心，十分纠结。为此，案主的学校目前存在以下具体需求：首先，加强师生互动和家校联系，及时解决案主遇到的学习问题，减轻其学业压力；其次，加强朋辈群体的学习和情绪支持；最后，要明确异性朋辈间应保持适当的边界感。

（4）社区系统

疫情期间，家庭成员均居家生活，家庭关系紧张，案主的学习遇到困难，社区可利用资源为其提供家庭关系调节及课业辅导等志愿服务。

综上所述，案主的生态系统如图1所示。

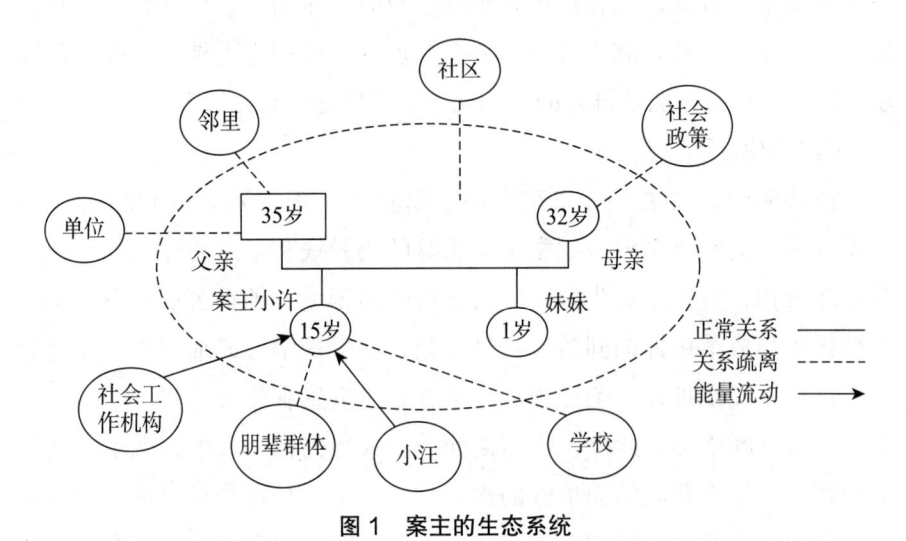

图1 案主的生态系统

2. 干预及效果

（1）帮助案主宣泄情绪

第一次线上会谈时由于社会工作者刚开始和案主接触，案主显得很拘谨，于是社会工作者答应了案主的要求，先为她辅导了一段时间作业。在辅导作业过程中，社会工作者十分注重自身的态度，希望案主能感受到社会工作者的关心。社会工作者将案主的兴趣爱好作为聊天主题，分享了一些有趣的小故事以愉悦案主的心情，拉近与案主的关系，试图打破案主的自我防御。辅导作业之后，社会工作者开始尝试与案主交谈，首先通过倾听她的烦恼和困惑，了解案主的自我认知、心理状态、家庭关系等情况。在交谈过程中，社会工作者通过案主的语音语调感受到她情绪低落，于是积极运用支持性技巧，如同理心、鼓励等，帮助案主宣泄不良情绪。当案主叙述完所有事情之后，社会工作者请她谈一下感受，案主的回答是"烦躁、愤怒、委屈"，这使案主察觉自己当下受到了哪些负面情绪的困扰。

（2）帮助案主缓解压力

社会工作者运用理性情绪疗法，帮助案主发现她的非理性信念，且让案主意识到非理性信念对她造成的困扰，并帮助她建立新的理性信念。理性信念代替非理性信念，使案主缓解了压力、接纳了自我并积极准备考试，减少焦虑情绪的产生。社会工作者采用艾利斯理性情绪疗法的治疗整体模型，与案主一起完成了表格，帮助案主辨别非理性信念（见表1）。

表1 艾利斯理性情绪疗法的治疗整体模型

A（诱发事件或逆境）		C（结果）	
父母长期将我与成绩好的邻居家孩子做比较，并不断强调我考不上重点中学就只能读技校		主要负面情绪：羞愧、烦躁、焦虑 主要行为：与父母争吵；熬夜学习影响白天正常上课	
IB（非理性信念）	D（驳斥非理性信念）	E（有效的新观点）	E（有效情绪和行为）
①我一定要考得比她（邻居家孩子）好，不能输给她。 ②我一定要读重点中学，不然没前途	①我为什么要和她比成绩？难道她成绩比我好，我就处处不如她了吗？ ②我读重点中学就万事大吉了吗？难道只有读了重点中学的人才能成才吗	①不能只以成绩评判人的好坏。 ②我有自己的优点，只跟自己比，在不断进步就好。 ③不是不读重点中学就不能成才，也不是读了重点中学就能成才	①新的健康情绪：自我接纳、乐观。 ②新的建设性行为：避免与父母争吵；改进学习方法，调整学习状态

案主父母长期否定案主，打击了案主的自信心，使其对自己的能力产生了怀疑。为了巩固治疗效果，社会工作者给案主布置了家庭作业，让她罗列出自己所具有的所有优点，以帮助案主更加全面地认识自己，尤其是认识到自己的优势，从而达到接纳自我、肯定自我的目的。

（3）帮助案主提高沟通能力

案主渴望拥有良好的学习环境，获得父母的理解和肯定，这就需要其与父母保持良好的沟通。针对这个问题，社会工作者运用理性情绪疗法从以下几个方面介入。

第一，检查审视案主的非理性信念。最初，社会工作者以为案主处于青春期，存在逆反心理才会和父母吵架，但通过与案主的深入交谈之后，社会工作者发现她存在以下非理性信念：父母只在乎她的成绩，不关心她的学习过程和感受；父母没文化，无法给她提供学习上的帮助；她和父母有代沟，父母不能理解她的想法，她无论说什么都会被父母否定。

第二，帮助案主识别非理性信念。为了使案主更清楚地认识自己的非理性信念，社会工作者采取理性情绪想象的方法，让案主回想之前生活中和父母发生冲突的场景，鼓励案主通过角色互换进行思考：如果自己是父母，面对同一场景会做出什么反应。情景法可帮助案主从不同视角识别自己内心的非理性信念，且认识到这些非理性信念对其与父母沟通产生的影响。

第三，帮助案主重建理性信念。社会工作者要帮助案主认识到理性信念对建立良好人际关系的作用，且重新引导案主建立理性信念：父母关心我学习的最直接表现是过问成绩，但过问成绩并不代表他们不关心我学习的过程和感受；父母已经尽其所能为我提供了课外辅导的经济支持；两代人有代沟很正常，只有加强沟通才会相互理解。

第四，强化巩固案主的理性信念。为了更好地维持和巩固成效，社会工作者应鼓励案主经常审视自己，这样如果出现非理性信念也能够独立解决。此外，社会工作者还应教给案主一些人际沟通技巧，鼓励她多和父母交流，并且要给她布置家庭作业，每周至少帮助父母做一次家务，激发其感恩之心。

第五，社会工作者与案主母亲进行了一次线上交谈，一方面，了解案主近期在家中的表现、案主母亲对案主产生改变的想法；另一方面，与案主母亲讨论案主目前的需要及改善案主状况的策略，并且教给案主母亲一些沟通技巧和情绪管理方法。改善家庭关系是一项长期工作，在社会工作者完成本次个案服务时，案主的改变仍在持续中。

（4）帮助案主建立良性朋辈关系

疫情期间，案主的备考生活单调又压抑，在学业负担、人际交往中找不到归属感，感到焦虑和孤独。因为人在青春期存在较明显的主体自我与客体自我的矛盾冲突，情绪得不到合理的宣泄，所以渴望朋友特别是异性朋友的理解和关心。社会工作者从与小许的会谈中得知，她认为自己之前和早恋对象分手就已经很对不起他，如果现在再拒绝他的关心就是不近人情；现在只有早恋对象关心她的感受，理解她的处境；中考结束后同学们都将各奔东西，如果现在断了联系，以后便再无交集，就会失去一个真心对待自己的人。小许的这些信念和认知方式，影响了她在生活中的思维方式和行为方式的选择，最终阻碍她正确处理异性情谊，使她学习分心，陷入纠结状态。案主的情感困扰从根本上是对亲密关系的渴望和追求，是为了满足归属的需要和弥补情感的缺失。因此，社会工作者要引导案主树立理性信念：现在专心学习不断完善自我，才是对自己和他人负责的选择；只有相互帮助、共同进步的朋辈才值得维系情谊；父母和同学朋友都关心自己，只是沟通不足，未充分表达。此外，社会工作者还要提醒案主与异性交往的尺度和方式要恰当，交往时的言行要留有余地，减少给对方造成误会的可能性。

（5）为案主链接学习资源

在服务后期，案主主动提出希望有精通历史的志愿者辅导其学习历史，弥补学习短板。社会工作者积极调动资源，通过社会工作机构联系到一名历史专业的大学生志愿者，并促成志愿者无偿为案主提供每周2次的历史学科答疑，时间和时长根据案主情况灵活调整。社会工作者根据案主的学习情况，与案主一起制订学习计划，定期讨论学习所得，并结合外部环境变化，调整学习计划。此外，社会工作者还注意收集、整理中考高分学生的学习经验，时常在线上与案主分享优秀学生的事迹和经验，并鼓励案主积极面对困难，案主通过留言的方式表达感想和收获。结案后，案主在线上留下的任何关于学习困惑的言论，社会工作者都会根据自己的知识储备或询问专业人士后积极解答，尽力为其提供学业帮助。

三 案例使用说明

（一）教学与训练

1. 理论知识学习

（1）生态系统理论

生态系统理论是考察人类行为与社会环境交互关系的理论，深受达尔文进化论思想的影响。它把人类成长的社会环境看成是一种社会性的生态系统，强调生态环境对分析和理解人类行为的重要性，注重人与环境之间各系统的相互作用及其对人类行为的影响。20世纪初，玛丽·里士满与珍·亚当斯在慈善组织会社与睦邻组织运动中分别以不同的方法推行"人在情境中"理论范式，成为生态系统理论的先导。

布朗芬布伦纳最早提出社会生态系统理论，他认为一个人会受到四个系统的影响，由主到次分别是微系统、中系统、外系统和宏系统。微系统是指个人在面对情境时所经历的一种关于活动、角色及人际关系的模式，如家庭；中系统是指微系统之间的相互关系，它们之间的关系直接决定了系统是否能正常运转；外系统是指未直接参与但对发展产生影响的系统，如父母的工作环境；宏系统包含了某文化、次文化及其他社会脉络在前述三系统中形成的模式。美国学者查尔斯·扎斯特罗进一步阐述了人与社会环境的关系，指出个人的生长环境是一个生态系统，包括微观系统、中观系统和宏观系统。微观系统是指处在社会生态环境中与个人密切相关的社会群体，包括家庭、职业群体或其他社会群体；中观系统是指小规模的群体，包括社区、学校等；宏观系统则是指比中观系统更大一些的社会系统，包括文化、机构和组织。其中，人类行为与社会环境系统是密不可分的关系，相互影响、相互制约（王思斌，2006）。

困境儿童及其家庭问题的出现是由社会环境系统中多方面原因导致

的，因此，在分析困境儿童及其家庭面临的问题时需要结合困境儿童的生活状况、身体情况、家庭情况、社区环境状况等多重因素考虑，以切实把握困境儿童的问题。这样社会工作者才能更好地介入，提供高效服务。

（2）理性情绪疗法

理性情绪疗法的理论基础主要是认知理论和人本主义理论。认知理论认为，人的行为受制于理性思考，而非潜意识中的本能，人们因为认知上的错误或理性思维的缺乏往往容易产生不良行为。人本主义理论认为，每个人都有自我实现的需要和潜能，人的问题产生于人不能接受自我，所有社会工作者都应当帮助有困难的案主形成正确的自我概念，同时发挥案主的主观能动性，而案主有责任也有能力去改变自己的非理性信念（德莱顿、尼南，2017）。

理性情绪疗法认为，主要是人们自己创造了使自己感到心烦意乱的信念，因此人们拥有可以控制和改变它们的能力。理性情绪疗法的治疗整体模型是"ABCDE"。A（activating event）代表激发事件，是清楚地发生在人们身上的事情。B（belief）代表信念系统，既包括人们信念系统中的理性信念（功能信念）和非理性信念，也包括行为上的信念和情绪上的信念。C（consequence）代表事件结果，虽然结果C发生在信念B之后，但是在处理事情的过程中，我们首先要识别出导致结果C的消极情绪。D（disputing irrational belief）代表辩论，人们通过与非理性信念进行积极的辩论来寻求改变。辩论主要有三种形式：一是现实辩论，即人们通过自问自答的方式对非理性信念进行质疑；二是逻辑辩论，即判断自己的信念是否符合逻辑规律；三是实用辩论，即运用实证主义的方式去研究持有的非理性信念可能导致的实际后果。E（effect）代表治疗或咨询的效果。当人们坚持与自己的非理性信念展开辩论并获得胜利的时候，就会产生效果E。总的来说，当A（激发事件）发生时，不同的人可能会引发不同的C（事件结果）。此时，如果一个人的思维产生IB（非理性信念）时，就需要引入D（辩论）来对其进行强有力的辩驳，这样才会产生E（良好的效果），使C（事件结果）朝着积极的方向发展。该理论运用的前提是，你要接受一个重要的观点：你的情绪由你做主

（陈向明，2000）。

理性情绪疗法对不理性情绪进行疏导与调节，让人们摒弃之前的执念，认清现状，帮助案主重建一个理性、健康的情绪与价值观念。基于此，社会工作者将此治疗模式应用在个案工作的案主身上，希望在此模式的指导下真正帮助案主实现"助人自助"的效果。

（3）优势视角

优势视角是社会工作中的一种全新的工作理念，立足于对病态模式和问题视角的反思和批判。它主张社会工作者要在探索、揭示、界定案主所有可能取得优势与资源的前提下，与案主发展出互惠、合作、彼此分享权力、关心可能性的专业关系，协助他们达到自己的目标，实现自己的梦想，并勇敢面对生命中的挫折和不幸。

优势视角是一种着眼于个人的优势，以利用和开发人的潜能为出发点，协助其从挫折和不幸的逆境中挣脱出来，最终达到其目标、实现其理想的思维方式和工作方法。

优势视角相信人会继续成长，人天生具有一种能力，即通过利用自身的自然资源改变自身的能力（发展潜能）。人可以改变，每个人都有尊严和价值，都应该得到尊重；每个人都有自己解决问题的力量与资源，且具有在困难环境中生存下来的抗逆力，即便是处于困境中备受压迫和折磨的个体，也具有他们自己从来都不知道的、与生俱来的潜在优势。

优势视角认为，服务对象才是专家，他们不只带来问题，也带来资源，社会工作者要多寻找及发掘服务对象的资源和优势。优势视角假设人不是被动的，而是具有自身潜能和力量的。优势视角帮助案主揭开"被压抑的记忆"；以优势为核心，通过案主自己的力量解决问题，对案主进行诊断和治疗；强调关注案主，尽可能关注案主自身要"做些什么"，帮助案主解决这些问题；强调发现案主身上的"闪光点"，培育、鼓励、协助、支持、激发、释放人们的内在力量。

优势视角认为，要从案主或案主系统的优势出发，并致力于从一个合作的专业关系进入社会工作干预实践。Saleebey（2004）提出的实践原则包括：个人、团体、家庭和社区都有优势；创伤、虐待、疾病和抗争具有伤害性，但可能是挑战也可能是机遇，因为个人和社区都有反弹和重整的可能；与案主合作才能更好地服务于案主；所有的环境都充满资源；激发抗逆力和优势的话语与叙事。

在本案例中，小许认为自己处于劣势，社会工作者应运用优势视角，改变她的认知，引导其关注自身优势，挖掘资源与自我潜能，协助小许减轻压力。

2. 能力训练

（1）分析案例的能力

通过实际案例，锻炼学生对突发公共卫生事件背景下案主问题及需求的分析能力、满足案主多样性需求的能力。在本案例中，社会工作者为案主提供的服务涉及案主所在的各个系统，案主个人层面的情绪宣泄、压力缓解，家庭层面的沟通能力的提高，学校层面的良性朋辈关系的建立。

（2）个案介入的思路及要点

通过分析案例、讨论介入过程以及实际场景训练，培养学生对实际案例的服务策划能力和实际操作能力。

3. 价值观讨论

（1）专业关系建立的重要性

建立良好的专业关系是开展个案工作的前提，也是个案工作实现特定目标的基础。社会工作者和案主建立专业关系时要始终保持同理心，尊重并真诚地对待案主，强调社会工作专业伦理的保密原则，以便案主积极配合社会工作者，且愿意和她交朋友，在彼此信任、尊重的基础上服务，消除案主的防备心理。社会工作者通过专注、鼓励和倾听等会谈技巧，引导案主主动倾诉，对社会工作者逐渐产生信任，加强了良好专业关系的建立。

（2）保密

社会工作者应当保护案主的隐私，未经案主允许，不得向第三者透露涉及案主个人身份资料和其他可能危害案主权益的隐私信息。特别情况下必须透露有关信息时，社会工作者须向机构或有关部门报告，并告知案主有限度公开隐私信息的必要性及相关保护措施。如果事情紧急必须打破保密原则且来不及报告时，社会工作者事后应当提供必要的证据。

（3）案主自决

社会工作者应相信案主有解决问题和自我决定的能力。案主有自己的优势，同时对自身有深入的了解。社会工作者要发挥案主的优势，相信案主有能力凭借自身力量去解决问题，并鼓励和强化她的优势；要给予案主决定自身事务的权力，并且相信她能够通过智慧和努力把事情做好。社会工作者通过引导案主分析自己学习中的优劣势，正确认识自己的学习能力，积极弥补不足，从而增强自信、自觉。社会工作者介入后期，案主主动争取学习资源，制定了长远的学习目标和美好的人生规划。

（二）思考题与讨论

1. 在儿童社会工作中，社会工作者对案主的介入是否必要且合理？

本案例中社会工作者对案主进行了一系列的干预，包括情绪宣泄、压力舒缓、沟通能力提升、良好朋辈群体的建立、链接学习资源等。这一系列的社会工作介入，对于案主小许来说是否完全必要及合理？

2. 案例中社会工作者介入的优劣势有哪些？介入重点有哪些？理论依据有哪些？

上述案例中，社会工作者针对案主小许的问题采取了一些介入措施，针对小许的情况，讨论从不同切入点介入的可能性以及理论依据。

3. 公共卫生危机背景下，对困境儿童进行线上介入的注意事项有哪些？

4. 公共卫生危机背景下，儿童社会工作的功能及存在意义是什么？

5. 对于线上的案主，如何进行服务跟进和相应的效果评估？

四 案例使用要点

1. 案主所面临问题及需求的分析。
2. 案主自身优势。
3. 案主所处系统的资源。

4. 儿童社会工作干预的理论依据。

5. 社会工作者在服务的过程中需要关注案主所在系统，为其链接资源，如案主的家庭（父母）、学校（老师、同学）、社区（社区工作者、志愿者、心理咨询师）等，帮助案主解决问题。

五 教学设计与建议

（一）教学计划

案例展示后，将学生5~6人分为一个小组，通过组内头脑风暴的形式，对该案例进行分析讨论，分析案主所面临的困境、自身优势、所在系统的资源等，集思广益，激发案主潜能，制订完善的、系统的、对案主更有针对性的介入方案。

（二）教辅手段或工具

常规教学设备、大白纸、马克笔、相关材料等。

（三）教学监测和评估

1. 课堂上有关该案例的分析、讨论与汇报。
2. 关于该案例的介入分析报告。
3. 通过对学生相关知识点的运用进行督导，评估教学效果。

（四）案例使用注意事项

1. 案例使用前，要对案主的相关情况有所了解。
2. 学生在分析案例前，要对公共卫生危机背景有一定的了解。
3. 本案例可用于社会工作者入职前的培训。
4. 在具体的服务方案分析过程中，为案主链接其所需资源，对具体资源及获取途径需提前准备。

参考文献

陈向明,2000,《质的研究方法与社会科学研究》,教育科学出版社。

德莱顿,温迪、迈克尔·尼南,2017,《理性情绪行为疗法(REBT):100个关键点与技巧》,于泳红、魏清照译,化学工业出版社。

Saleebey, Dennis 编著,2004,《优势视角——社会工作实践的新模式》,李亚文、杜文婕译,华东理工大学出版社。

王思斌,2006,《社会工作概论》(第二版),高等教育出版社。

完善社会政策，促进妇女全面发展

——以《关于促进 3 岁以下婴幼儿照护服务发展的指导意见》为例

王向梅[*]

一 课程基本信息

（一）教学目标

"妇女发展政策"课程主要介绍妇女发展政策的基本理论、方法以及妇女发展政策的历史演变和未来走向；通过了解和分析妇女参政政策、妇女教育政策、妇女社会保障政策、妇女就业政策和家庭照顾政策，使学生从历时性和共时性两个方面了解妇女发展政策的基本内容、现实状况和发展趋势，理解妇女发展政策对促进妇女发展和社会发展的重要意义，提高政策分析能力，进而积极参与和推动妇女发展政策的制定、执行和完善。

本案例旨在让学生通过学习《关于促进 3 岁以下婴幼儿照护服务发展的指导意见》（以下简称《指导意见》），了解国外托育托幼政策和国内托育托幼政策的发展变迁，探究现有托育托幼政策的优劣势，引导学生思考托幼政策与妇女发展的关系，思考如何完善婴幼儿照护政策以促进妇女发展、促进社会发展。

（二）教学主题

托幼政策与妇女发展。

---

[*] 王向梅，妇女发展学院教授。

（三）教学内容

了解《指导意见》的内容，包括总体要求、主要任务、保障措施等；纵向梳理托幼政策体系及其影响；学会用社会性别理论分析政策及其实施中的效果与问题。

（四）教学对象

1. 社会工作专业硕士研究生。
2. 选修"妇女发展政策"课程的硕士研究生。

二 案例主体

（一）背景与基本信息

21世纪初，随着我国人口出生率的不断降低以及人均寿命的不断延长，我国面临人口老龄化带来的危机，进入了老龄化社会。为了积极应对老龄化现象，党的十八届五中全会决定，坚持计划生育的基本国策，完善人口发展战略，全面实施一对夫妇可生育两个孩子的政策，即"全面二孩"政策。2016年，"全面二孩"政策正式实施。然而，在种种因素的影响下，新生人口数并未实现如期增长，并在2018年达到近十年来人口出生数最低值。2021年7月20日，《中共中央、国务院关于优化生育政策促进人口长期均衡发展的决定》公布。2021年8月20日，全国人大常委会第十八次会议表决通过《关于修改〈中华人民共和国人口与计划生育法〉的决定》，修改后的《人口与计划生育法》规定，国家提倡适龄婚育、优生优育，一对夫妻可以生育三个子女。这进一步凸显了生育配套政策的完善是社会发展和时代进步的要求。

在社会政策体系中，家庭支持政策越来越得到重视。而在家庭支持政策中，托育托幼政策是一个重要组成部分。就我国当前的实际情况来说，随着三孩生育政策的深入实施，社会对托育托幼政策的需求显著增长。一方面，近年来的少子化提高了人们对婴幼儿照顾的质的要求。从家庭整体发展角度来看，对婴幼儿早期健康和教育的投资，有助于提高他们的健康水平和认知能力，对家庭整体的长远发展具有显著影响。另一方面，市场化的托育服务供给不足、婴幼儿照顾本身需要较高的经济投入与时间投入等，成为影响育龄人口生育意愿的重要因素，因而需要出台和采取更加完善的托育托幼政策与措施。

托育托幼政策不仅仅是以提高生育率为主要目的的社会政策，从社会性别视角出发，托育托幼政策能够帮助女性减轻家庭照顾压力，促进女性参与劳动力市场，增强女性的独立性。由于受传统的"男主外、女主内"的社会观念影响，一直以来，3岁以下婴幼儿照顾被归属于家庭私领域的事务，照顾的责任大多由母亲或家庭中的女性承担。随着现代工业革命以来经济社会的变革，越来越多的女性进入劳动力市场，外出工作与家庭照顾之间的张力不断增大。因为女性的外出就业并没有摆脱或减轻原有的家庭照顾责任，反而还会因为家庭规模小型化造成的"帮手"不足导致对婴幼儿的照顾失当，许多女性面临职业、家庭两难选择的境地。

由此可见，完善托育托幼政策和服务是解决二孩、三孩生育所带来的问题的重要途径，是落实三孩生育政策的重要一环。因此，关注3岁以下婴幼儿照顾需求，是促进婴幼儿成长和家庭成员发展，推动女性发展和社会性别主流化，促进社会性别公正的重要公共政策选择。为贯彻落实党的十九大报告提出的"幼有所育"的要求，补齐托幼服务短板，满足人民群众对婴幼儿照护服务的需求，促进婴幼儿照护服务发展，保障生育政策顺利实施，2019年5月，国务院办公厅印发了《关于促进3岁以下婴幼儿照护服务发展的指导意见》。

（二）事件过程与干预过程

1. 事件过程

为了更清晰地认识《指导意见》的必要性，我们将梳理已有的实践经验和研究观点，进而分析该政策出台的必要性和意义。3岁以下托育托幼服务既是一个涉及多方面、多主体的政策体系，又是一项重要的民生工作，是贯彻落实二孩政策和促进社会经济可持续发展的必然要求（和建花，2019）。2022年3月5日，中华人民共和国第十三届全国人民代表大会第五次会议通过的《政府工作报告》提出，要完善三孩生育政策配套措施，将3岁以下婴幼儿照护费用纳入个人所得税专项附加扣除，发展普惠托育服务，减轻家庭养育负担。可见，《指导意见》回应了我国生育相关领域的现实问题，在三孩生育政策背景下，仍然发挥着重要作用。

在这样的社会背景和政策要求下，我们一方面要横向了解国际形势及发达国家托育托幼事业的有效经验，另一方面要纵观我国托育托幼服务事业的历史进程，思考如何运用相关政策更好地促进发展。

一般认为，托育托幼服务起源于欧美社会中的宗教性的慈善活动，最初是为了帮助必须外出工作的女性照顾无人照看的幼儿。当时的托育服务规模较小，大多由民间自发组织而成；形式单一，主要是将无人照看的儿童聚集在教堂等场所集中照看。近年来，欧美等发达国家纷纷面临生育率低、人口老龄化等问题，为了提高女性生育率，应对少子化和老龄化，托育托幼服务已经成为很多发达国家关注的重要议题。欧洲国家，特别是瑞典、丹麦和挪威等北欧国家，在学龄前儿童的公共托育工作上进行了丰富的实践。例如，基于对父母社会权的尊重，一些国家修订和完善了单一发展公立托育服务机构的策略和政策，重新调配提供的免费或平价托育服务、育儿假与育儿津贴之间的政策混合，目的是增加家长选择，以提高女性劳动市场地位与促进家庭生活和谐（刘中一，2018）。美国则在儿童托育上推行"儿童照料的税收抵免"。而日本作为一个低生育率国家，自21世纪初以来实施了大量鼓励生育的社会政策，其中包括加强建设婴幼儿保育和教育的多样化社会设施（任远，2020）。这些国家关于托育托幼服务的相关政策和实践，为我国的托育托幼政策发展提供了良好的借鉴。

我国托育服务的起步与欧美国家相比较晚。根据公开的教育史料考证，我国第一个正式意义上的托儿所是由中华慈幼协会于1931年在上海设立的幼儿照料所，这是一种为劳工创办的私立实验性托儿所。由政府颁布的管理办法在我国出现更晚，直到1934年，我国第一部《托儿所组织条例》才由当时的苏维埃中央人民政府内务部颁布，而后迅速推广至全国（刘中一，2018）。梳理我国托育托幼服务发展的历史可以发现，中国托育事业呈现波浪式前进的发展趋势，可将中国托育托幼政策变迁与事业发展分为四个阶段。

（1）起步阶段

这个阶段大致是从1949年新中国成立到20世纪70年代末实施改革开放前。在马克思主义妇女观的指导下，为解放妇女劳动生产力和培育好未来接班人，人民政府发布了一些文件，形成了党领导下新中国托幼事业发展的政策和制度的基本框架。例如，《劳动保险条例》（1951年）奠定了托儿所为职工提供劳动保障和社会福利的性质；《幼儿园暂行规程（草案）》（1952年）规定幼儿园具有双重任务：一是教育幼儿，二是减轻母亲的育儿负担。托儿所同样具有双重任务。在托幼机构管理上，为了回应管理部门职责不清的问题，理顺托儿所和幼儿园管理体系，教育部、卫生部、内务部出台的《关于托儿所幼儿园几个问题的联合通知》（1956年）规定，招收3岁以下儿童的托儿所归属卫生部门领导，招收3~6岁儿童的幼儿园归属教育部门领导。这个阶段的托育服务主要是福利性质的，并不是以市场为导向的营利性质的。这一时期，教育部门、城镇街道和企事业单位面向3岁以下儿童开办了大量托儿所，并与女职工产假时间相衔接，给群众带来极大便利。但是到了"文化大革命"时期，托幼事业发展受到严重影响。从20世纪70年代开始，党和国家重新重视托幼工作，托幼事业逐步走向恢复和发展，不过这个过程比较缓慢。

（2）成形阶段

这个阶段大致是从1978年改革开放到20世纪90年代国有企业深化改革前。党的十一届三中全会确定改革开放后，正在逐渐缓慢恢复发展的3岁以下托育托幼事业，远远不能满足人民群众的需求，供需矛盾逐渐突出。在这样的背景下，3岁以下托幼政策和事业发展在国家总体改革政策框架下开始启动改革之路。第五届全国人民代表大会第二次会议通过的《政府工作报告》（1979年）提出，"要十分重视发展托儿所、幼儿园，加强幼儿教育"。1980年，国务院成立托幼工作领导小组，年底全国29个省、自治区、直辖市均已建立起托幼工作领导小组及其办事机构。但随着1982年国家机构改革的开展，刚建立不久的全国托幼领导小组及其办事机构被撤销，这对托幼领导机制的建立健全和事业发展产生了极大的负面影响。尽管如此，这一阶段托育机构从福利性质向社会化、市场化方向转变，各种类型和模式的托育机构开始发展，使得托育服务市场逐渐成形。

（3）调整阶段

这个阶段大致是从1997年国有企业深化改革到2010年。在这一阶段，企事业单位主办的托儿所开始大幅度减少，托育服务市场的供需矛盾尖锐，由此带来了入园难、入园贵、托儿所大幅萎缩等问题。这一时期出台的政策都体现了重教育、重市场、重社会而轻托育、轻公益、轻政府的价值理念。

这一时期对3岁以下托幼政策的主要成就是国务院增强了对儿童工作的领导，建立了妇女儿童工作委员会，并发布《中国儿童发展纲领（2001—2010年）》，在儿童工作领导机制和规划纲要设计创新方面进行了有益尝试，其中对3岁以下托幼工作做出了相应规定。

（4）规范化发展阶段

这个阶段是从2010年到2019年。2010年是托幼发展史上的一个重要转折点，国家在托幼理念上有很大转变，公益普惠性和政府责任得到彰显。2010年5月，国务院常务会议审议并通过《国家中长期教育改革和发展规划纲要（2010—2020年）》；同年11月，国务院印发《关于当前发展学前教育的若干意见》。这两个政策文件的出台，将托幼市场化倾向扭转过来，极大地推动了3~6岁托幼公共事业的快速发展。国务院新一轮《中国儿童发展纲要（2011—2020年）》对3岁以下托幼的表述包括"促进0~3岁儿童早期综合发展""基本普及学前教育""积极开展0~3岁儿童科学育儿指导。积极发展公益性普惠性的儿童综合发展指导机构，以幼儿园和社区为依托，为0~3岁儿童及其家庭提供早期保育和教育指导。加快培养0~3岁儿童早期教育专业化人才"。但是国家在这一时期的政策重点主要还是在 3~6 岁托幼议题上，因此直到 2017 年，中央层面的政策文件中才再次出现 3 岁以下托幼议题。

2017 年党的十九大报告正式将"幼有所育"增列为民生福祉的主要内容。2018 年的《政府工作报告》指出："要多渠道增加学前教育资源供给，运用互联网等信息化手段，加强对儿童托育全过程监管。"《国务院办公厅关于保持基础设施领域补短板力度的指导意见》在社会民生领域重点任务中提及托育服务设施建设，指出要"支持教育、医疗卫生、文化、体育、养老、婴幼儿托育等设施建设，进一步推进基本公共服务均等化"。

直至 2019 年，全国层面尚没有出台指导 3 岁以下托幼事业综合发展的相关意见，但一些地方已经先行先试，出台地方性指导意见、暂行办法和行业标准，为国家今后出台相关政策提供了经验。例如，2018 年上海出台三份重要政策文件，分别是市政府印发的《关于促进和加强本市 3 岁以下幼儿托育服务工作的指导意见》《上海市 3 岁以下幼儿托育机构管理暂行办法》，以及由市教委、市卫生计生委等 16 部门联合出台的《上海市 3 岁以下幼儿托育机构设置标准（试行）》，同时发放《依法开展托育服务告知书》开展行政指导，为国家和地方层面构建 3 岁以下托幼管理体系提供了新思路。

2. 干预过程

2019 年 5 月，国务院办公厅印发《指导意见》，将"生育支持"配套政策从部门层面上升到国家层面，期望能更好地解决群众"不敢生"的后顾之忧，对"全面二孩"政策的实施起到了重要的促进作用。《指导意见》由四大部分和一个附件组成。四大部分涉及总体要求、主要任务、保障措施、组织实施，附件给出了 17 个部门要承担的责任。《指导意见》的主要内容包括以下三个方面。

（1）建立完善三个体系

《指导意见》提出，促进婴幼儿照护服务发展要建立完善三个体系，即政策法规体系、标准规范体系、服务供给体系。从目前情况来看，政策法规体系和标准规范体系严重缺失，服务供给体系也极不健全，存在服务机构参差不齐、服务水平低等问题。在这三个体系中，政策法规体系和标准规范体系主要由国家和省级层面完成，而且是卫生健康委的职责；服务供给体系则主要由市（县/区）级来落实，需要多部门协调合作，多种形式多种类型并存。《指导意见》对这三个体系的建立完善提出了明确要求："到2020年，婴幼儿照护服务的政策法规体系和标准规范体系初步建立，建成一批具有示范效应的婴幼儿照护服务机构，婴幼儿照护服务水平有所提升，人民群众的婴幼儿照护服务需求得到初步满足。到2025年，婴幼儿照护服务的政策法规体系和标准规范体系基本健全，多元化、多样化、覆盖城乡的婴幼儿照护服务体系基本形成，婴幼儿照护服务水平明显提升，人民群众的婴幼儿照护服务需求得到进一步满足。"

（2）坚持四个基本原则

婴幼儿照护服务是以政府为主还是以家庭为主？政府优先支持普惠性还是营利性服务机构？如何保证照护服务的规范和安全？《指导意见》提出，婴幼儿照护服务应坚持以下四个基本原则，即"家庭为主，托育补充"、"政策引导，普惠优先"、"安全健康，科学规范"以及"属地管理，分类指导"，强调家庭是照护婴幼儿的主体、优先支持普惠性婴幼儿照护服务机构、儿童优先、因地制宜开展婴幼儿照护服务等要求。

（3）完成三大任务

《指导意见》提出了促进婴幼儿照护服务发展要完成的三大任务：一是加强对家庭婴幼儿照护的支持和指导，二是加大对社区婴幼儿照护服务的支持力度，三是规范发展多种形式的婴幼儿照护服务机构。这三大任务分别针对的是婴幼儿照护服务的三个不同场所：家庭、社区、服务机构。

在"加强对家庭婴幼儿照护的支持和指导"中，主要的任务包括：全面落实产假政策；鼓励用人单位采取灵活安排工作时间等积极措施；支持脱产照护婴幼儿的父母重返工作岗位，并为其提供信息服务、就业指导和职业技能培训；为家长及婴幼儿照护者提供婴幼儿早期发展指导服务；做好基本公共卫生服务、妇幼保健服务工作；为婴幼儿家庭开展新生儿访视、膳食营养、生长发育、预防接种、安全防护、疾病防控等服务。

在"加大对社区婴幼儿照护服务的支持力度"中，主要的任务包括：地方各级政府要按照标准和规范在新建居住区规划、建设与常住人口规模相适应的婴幼儿照护服务设施及配套安全设施；老城区和已建成居住区无婴幼儿照护服务设施的，限期通过购置、置换、租赁等方式建设；在就业人群密集的产业聚集区域和用人单位完善婴幼儿照护服务设施；在推进老旧小区设施改造过程中，为婴幼儿照护创造安全、适宜的环境和条件；在农村社区综合服务设施建设中，统筹考虑婴幼儿照护服务设施建设；支持和引导社会力量依托社区提供婴幼儿照护服务；加大对农村和贫困地区婴幼儿照护服务的支持力度。

在"规范发展多种形式的婴幼儿照护服务机构"中，主要的任务包括：非营利性服务机构在县级以上机构编制部门或民政部门注册登记，营利性服务机构在县级以上市场监管部门注册登记，登记后要及时向当地卫生健康部门备案；城镇服务机构建设要充分考虑进城务工人员随迁婴幼儿的照护服务需求；支持用人单位以单独或联合相关单位共同举办的方式，在工作场所为职工提供福利性婴幼儿照护服务；鼓励支持有条件的幼儿园开设托班，招收2~3岁幼儿；根据家庭实际需求，提供全日托、半日托、计时托、临时托等多样化的照护服务；落实服务机构安全管理主体责任，建立健全各类服务机构安全管理制度；加强婴幼儿照护服务机构的卫生保健工作；加强婴幼儿照护服务专业化、规范化建设，建立健全婴幼儿照护服务的标准规范体系。

（三）干预结果

《指导意见》出台后，全国各省、自治区、直辖市人民政府积极响应，陆续发布当地关于促进3岁以下婴幼儿照护服务发展的实施意见，对《指导意见》提出的相关要求制订了更为具体的实施方案。同时，在学术界，专家根据《指导意见》并结合现实情况，提出了相关建议。周斌（2019）认为，切实解决婴幼儿家庭照护难题，减轻家庭育儿负担，应该以家庭需求和实际问题为导向，多管齐下加快发展多种形式、多种规模的 3 岁以下婴幼儿照护服务，并提出以下五点建议：一是建立健全婴幼儿照护服务工作机制，做到齐抓共管；二是完善服务机构准入标准和管理规范，促进健康发展；三是加强从业人员队伍职业化建设，推进有序发展；四是强化婴幼儿照护服务机构监管主体责任，确保高质量发展；五是加大对婴幼儿照护服务机构的政策扶持力度，实现跨越式发展。温勇（2019）通过对《指导意见》的解读，提出了在落实《指导意见》过程中"政策规范"要注意前瞻性、"监督管理"要注意严谨性、"业务指导"要注意科学性三点建议。任远（2020）指出，就我国实际情况来看，应该偏重实施一些有助于提高家庭生育意愿的公共性的托育托幼政策，努力为家庭的生育决策和生育行为营造良好的服务和支持环境，要在家庭整体发展和家庭福利增进的目标取向下讨论托育托幼政策实施，以提高女性地位，提高儿童福利水平。

三　案例使用说明

（一）教学与训练

1. 理论知识学习

（1）社会性别理论

社会性别是人类社会发展过程中逐步形成的男性或女性的群体社会特征与男女社会差异。有学者认为，男性与女性不平等的原因，并非生理性别差异，而是在社会发展中形成的社会性别差异，女性和男性的大部分差异并不是天生就存在的，而是在社会发展中形成的。社会性别理论肯定了男性和女性之间的生理差异，同时强调男性和女性在社会生活中的差异不是由生理性别决定的，社会决定了性别分工、性别关系、性别文化。社会性别理论注重分析哪些政策能改善男女不平等的社会关系，哪些政策会强化传统的社会性别角色，加剧男女不平等关系。当今社会，养育孩子在多数人眼中依旧是母亲的职责，有意弱化父亲在家庭中的作用，《指导意见》提出全面落实产假政策，在落实女性产假的同时，考虑男性休育儿假，发挥男性在家庭中的作用，减轻女性育儿、养儿负担，打破传统性别角色分工。婴幼儿照护政策必须考虑社会性别，政策的出台应该是帮助妇女更好地平衡工作与家庭的关系，生育与抚育不只是女性自己的责任，而是夫妻双方的共同责任，形成男女双方共同合作育儿的政策支持体系。

（2）赋权理论

女性主义认为，不仅妇女需要发展，而且妇女发展本身就是发展的重要内容，否则这种发展将是不平等的。社会性别与发展理念把妇女看成是变革的主体而不是被动接受援助的对象，即在不同的社会结构和文化环境的大背景下，寻求各国、各地区妇女自我发展的途径（赋权的途径），而促进妇女赋权的主要社会途径是营造妇女赋权的环境。也就是说，在设计和推行某项政策时，应尽量营造一种有利于妇女发展的环境，为她们尽展其能扫除障碍，提供便利条件。《指导意见》的出台为完善婴幼儿照护服务提供支持，发挥政府、用人单位、社会力量的作用，满足家庭育儿需求，有利于将女性从家庭中解放出来；同时发挥妇联等群团组织的力量，通过女性专场招聘会或培训会等活动，为因生育而造成职业中断的女性创造更多的就业机会，保障职业中断女性再就业渠道畅通，让女性拥有选择生活的权利和主动权，保障女性就业权益，以促进女性自信心提升，使其拥有展示自我、实现价值的机会。

（3）生育支持

生育支持主要指社会不同主体（包括政府、企业和社会等）为有儿童和青少年照料需求的家庭提供时间、经济、就业等方面的一揽子支持和服务，而生育支持政策主要是保障各类支持和服务顺利落地的公共政策。从狭义上看，生育支持政策包括生育假、儿童照料服务、税收优惠和弹性工作制等；从广义上看，生育支持政策包括稳定的就业机会和保障生育支出的薪资。通过生育支持政策，营造有利于生育主体生育需求的满足和工作、家庭平衡的外在环境，从而帮助个体和家庭摆脱想生不敢生、敢生养不起的困境，个体能基于自由意愿进行生育决策，并能顺利地把孩子抚养成人（杨菊华，2019）。

2. 能力训练知识点

（1）解读政策的能力。通过学习政策文件，锻炼学生们分析、总结、概括的能力，社会工作专业学生需要对政策有足够的了解，思考社会工作者如何有效进行政策倡导，促使政策更好地推动社会发展。

（2）学会运用社会性别理论、赋权理论分析问题，探究公共政策中的性别问题。

（3）培养团队合作能力，共同探讨学习、发散思维、集思广益。

3. 价值观讨论

近年来，我国相继实施"单独二孩"、"全面二孩"、三孩生育政策后，国家鼓励生育的导向非常明显，国务院办公厅出台了《指导意见》，将婴幼儿照护服务纳入基本公共服务体系，补齐托幼服务短板，促进婴幼儿照护服务发展，满足人民群众对婴幼儿照护服务的需求，希望以此提高国民生育意愿和国家生育率。值得思考的是，无论是历史上还是当下社会，生育或女性的生殖功能被视为一种工具，或提高生育以增加人口，或控制生育以缓解人口过剩与资源有限之间的矛盾。女性的生育属性曾被放大到无以复加的地步，生儿育女、传宗接代是父权制度下女性生存的重要理由和价值体现。尽管当下的女性有了更大的生育自主权，但种种迹象表明，无论是控制生育还是鼓励生育，女性的生殖功能依旧被放大。女性的发展和生育、家庭与事业经常处于博弈状态，而且生育政策也经常使女性就业面临更多的困境。

《指导意见》的出台是促进"全面二孩"政策真正落地的保障措施，具有一定的进步意义，它吸收了当代社会发展的进步理念与观点，更好地平衡了职业选择与家庭养育责任，更加强调男女两性共同的责任，这是有进步意义的举措。但是，我国一直以来将妇女作为政策服务的主要对象，配套的育儿假、产假主要是面向女性，没有强制男性休育儿假，这一做法是否会进一步强化母职值得研究。在现实生活中，家庭育儿责任依旧更多由女性承担，增加的育儿假最后可能变成母亲产假的延续，女性的育儿压力不仅不能得到缓解，反而可能进一步强化，不利于女性重返职业市场，这是后续政策执行过程中要监测评估的重要内容。

（二）思考题

（1）如何看待一些托幼机构虐童事件？如何加强对托幼机构的监管？

（2）婴幼儿照护服务政策对性别平等和家庭建设的积极意义是什么？

（3）如何看待托幼机构幼儿教师中男女占比问题？它反映了什么社会性别问题？

（4）现有托育托幼政策有哪些不足？完善婴幼儿照护服务体系有哪些建议？

（5）社会工作者、社会工作机构能够为婴幼儿照护服务提供什么支持？

（三）案例讨论与分析

1. 案例教学法

案例教学法是指在教师的指导下，由学生对选定的具有代表性的典型案例，进行有针对性的分析和讨论，做出自己的判断和评价。这种教学方法拓宽了学生的思维空间，增加了学生的学习兴趣，提高了学生的能力。案例教学法在课程中的应用，充分发挥了它的启发性、实践性作用，提高了学生的思维能力、判断能力、决策能力和综合素质。

2. 使用讨论法分析此案例

讨论法是指，在课程的课堂教学中，在教师的指导下，学生通过讨论进行合作学习。这种方法让学生在小组或团队中展开学习，让所有的人都能参与明确的集体任务并强调教师放权给学生。合作学习的关键在于小组成员之间相互依赖、相互沟通、相互合作，共同负责，从而达到共同的目标。开展课堂讨论，可以培养学生的思维表达能力，让学生积极参与，激发学生的学习兴趣，促进学生主动学习。本案例使用讨论法可以发挥学生的能动性，促进学生对政策的学习了解，从而掌握本课程理论知识，提高学生的思维能力。

3. 知识点梳理过程

（1）通过政策学习和讨论，同学们发表自己的看法，教师将相关理论穿插其中进行讲解,本案例有助于同学们掌握理论知识。

(2)在制定婴幼儿照护服务政策时,应始终在马克思主义妇女观的指导下,重视妇女参与社会生产劳动的必要性和重要性,政策制定和实施应进一步考虑将解放妇女生产力、解除妇女后顾之忧、促进女性就业与幼儿照护联系起来,作为共同的目标,这样才有利于幼儿和妇女共同发展,从而推动社会发展。

(3)讨论过程中注意培养学生的社会性别意识和妇女全面发展观。

四 案例使用要点

关键点:《指导意见》出台的背景,是什么原因导致该政策的制定与出台;该政策出台后产生了什么影响。

难点:关于政策的案例分析是个大工程,需要对政策本身以及相关政策进行了解,对政策的历史、现状和未来发展做深入分析,需要查阅大量文件和文献,这样才能了解透彻,进行有效分析。

限制:该案例中的政策是一个涉及多方面、多主体的政策体系,内容较多,建议课堂上选取部分内容做分享,学生可以在课下多查阅资料进行学习。

注意点:不可脱离妇女发展政策来讨论案例,要运用社会性别理论分析政策要回应的社会问题。

五 教学计划与建议

(一)教学计划

课前准备:学生自行组成小组,小组需要在课前查阅相关文件和文献,如《指导意见》的具体内容、出台背景,我国婴幼儿照护服务政策发展过程,学者对婴幼儿照护服务提出哪些观点等,制作PPT,课上展示小组讨论成果。

课程过程:首先针对政策进行学习讨论,各小组讲解PPT;随后小组讨论思考题，在大白纸上写出小组意见，派代表分享讨论结果。

课程结束：对课程进行总结回顾，课下同学们可查阅老师提供的相关文献了解更多有关妇女发展的政策。

（二）教辅手段或工具

多媒体、电脑、U 盘、白板笔、水彩笔、大白纸、白板磁贴。

（三）教学监测和评估

（1）每个小组选出一名小组长，小组长对本组任务进行分工，确保每个人都参与案例讨论学习。此外，小组长还负责监管本组学生的学习情况。

（2）根据学生课上讨论分享情况了解学生是否掌握本节课的知识点。

（3）请学生提出不清楚的知识点，教师在课堂上及时解答。

（4）课程结束后，给学生发放问卷了解学生对课程知识点的了解程度、对政策的掌握程度、对教学方式的看法、对老师的看法等，以评估课程效果。

（四）案例使用延展建议

（1）可以作为其他妇女发展课程、性别社会学课程的案例，案例中的社会性别理论、赋权理论对促进妇女发展具有指导意义。

（2）可以作为社会政策课程的案例，结合婴幼儿照护政策探讨我国现有的生育支持政策现状及存在的问题，提出中国未来生育支持政策的发展方向。

参考文献

和建花，2019，《回顾与前瞻：改革开放以来中国 3 岁以下托幼政策变迁与事业发展》，《中华女子学院学报》第 2 期，第 102~109 页。

李峻鹏、周煜、郭冠宇、陈子望、张程涛，2018，《我国幼儿托育行业的历史、现实问题和解决对策》，《中国经贸导刊》（中）第 29 期，第 114~115 页。

刘中一，2018，《我国托育服务的历史、现状与未来》，《经济与社会发展》第 4 期，第 70~74 页。

任远，2020，《关于完善托育托幼政策的几点思考》，《中国人口报》5 月 25 日，第 3 版。

温勇，2019，《加强婴幼儿照护服务构建生育支持体系——对〈国务院办公厅关于促进 3 岁以下婴幼儿照护服务发展的指导意见〉的解读》，《人口与健康》第 12 期，第 24-27 页。

杨菊华，2019，《生育支持与生育支持政策：基本意涵与未来取向》，《山东社会科学》第 10 期，第 98~107 页。

周斌，2019，《多措并举促进婴幼儿照护服务健康发展》，《中国人口报》10 月 23 日，第 3 版。

学龄期儿童网络素养提升服务

——以 H 市某小学亲子小组为例

刘梦阳　刘昊越[*]

一　课程基本信息

（一）教学目标

1. 掌握家庭结构理论在儿童社会工作和家庭社会工作实务中的运用。
2. 掌握社会工作者的职责与角色定位。
3. 掌握社会工作者提供服务的过程及主要步骤。
4. 了解社会工作者的工作内容及工作方法。
5. 了解社会工作者对青少年网络素养提升问题的具体干预过程。

（二）教学主题

社会工作理论应用教学、儿童社会工作实务教学。

（三）教学内容

1. 家庭结构理论在儿童干预服务中的运用。
2. 了解儿童社会工作服务的目的、角色、范围及对象。
3. 儿童社会工作的实务案例分析。
4. 儿童社会工作中小组工作的具体流程。

---

[*] 刘梦阳，社会工作学院讲师；刘昊越，社会工作学院 2021 级社会工作专业硕士研究生。

（四）教学对象

社会工作专业硕士以及社会工作本科高年级学生。

二 案例主体

（一）案例背景

Web 2.0 时代，互联网越来越介入人们生产生活的方方面面，成长于数字时代的儿童的网络素养问题尤其值得关注。我国的未成年网民体量大、接触网络早，2021 年我国未成年网民规模已达到 1.91 亿，未成年人互联网普及率达到 96.8%[①]，远高于全国互联网普及率（73.0%）[②]。小学生群体的互联网普及率达到 95%，其中 71.8% 的小学生在上学期间初次"触网"，28.2% 的小学生在上学前就已经接触网络。虽然国家为保护未成年人在数字时代的身心健康出台了一系列政策法规[③]，但与未成年人普遍接触网络相比，网络素养教育相对滞后，学校未设置相关课程或相关教育内容。

目前家庭教育在儿童网络素养方面发挥着关键作用，面对不良网络文化渗透、新型网络安全风险、网络依赖与成瘾等问题，家庭作为未成年人上网的主要场所，是教育未成年人抵御不良侵害、提升网络素养的关键阵地，家长对未成年人上网的引导和管理方式直接而显著地影响着未成年人的上网习惯和行为。《上海市家庭教育指导大纲（修订）》提出，应在各个学习阶段分别设置提高儿童网络素养的教育指导专题，帮助家

---

① 《2021 年全国未成年人互联网使用情况研究报告》，中国青年网·新闻，http://news.youth.cn/gn/202211/t20221130_14165457.htm，最后访问日期：2024 年 5 月 15 日。
② 《第 49 次〈中国互联网络发展状况统计报告〉》，中国互联网络信息中心，https://www.cnnic.net.cn/n4/2022/0401/c88-1131.html，最后访问日期：2024 年 5 月 15 日。
③ 最新修订的《中华人民共和国未成年人保护法》（2020）增设"网络保护"这一专门章节，明确规定家庭对未成年人要承担起网络保护的责任。《中华人民共和国家庭教育促进法》（2021）、《中国儿童发展纲要（2021—2030 年）》（2021）与国家互联网信息办公室发布的《未成年人网络保护条例（征求意见稿）》（2022）强调家庭应当教育引导未成年人参加有益于身心健康的活动，科学、文明、安全、合理使用网络，预防和干预未成年人沉迷网络。

长处理好与网络、电子产品、新媒介的关系，并提出制定"家庭网络公约"的建议。[①]

在学校网络素养教育缺失、家庭网络素养教育尚未成熟之际，社会工作者可以从网络素养家庭教育层面介入，以预防和发展为导向开展实践工作，引导和促进未成年人正确融入网络环境，促进其健康发展和探索创新能力得到提升。

（二）案例描述

本案例以河北省邯郸市某小学五年级某班班级成员及其家长为研究对象。该校拥有70余年建校史，获得全国文明校园、全国科技教育示范校、河北省素质教育示范学校等荣誉称号。在征得校领导、班主任和家长同意之后，社会工作者对该小学五年级某班学龄期儿童进行研究并招募小组成员。该班共有学生56名，其中男生29名，女生27名；年龄集中于10~12岁，平均年龄约为10.54岁。表1是招募到的小组成员的基本信息。

表1 小组成员的基本信息

家庭编号	学生	家长	学生学习情况	家庭结构
1	李同学（男）	李同学妈妈	中等	妈妈是全职主妇，爸爸工作忙，妈妈照顾孩子较多
2	郝同学（女）	郝同学妈妈	中等偏上	妈妈是个体工商户，爸爸工作较忙，妈妈照顾孩子较多
3	谢同学（女）	谢同学妈妈	中等偏上	妈妈是个体工商户，爸爸工作较忙，妈妈照顾孩子较多

（三）干预过程及效果

1. 需求分析

本案例运用访谈法对服务对象进行需求评估。访谈发现，三个家庭中三个孩子的状况有较大差异，李同学平时上网较多，而郝同学和谢同

[①] 《上海发布修订版家庭教育指导大纲 明确突出品德教育在家庭教育中的重要地位》，中华全国妇女联合会，https://www.women.org.cn/art/2022/3/1/art_20_168592.html，最后访问日期：2024年5月15日。

学则比较听话，平时较少接触网络（见表2），但三个家庭均存在下列三种家庭网络教育困境。其一，家长对待孩子上网的矛盾心态。第一个矛盾点是家长想了解孩子在网络上关注什么，但孩子不想让家长知道，有保密的需要。第二个矛盾点是家长承认所处时代的特点，正如其中一位家长谈道"这个时代，不让孩子接触网络是不可能的，网上也有一些好的东西"，但又出于对孩子视力和学习影响的考虑，想让孩子尽可能减少上网的时间，因此他们"不开电视，卸载视频软件"。其二，儿童的自我分化与情感隔离。随着年龄的增长，儿童的自主意识增强，他们不愿意让家长知道其上网的内容。平时的沟通交流方式是，"孩子自愿走出来跟家长说"。其三，数字代沟。孩子跟家长说网络流行语，但家长听不懂，因此不让孩子说"栓Q"等网络用语。

表2 三个家庭的网络使用状况

第一个家庭	李同学（男）	用手机玩游戏，上学期间不超过两小时，跟朋友聊天
	李同学妈妈	除了微信和电话，几乎不玩手机
第二个家庭	郝同学（女）	上网课，用百度搜索需要的知识
	郝同学妈妈	不太限制自己玩手机的时间，但不让孩子玩手机，孩子比较听话。家里不开电视，卸载视频软件
第三个家庭	谢同学（女）	上网课，搜索知识，如出去旅游的信息，做手账
	谢同学妈妈	由于工作原因经常回微信、发抖音推广，自己的娱乐方式是刷抖音

通过以上问题，我们发现以下需求。

第一，完善网络素养家庭教育内容的需求。根据网络素养指标和对组员的访谈，我们发现，本组组员虽然均重视家庭对学龄期儿童使用网络的引导监督，但在网络素养认知方面缺乏对网络利弊的全方位的认识；在网络适应方面，防止网络沉迷和甄别网络信息存在不足；在网络发展方面，儿童的上网途径比较单一，在网络途径扩展和网络资源方面存在需求；在通过网络参与互动、网络信息与价值观辨析、网络自我保护观念方面的支持较少，具有引导价值观和保护的需求。

第二，建立双向互通的网络使用亲子沟通模式的需求。本组家长虽然没有出现管教"失灵"的情况，但在家庭教育策略方面相对被动，具体表现为在日常生活中对学龄期儿童接触网络所关注的内容缺乏了解，缺少对网络伤害的预防教育与日常沟通。本组存在儿童在网络上获取的新闻消息大多只能和同龄人进行交流的情况，他们与其家长存在理解与沟通层面的"鸿沟"。因此，应通过一系列小组活动，使家长与儿童意识到交流的重要性，引导他们根据自己的情况建立合理的网络使用亲子沟通模式。

2. 干预及效果

（1）接案

基于自愿报名原则招募小组成员，有三个家庭报名，共6名小组成员，详细情况见表1。

（2）小组服务过程（见表3）

第一次小组活动：网络生活方式分享与网络认识提升。

此次小组活动通过组员间网络生活方式的分享，交流彼此对网络的认识，从而达到增进了解、相互学习借鉴、增强对网络的认识的目的。

首先，小组成立。由于本次小组活动是小组建立初期的第一次活动，也是社会工作者与小组成员的初次会面，在小组活动开始前，社会工作者向小组成员介绍自己与亲子小组的相关信息。此外，社会工作者还通过开展三个家庭间的"你画我猜"这一破冰游戏，打破线上活动沉闷的气氛，增强小组成员的团队意识。小组成员对彼此的信息、小组的内容有所了解后，社会工作者和大家一起通过了小组规则，大家共同遵守小组规则，商讨确定了小组活动的频率、时间，社会工作者鼓励组员积极表达自己的诉求，对小组成员的疑惑进行解答。

其次，共同学习网络素养知识。亲子小组的目标之一就是完善网络素养家庭教育内容，增加组员所掌握的关于网络素养与网络素养教育方面的信息量，所以社会工作者向组员介绍了网络素养与网络素养教育的相关概念，使组员获得对网络素养以及网络素养教育的科学全面的认识，对小组内容核心概念有一定的了解，提升其对网络素养的重视程度，为后期小组活动的开展打下基础。

再次，小组成员以亲子为单位，彼此相互模仿形容自己眼中对方的网络生活方式，当事人进行拓展或辩驳。设计这一环节的目的在于使小组成员跳出自我认识，发觉自己使用互联网的行为给家庭成员带来的影响。社会工作者积极运用鼓励、倾听、澄清等专业技巧，引导话题展开。在这一环节，社会工作者发现部分家长存在上网时间较长、儿童存在网络风险认识不足、亲子间就网络生活问题沟通较少的现象，在之后的活动中将会对这些网络素养家庭教育方面的问题进行干预。

最后，网络利弊讨论。社会工作者引导小组成员反思网络给个体、家庭、社会带来的促进作用与可能引发的风险与矛盾，从而促使其反思自身使用网络的行为，加深其对网络的认识。在这一环节，大家进行了头脑风暴，共同总结出互联网给现实生活带来的便利、促进人更好发展的积极因素，也归纳了互联网生活潜在的安全风险，使大家对网络资源与风险的认识更为全面。

在此次小组活动中，社会工作者作为领导者带领小组成员通过游戏培养团队精神，融入小组进行互动。社会工作者作为观察记录者，鼓励小组成员就不同议题进行发言、对话，从成员间的交流中了解其对网络的认识和网络生活状态，发现其中存在的问题，为后续活动的开展提供指导，发现成员优点，鼓励成员间相互学习。由于小组成员初次参与线上小组活动，需要社会工作者对各个活动环节与小组整体活动方案进行充分的解释，社会工作者应提前做好相应准备以保证成员的疑惑得到解答。

第二次小组活动：优化网络适应方面的家庭教育。

此次小组活动主要针对优化网络适应方面的家庭教育这一目标，通过健康网络生活规划补充网络素养家庭教育的重点内容。

首先，防止网络沉迷，规划健康网络生活。在网络使用自我管理方面，社会工作者向大家讲解了上网时间过长、不良上网行为的危害，着重介绍了网络游戏、网络短视频的商业运作与成瘾机制和沉迷于追星、购物等，运用案例和情景模拟的方式呈现相关内容。案例内容是，孩子沉迷于网络追星，将零花钱都用来购买明星相关产品，学习成绩下降了，母亲该怎么办？母亲沉迷于网络直播购物，购买了许多不需要的产品，日常生活的大部分时间都用于观看直播，疏于与家人的沟通交流，孩子该怎么办？针对孩子沉迷于追星的问题，家长说："孩子喜欢明星的话，我认为这个年纪的孩子也算正常，我们家还有一个姑娘，比他大四岁，她现在就喜欢一个明星。但如果是沉迷追星，影响生活，把钱都花出去，也不好好学习了，如果就是因为喜欢明星导致的，我就得提醒她，告诉她，这样是对自己的不负责了……我可能就不给她钱，不让她上网了。"（李同学母亲）。孩子对母亲沉迷于网购直播的情景的反馈是："我妈要是沉迷网络直播购物的话，我们全家会劝她，买那么多东西都用不了，要是劝不动，那就只能再劝，我觉得可以给她推荐几个电视剧，我妈平时喜欢看电视剧，看电视剧就不会看直播了。"（李同学）从李同学母子的情景模拟反馈来看，在网络沉迷方面，家长倾向于采用强制性断网方式，而孩子则倾向于采取沟通和转移注意力的方式。在网络适应方面，他们存在家庭教育矛盾的潜在风险。

家人沉迷于网络，其他人应及时与之沟通，用客观和缓的态度使对方了解自己沉迷于网络带来的危害，家人也可以通过增加家庭现实互动、共同进行家庭集体活动，增强网络沉迷者的现实生活参与感，同时要了解网络沉迷者沉迷于网络的原因，理解在当前网络世界中部分软件诱导使用者沉迷的心理机制，然后再找解决问题的方法。儿童沉迷于网络追星，部分原因是其要融入朋友之中，或是在学业中遇到了困难，家长应及时了解网络沉迷背后的现实原因，并与孩子共同解决问题。家长的网络沉迷行为给孩子做了不好的示范，其背后原因也是多样的，或许是日常生活的单调使之投身于信息丰富的网络世界，孩子应理解并与家长共同丰富家庭生活，让家人不再沉迷于网络。因此，社会工作者设计了亲子组间相互分享制作的亲子上网规划表活动，社会工作者引导亲子间相互鼓励、监督彼此做到有计划、有目的地上网，在开展互联网生活的同时观照现实生活，关注家庭生活和与家人的互动交流。

其次，甄别网络资讯。如何甄别、提取正确的网络信息也是网络适应的重要内容。同样采取案例模拟方法引导亲子互动和相互理解。案例内容为，第一，孩子发现网络热搜显示大家都在购买一种名叫蒙脱石散的药品，网友说新型毒株的疫情即将来袭，而蒙脱石散可以减缓病情，便纷纷囤积药品，各大药店的蒙脱石散销售火爆；第二，母亲看到了热搜上儿童神秘走失的事件，网友都在讨论是器官贩卖者将其绑架，朋友都在转发看护好自己孩子的消息，你在看到这些信息之后将会作何反应。对于案例1，孩子的情景模拟反馈是："我之前看到过蒙脱石散这个新闻，感觉大家囤药这个行为是可以理解的，但可能到最后是没有用的，如果我不知道是没用的时候，我可能也会让家长去买。"（郝同学）家长对于案例2的反馈是："这个事件最近不是有真相了嘛，当时我也刷到过有人猜测各种原因，我觉得离我们的生活还是很远的，就没有太关注……遇到这样的事件，因为我们不是专业的，就还是要相信国家，在结果没有出现前，猜测有些离谱。"（郝同学母亲）对于信息甄别的案例，郝同学母女的反馈较为理性客观，因此社会工作者进行总结和补充。

在当下自媒体时代，网络上会有很多咨询与讨论的热点，他们利用大家的关注讨论获得流量从而变现。而对于社会热议话题，我们应保持理智，可以采取等一等的方式，正如郝同学母亲所说，相信国家传递给我们的信息。蒙脱石散在热搜的第二天就有官方与专家解读，我们可以等待官方与专业人士的解答后再采取行动。至于儿童神秘走失的问题，一些人对事件的解读脱离了实际。当一些事故或事件发生后，往往一时之间会有很高的关注度，面对网民言论，我们要保持理智，切勿被舆论裹挟，引起不良情绪。

社会工作者列举了过往网络谣言带来的危害，李同学发问："为什么国家允许这样的新闻、信息在网上传播？"社会工作者向大家介绍了平台与自媒体的运作机制，也向大家说明了国家开展互联网治理所出台的办法，希望在国家的管理下，随着我们个体网络素养的提高，未来的互联网环境会更好。社会工作者通过当下网络素养家庭教育普遍存在的问题与亲子小组成员的具体情况编写案例，观察小组成员针对问题的处理方式，鼓励小组成员为解决问题做出努力并提供更为全面合理的解决路径，使小组成员对网络生活中的亲子沟通有了更加深刻的认识。但需要注意的是，社会工作者干预儿童教育者的教育方法时应注意方式，切忌直接驳斥从而削弱教育者的"权威性"，应以迂回建议与交流协商的方式使儿童家长真正地认同正确的方法，比如不直接指出家长强制断网存在的问题，而是鼓励亲子共同制定规划表，促进亲子沟通，从而为服务对象提供可替代选项。

第三次小组活动：优化网络发展方面的家庭教育。

在利用网络自主学习方面，小组共同讨论利用网络进行学习的方式和途径，突出家长对帮助孩子利用网络自主学习、发展自身的引导与拓展作用。其中，谢同学的母亲善于运用网络寻找学习资源辅导儿童学习，其他家长学习她的经验，计划今后也通过寻找网络课程资源让儿童获得学习辅导；郝同学母亲分享了她最近很有感触的正能量视频，希望大家能够从中增加对生活的热爱；李同学的家长认为自己能够利用网络获得很多生活妙招，她遇到困难会上网查询解决办法，这些办法往往可以很好地解决她的问题。小组中的儿童也分享了自己日常上网获取信息与知识的渠道，主要为官方机构和专家学者在各大社交平台的账号。大家将自己平时从网络上获得成长学习的故事进行分享，小组成员间信息交流互通，能够达到相互学习的目的。社会工作者进行归纳总结并向大家介绍其他利用网络自主学习的途径，形成网上学习"资源卡片"，拓展了小组成员运用网络进行学习的途径；同时呼吁家长与儿童一同进行网络学习，相互分享学习资源，探索更多利用网络自主学习的方式，增进亲子交流互动，共同提升发展。

在此次小组活动中，社会工作者作为倡导者，鼓励小组成员提升运用网络自我发展的能力，相互分享、积极拓展利用网络发展的途径，倡导大家合理上网，培养有计划有目的的上网习惯。社会工作者作为教育者，向大家讲解了网络游戏、网络视频的商业运作与成瘾机制，使大家提高对网络娱乐的认识，从而能够更好地实现自我管理。这要求社会工作者在社会工作专业知识与技巧之外补充相关知识，为教育提供科学的基础。

第四次小组活动：优化网络参与和互动方面的家庭教育。

此次小组活动的目标是网络参与和互动方面的家庭教育。网络参与和互动是儿童网络素养的重要组成部分，在网络参与和互动中，儿童感兴趣的话题是网络不良价值观冲击与网络语言攻击。社会工作者通过鼓励小组成员对日常生活中的话题进行交流达到实现有效亲子沟通、解决困惑的目的。

首先，李同学发言探讨了他在浏览微博时关注到的一个网络热点事件——关于一部网络小说的讨论。该小说以言情小说故事粉饰毒枭，其中不乏三观不正的言论。他认为在网络上维护该小说与小说人物的言论是错误的，他不理解为什么会有这样让英雄流血又寒心的言论出现，对此他时至今日依然很气愤。

社会工作者对李同学的正义感表示认可和嘉许，并与大家一同进行关于这一事件带来的网络素养家庭教育的反思。在网络上大家可以打破时间与空间的限制与不同年龄段、不同成长背景的人进行交流，也就意味着可能接触到各种各样的言论、作品以及背后不同的价值观，反映出加强与未成年人通过网络进行沟通的必要性，家长应关注儿童上网的内容，在日常生活中做到和谐交流，及时解决儿童产生的困惑甚至纠偏。李同学母亲在听了李同学的叙述后，了解到孩子在网络世界中受到的影响，意识到孩子上网不仅耽误学习、浪费时间等，还包括深层次的价值观的影响，应认真倾听孩子的想法并及时进行纠偏。

> 之前他和我讲这些，我听着都觉得很乱，觉得就是小孩子不懂事，就没怎么认真听，他讲一大堆，我也就听听，感觉还是他看网上的那些东西太多……听他刚才讲的，和老师（社会工作者）您讲的这些，这事情过了那么长时间，他还是那么大的情绪反应，我就觉得以后还是应该多和他聊，好好听他说。感觉现在孩子们上网看的东西多了，对他的想法是有影响的，我最起码会让他不再一直纠结这些，我会告诉他一些现实生活中的道理。（李同学母亲）

其次，关于网络语言攻击、网络骂战现象的交流讨论。谢同学发言探讨自己喜欢的明星被其他明星粉丝群体集体攻击谩骂的事件。谢同学母亲表示女儿并没有和自己讨论过这些事，家长们对"粉圈"斗争并不了解，谢同学也没有选择将自己的困惑与父母进行交流，而是与朋友、同学进行交流。谢同学表示，她自己和她的朋友都认为父母并不在意也并不愿意了解网上发生的事，但这些网络上的攻击骂战对她的情绪产生了一定的影响，让她一段时间内的注意力被网上的言论斗争吸引，自己喜欢的明星被攻击谩骂让她很难过。

社会工作者表示，文明上网是网络参与和网络互动的基础，参与网络骂战是不可取的。作为围观者，我们应通过各种方式保护自己，包括调节好自身的情绪，通过及时关注现实生活摆脱网络信息茧房带来的负面影响。此事件是网络攻击的典型案例，是一方在某种利益驱使下借助网络平台对另一方展开言语攻击、造谣诋毁的行为。国家出台了一系列措施维护和谐清朗的网络环境，将未成年人网络保护落到实处，但总有监管难以触及的角落发生着不良信息对未成年人的侵害。我们可以在约束自己的前提下做好清朗网络空间的维护者。在面对情绪无法排解或遇到自己无法理解的问题的情况下，可以选择多与家长沟通交流，也应保护好自己，掌握规避网络暴力的方法。谢同学母亲表示将会和孩子沟通追星问题，认为当下儿童的社会经历不足，对网络事件的认识较为单纯，需要家长的引导。

学习网络参与和互动相关知识。社会工作者解答儿童关于网络参与和互动方面的困惑，与组员一道共同学习网络规范、网络交往、网络自我保护方面的知识，完善家庭网络素养教育相关内容，提升家长对以上三方面内容的重视程度与教育能力。在此次小组活动中，社会工作者继续发挥教育者的作用，补充网络素养家庭教育缺失的内容，对儿童个体的疑惑进行解答。此外，社会工作者还通过引导、询问、总结，将儿童在网络参与和互动方面的困惑同亲子缺乏网络话题沟通这一方面联系起来，引导家长重视与儿童就网络生活问题进行沟通。这需要社会工作者对网络热点话题进行了解和分析，及时解答儿童的网络参与疑惑，同时带动家长就儿童的疑惑进行回应，加强亲子双方对沟通交流重要性的认识。

第五次小组活动：改善网络家庭教育中的亲子沟通模式。

此次小组活动设计达到提升组员对网络的认识这一目标，社会工作者通过案例情景再现，对个体的表现与亲子的互动进行点评和引导，改善亲子沟通模式，该案例主要关注的话题是在网络参与和互动主题下如何通过合理的交流，跨越父母与子女之间的数字鸿沟。

案例内容为，母亲认为网上的信息泥沙俱下，有太多人在转发一些乱七八糟的东西，母亲担心孩子上网受到不良信息的影响，干扰孩子的生活，也不想孩子将本该学习休息的时间浪费在上网上。母亲关注了孩子的微博账号，认为孩子的言论反映了他对事情的看法。之前母亲也添加了孩子的微信与QQ账号，但孩子的朋友圈和空间都对她屏蔽。因为孩子在发一些私密的信息或者不想让她看见的言论时被她发现了，她时常会因此教训孩子，孩子听不惯唠叨而且认为总是有分歧很麻烦，就把她屏蔽了。孩子认为自己需要个人空间，不想被父母监视，有时候孩子也会觉得这样屏蔽父母的行为有些极端，现在他发现母亲关注了自己的微博，自己不知道该如何处理。

在案例模拟过程中，谢同学母亲对案例中母亲的行为进行了反思。

> 我认为家长在平时就应该和孩子多沟通，不仅是对网络上的事情进行沟通，要及时了解孩子的思想动态，可能在聊天中能和孩子交流的就不用去窥视什么的，要对孩子有信任……孩子可能自己接触的一些事情我不知道，我不会一上来就说她，我可以问她为什么会有这些言论，我告诉她以我的经验来说这么说有什么影响，给她建议。（谢同学母亲）

社会工作者认为，谢同学母亲的处理方式较为温和，亲子跨越数字鸿沟时，不仅需要家长的努力沟通，而且需要子女敞开心扉与父母进行交流，亲子之间应采用积极平等的沟通方式，相互理解，弥合信息差。谢同学说：

如果我发一些不希望家长看到的东西，那我也有可能在朋友圈中屏蔽他们，但我觉得我不会发让我家长觉得不妥当的言论，可能是觉得有些想法是我要和我朋友一起分享的。我觉得家长有时候要对被屏蔽这件事情以平常心看待，我们也需要自己的空间。

社会工作者认为，谢同学的想法反映了一部分子女的情况，在社交媒体上屏蔽父母的做法可能不是因为要逃避父母的说教，很可能是需要自己的空间。对此父母要予以理解，孩子也应通过沟通交流使父母了解这一情况，而非拒绝沟通使父母担心。通过亲子双方说出自己的想法，双方对隐私空间需求的认识达成了一致，减少了误会。

第六次小组活动：总结与告别，网络生活再出发。

此次小组活动主要针对建立双向互通的亲子沟通模式这一目标。社会工作者带领大家一起回顾了过往五次小组活动的内容。大家对网络素养的概念与网络素养家庭教育的内容有所了解，通过讨论相互了解了彼此对互联网的认识，增进了对互联网带给生活利与弊的了解；大家相互学习使用互联网提升自己的技能，形成了科学的上网行为规范；大家就自己在网络参与和互动中遇到的问题进行交流，获得了对整个事件的了解与认识，家长也从中了解到互联网对孩子的精神世界的影响，大家能够认识到进行沟通交流的重要性。我们通过案例模拟加深了对亲子沟通的认识，使大家在遇到类似情况时运用沟通来促进问题的解决。大家反思自身成长与收获，小组成员与社会工作者轮流进行总结发言，社会工作者鼓励他们保持双向互通的亲子沟通模式，亲子小组依次进行对未来网络生活与网络素养家庭教育的展望，并针对各自的状况制定网络素养家庭教育契约。

社会工作者回顾小组活动历程，引起大家对参与小组收获的思考，引导大家发言，共同总结小组活动对个体的意义，巩固大家参与小组活动的成果。家庭根据自身状况制定网络素养家庭教育契约是对小组活动收获的再次巩固与延续，但在小组活动结束之后，社会工作者缺乏对契约贯彻执行状况的监督，小组活动成果的落实情况还有待跟进。

（3）服务效果

小组满意度调查。小组活动结束后，社会工作者向小组成员发放小组满意度评价表，对社会工作者的表现、小组活动内容、小组氛围三方面进行评分。小组成员对社会工作者的表现、小组活动内容、小组氛围满意度的综合评分（百分制）为94.17分，满意度较高。

小组成员收获。社会工作者通过分析访谈资料发现，小组成员参与小组活动的收获，大致可以归纳为以下三个方面。

第一，完善网络素养家庭教育内容。家长能够更为全面地了解儿童接触网络所带来的影响，也能更为全面地了解网络素养教育的内容，增强了对儿童主动教育引导的意识。

> 原来对于网络素养是什么，大概知道是什么意思，但其实并不是很懂，现在知道了分为几个部分，知道了具体什么是网络素养，网络素养家庭教育需要怎么做，也能知道怎么样、从哪些方面进行教育了。（谢同学母亲）

第二，提升网络素养。儿童对互联网的认识更加深刻全面，在感受到网络利弊两面性的同时，能够提升对网络信息的辨别能力与在网络生活中的自我保护能力。

> 网上的事情很多很乱，我原来总是看那些网上的讨论，小组活动之后我再看那些讨论会有不一样的感觉，感觉自己能思考的更多了。（谢同学）

> 希望我们国家的网络空间能更好，我从网上看信息积累了很多看待问题的经验，以后遇到网络资讯我也会尽可能地等一等。（李同学）

第三，建立双向互通的网络使用亲子沟通模式。儿童和家长对互联网相关话题的交流意识得到提高，通过加强与家长的交流可以解决儿童的困惑，家长对日常和儿童沟通的模式方法有所改变，学会与儿童进行"互喻式"沟通，通过交流跨越数字鸿沟，形成家庭层面的对儿童的网络保护。

> 原来我俩大部分时间就是在各自屋里，她看平板，我看手机，没有交流上网干了些什么的意识，现在发现她还是有挺多关于网络事件的看法的，平时聊天可以多聊聊，关注一下她平时都在看些什么。（谢同学母亲）

> 以后娃娃和我讲一些他想说的事，我就跟着了解了解。不能不在意孩子上网看的这些东西，这些还是对他们有影响的。（李同学母亲）

同时，家长也在一定程度上反思自己对网络的逃避和强制性断网方式，郝同学母亲说："我平时也不看手机，因为我知道自己容易上瘾，就控制自己少看手机，孩子因为近视也很少让她使用电子设备，有很多同学说的事情，我和她都不太知道，以后可以适当地关注网上的内容，增长见识。"

表3　小组服务过程

	小组主题	小组内容	回应的需求
第一次小组活动	网络认知	①建立专业关系，通过游戏增进彼此间的了解与对小组安排的理解； ②了解网络素养相关内容，进行网络生活方式和网络认识的交流分享； ③提出对小组的期许，确立小组目标与小组规则	完善网络素养家庭教育
第二次小组活动	网络适应	①亲子共同完成案例情景再现任务，使其深刻认识到合理确定上网时间、甄别网络信息的重要性； ②制定亲子上网规划表，增进亲子间的沟通交流	完善网络素养家庭教育

续表

	小组主题	小组内容	回应的需求
第三次小组活动	网络适应	通过分享扩展网络途径、整合网络资源，提升网络运用能力	① 完善网络素养家庭教育；② 建立双向互通的网络使用亲子沟通模式
第四次小组活动	网络参与和互动	① 通过案例模拟问题解决情景，学习积极倾听与沟通的技巧，鼓励亲子就互联网话题展开"互喻式"沟通；② 改善亲子沟通模式	建立双向互通的网络使用亲子沟通模式
第五次小组活动			
第六次小组活动	总结与告别	① 回顾小组活动历程，总结收获；② 制定适合小组家庭的互联网使用契约	建立双向互通的网络使用亲子沟通模式

三 案例使用说明

（一）教学与训练

1. 理论知识学习

家庭系统理论（Family Systems Theory）由美国心理治疗专家默里·鲍温（Murray Bowen）于20世纪50年代提出，它强调家庭环境的作用，认为家庭是一个连锁关系网络，内部成员的情绪相互影响，即情绪融合（Differentiation of Self and Emotional Fusion）使得个体间在情绪上相互联系、在行动上相互作用，家庭成员在互动中产生一系列影响，成员之间不良的互动及沟通方式则是引起家庭问题的关键。家庭系统理论认为，家庭受周边社会环境的影响，开放的家庭系统能够促进家庭系统内部及时调整，适应外部环境，所以问题既是对家庭稳定的挑战，也是促进家庭和谐的机会。鲍温的家庭系统理论为家庭工作者提供了一个重要的参考模型。它的独特之处在于，不以缓解症状为直接目标或聚焦直接帮助来访者解决主诉问题，而是强调问题背后的过程和成因，着力挖掘代际的家庭情感经历，深入探索家庭历史、情感经历、认知过程，以及个人情感经历与家庭动力之间的相互影响。家庭系统理论通过协助各家庭成员清晰地认识并修正思维与行为模式，从根本上改善家庭互动关系，提升个人的心理与情绪健康水平。

本案例与家庭系统理论具有适切性。我国社会正在经历网络转型，网络融入生活的方方面面，这是家庭的外部系统正在经历的转型，家庭的内部系统需及时做出调整，以适应网络社会。而家庭内部系统的调整最重要的就是相互沟通，发掘家庭网络教育问题的成因和服务对象的需求。此外，家庭系统理论中的自我分化概念对本案例具有较大的启发，对父母与子女之间的数字鸿沟、上网的隐私问题具有较强的解释力。

2. 能力训练

（1）分析案例的能力

通过实际的案例，锻炼学生对数字时代儿童网络使用方面的问题、提升素养需求的分析能力，以及挖掘案主多样性需求的能力。本案例中，小组成员中的儿童不存在严重的网络沉迷现象，但通过深度访谈还是能够发现家长与儿童存在对网络认知的片面化、数字代际鸿沟、网络发展不足等介入空间。

（2）小组介入的思路及要点

①网络素养涉及的内容十分广泛，小组介入无法做到兼顾各方面，因此重点是对小组成员的访谈。

②从介入层面来看，学龄期儿童的网络素养主要依靠家庭教育和沟通，因此选择从家庭层面介入，此处家庭系统理论提供了理论指导。

3. 价值观讨论

（1）专业关系建立的重要性

小组工作顺利开展的必要前提是建立良好的专业关系，本案例中儿童与家长对社会工作者不甚了解，对小组活动的内容不理解，无法区分小组活动与课外培训的差异。社会工作者在第一次小组活动中介绍小组内容和目标，有利于建立良好的信任关系。

（2）保密

社会工作者应尊重和保护案主的隐私，案主不愿公开的，在不违反法律法规、不对案主构成伤害的前提下，应为其保守秘密。

（3）案主自决

社会工作者应遵循"助人自助"的价值理念，相信案主有自我决定的能力。社会工作者应挖掘案主潜能，让案主自主决定，并且相信案主在社会工作者的帮助下能发挥优势，解决自身面临的问题。需要注意的是，社会工作者在网络认知和网络适应案例分享过程中应避免过度使用专业性用语，同时避免使用"家长应该"等命令式话语。尤其是在不认同家长的教育方式时，不应直接进行批判，而应呈现更多的替代性选择。

（二）思考题与讨论

1. 在小组活动过程中偶尔出现家长让孩子单独参加，自己忙于其他事情的情况。这说明与其他学习型课外班相比，网络教育并未受到重视。对此，社会工作者可以怎么做？
2. 如何缓解小组成员的紧张感和完成任务感？
3. 当在组织活动过程中出现小组成员的发言美化其言行避免谈及问题的现象时，社会工作者如何避免霍桑效应？
4. 案例中家庭结构理论在我国的适用性如何？需要如何调整和修正？
5. 社会工作者在家庭教育中发挥了什么作用、扮演着什么角色？

四 案例使用要点

1. 案主所面临问题及需求的分析。
2. 案主自身优势。
3. 案主所处家庭结构。
4. 儿童社会工作干预的理论依据。
5. 重点在于亲子互动，而非儿童自身。

五 教学设计与建议

（一）教学计划

案例展示后，将学生 5~6 人分为一个小组，通过组内头脑风暴的形式对该案例进行分析讨论，分析案主所面临的困境、自身优势、所在系统具有的资源等，集思广益，激发学生潜能，制订完善、系统、对案主更有针对性的介入方案。

（二）教辅手段或工具

常规教学设备、大白纸、马克笔、相关材料等。

（三）教学监测和评估

1. 课堂上有关该案例的分析、讨论与汇报。
2. 关于该案例的介入分析报告。
3. 通过督导学生相关知识点的运用，评估教学效果。

（四）案例使用注意事项

1. 案例使用前，要对案主的情况有所了解。
2. 学生在分析案例前，要对网络素养相关知识有一定的了解。
3. 本案例可用于社会工作者入职前的培训等。
4. 在具体的服务方案分析中，为案主链接其所需资源，对具体资源及获取途径需提前准备学习。

家庭篇

"亲子共成长"家庭教育促进项目评估

反对家庭暴力,维护妇女合法权益

临终关怀个案服务

"亲子共成长"家庭教育促进项目评估

郝彩虹　刘依洋　冯苏萍*

一　课程基本信息

（一）教学目标

通过本课程的学习，使学生了解社会工作评估的含义、作用功能、基本架构以及范式和方法选择等；掌握社会工作评估的一般过程；了解并在一定程度上掌握社会工作评估的方法；重点掌握社会工作评估的内容，并理解不同实务阶段社会工作评估面临的问题和难点；引导学生思考社会工作评估中的伦理困境和伦理决策。

（二）教学主题

社会工作服务项目评估。

（三）教学内容

社会工作评估的流程；社会工作评估的逻辑模型；项目评估报告的撰写。

（四）教学对象

社会工作专业硕士研究生。

---

* 郝彩虹，社会工作学院副教授；刘依洋，法学院2021级社会工作专业硕士研究生；冯苏萍，法学院2021级社会工作专业硕士研究生。

二 案例主体

（一）案例背景

党的十九大报告提出，要"加强社会心理服务体系建设，培育自尊自信、理性平和、积极向上的社会心态"。在此背景下，BJ市委、市政府全面推进社会心理服务体系建设，搭建基层社会心理服务平台。我国社会心理学领域的第一个地方标准——BJ市地方标准《社会心理服务站点服务规范》从2021年10月1日起正式施行，它对社会心理服务站点的基本要求、服务内容与要求和评价改进等内容进行了重点规范。根据这一标准，社会心理服务站点应提供心理学知识宣传与普及、心理指导与辅导等服务，开展社会心态监测分析与预警。该标准的实施，对助力站点标准化建设，促进站点为居民提供更为规范、更具普惠性的社会心理服务具有重要作用。

近年来，家庭教育在我国受到广泛关注，越来越多的家庭和家长参与家庭教育知识的学习，旨在更好地教育孩子，引导孩子健康成长，同时促进亲子沟通，改善亲子关系和家庭氛围。因此，BJ市一些社会心理服务站点开展了一系列专门的家庭教育促进活动，包括线上家庭教育课程、亲子团体活动、针对家庭教育问题的个案咨询等。其中，亲子团体活动以其覆盖对象广泛、活动形式多样、互动效果良好等优势得到了家长的肯定和街道/乡镇社会心理服务中心的青睐，X街道即是其中之一。X街道"亲子共成长"家庭教育促进项目于2021年5月4日在街道社区教育学校正式启动，每月举办两次现场活动，截至2021年11月，共举办8次主题活动。该项目的服务对象为3~7岁孩子及其家长，每次参加活动的约20组家庭，目的是通过活动提高幼儿的相关能力，增强家长对幼儿的教育意识和教育能力，增加亲子互动的机会，促进亲子关系与营造友爱和谐的家庭氛围。

项目实施后，作为项目执行方，了解项目做得怎么样、服务对象有什么反馈、有哪些值得总结提炼的经验，还有哪些有待改进的问题等，是保证项目不断提高质量以及可持续发展的必然要求；同时，向项目资助方以及社会公众证明该项目的实施效果，指出可以为当下的家庭教育促进项目提供哪些借鉴，也是不得不面对的问题。无论是出于提高服务质量、促进项目可持续发展的目的，还是出于向资助方、社会公众以及行业和专业做出澄清的目的，项目执行方都有责任对项目进行科学、专业的自我评估，也有义务接受来自项目资助方或第三方专业评估机构的外部评估。

（二）评估过程

对社会工作服务项目进行评估的流程包括明确评估主体、评估目标，了解服务项目基本情况，确定评估方法和评估工具，实施评估等。

1. 明确评估主体

社会工作服务项目评估是人们对社会工作服务项目相关活动的了解和评价的活动，从事社会工作服务项目评估的人或机构是社会服务评估的主体。X街道社会心理服务中心的运营机构是BJ市M社会工作服务中心，"亲子共成长"家庭教育促进项目由该机构的心理咨询师LL负责。社会心理服务站点项目的评估工作由政府相关部门聘请第三方评估机构进行。因此，本服务项目评估的主体包括以下两个。

第一，心理咨询师或M社会工作服务中心。心理咨询师作为该项目的直接负责人，也是服务的提供者，首先需要对该项目的组织实施以及效果等做出自我评估和说明。而M社会工作服务中心作为X街道社会心理服务中心的运维机构，承担该项目的评估责任。无论是项目负责人对项目结果进行评估，还是机构对项目结果进行评估，都属于内部评估。

第二，专业评估机构。X街道社会心理服务中心的运营依赖政府购买社会力量服务专项资金。因此，政府相关部门作为资助方，有责任监管项目的执行和对项目的过程、结果等进行评估。但考虑到项目评估的专业性和公正性，政府通常会委托第三方专业评估机构展开独立评估。与服务接受者、服务提供者以及资助方都无关的第三方机构，一般指专门评估机构或者专家组，理论上具有相对独立、科学和客观的特点。虽然项目资助方评估和第三方评估都属于外部评估，但是相比之下，显然第三方评估更有利于保证评估的专业性和客观性。

2. 明确评估目标

评估M社会工作服务中心实施的"亲子共成长"家庭教育促进项目，需要明确评估的目标。

第一，评估项目目标的实现程度、专业服务效果及项目资金的使用情况，改进服务项目。了解并评估该项目的实施情况和服务效果，发现项目实施过程中的优势与不足，以便更有效地发展和改善服务，提升服务水平。

第二，总结服务经验，提炼幼儿家庭教育促进服务的模式、方法以及技巧等，获得可推广的专业知识。对项目实施过程、方法、技巧等进行提炼，总结项目实施中的有效经验，促进实践知识的生产，为同类服务提供经验，并对经验进行推广。

第三，向项目资助方做出交代，同时为今后继续承接同类项目提供依据。通过项目评估使资助方了解项目取得的效果、服务开展中的资源使用情况、项目实施过程安排以及服务对象的反馈等，以便向资助方争取持续的项目资助。

3. 了解服务项目基本情况

通过项目档案初步了解服务项目设计和实施的基本情况，为后续确定评估方法和设计评估指标体系做好准备。该项目针对有需求的3~7岁孩子及其家长开展"亲子共成长"团体互动，共8次活动。每次游戏环节之后，社会工作者都会鼓励家长和孩子相互分享心得体会，心理咨询师观察并帮助参与者解答困惑，指导改善家庭教养方式。活动概况如下。

第一次活动

活动主题："家庭会议"练一练。

活动目标：增进亲子间的沟通交流，增强孩子的责任意识。

参与人员：4岁以上孩子及其全部家庭成员。

适合空间：客厅或书房。

材料准备：纸、笔、计时器、发言棒（筷子、勺子等）。

陪伴时长：30分钟家庭会议，30分钟亲子互动。

陪伴意义：改善亲子关系，实现家庭责任共担。

实施情况：首先由社会工作者介绍活动主题、规则及家庭会议的分工，志愿者协助活动开展，心理咨询师作为观察者。家庭成员分别担任主持人、记录员、计时员，每次可以扮演不同的角色。活动正式开始后，大部分家庭的家庭会议都能够有序开展，个别家庭的参与积极性不高，但在老师及志愿者的引导下也能顺利开展。需要特别注意的是，在整个会议过程中都要遵守"尊重、民主、不指责"的规则，家长要充分尊重孩子的意见。活动结束前，由社会工作者组织大家进行分享，心理咨询师分享在活动中的观察心得，并提出建议。

第二次活动

活动主题："滚雪球"。

活动目标：增进亲子间的关系。

参与人员：3~7岁孩子及其家长。

适合空间：客厅或床或户外。

材料准备：地毯或地垫、音乐。

陪伴时长：根据孩子和大人的身体状况、体验及喜欢程度确定。

陪伴意义：锻炼孩子的背部肌肉、促进孩子全身触觉的发育、增进亲子间的关系，促进孩子内心安全感的形成。

实施情况：首先由社会工作者介绍活动主题及活动内容，志愿者协助活动开展，心理咨询师作为观察者。活动开展整体较为顺利，孩子和家长都能有效参与其中，本次活动在锻炼身体的同时提高了家庭成员间的团队协作能力。需要特别注意的是，由于参与活动的孩子的整体年龄偏小，选择活动场地时要保证安全，活动过程中也要时刻提醒家长注意孩子的安全。活动结束前，由社会工作者组织大家进行分享，心理咨询师分享在活动中的观察心得，并提出建议。

第三次活动

活动主题:"小背篓"。

活动目标:增进亲子间的关系,促进孩子全面发展。

参与人员:3~7岁孩子及其家长。

适合空间:客厅或床或户外。

材料准备:地毯或地垫、音乐。

陪伴时长:根据孩子和大人的身体状况、体验及喜欢程度确定。

游戏意义:通过亲密的肢体接触,增进亲子间的关系,同时锻炼孩子的手臂肌肉,促进孩子全身触觉的发育,提升孩子对身体的空间感知能力。

实施情况:首先由社会工作者介绍活动主题及活动内容,志愿者作为安全员,注意保护孩子的安全,心理咨询师作为观察者。活动顺利开展,大部分家庭的配合程度较高,孩子参与活动的积极性也较高,活动过程中有出现孩子在奔跑过程中摔倒的情况,但由于活动场地为松软的草坪,摔倒的孩子并没有受伤。活动结束前,由社会工作者组织大家进行分享,心理咨询师分享在活动中的观察心得,并提出建议。

第四次活动

活动主题:"摇啊摇,摇到外婆桥"。

活动目标:增进亲子间的关系,促进孩子全面发展。

参与人员:3~7岁孩子及其家长。

适合空间:客厅或床或户外。

材料准备:地毯或地垫、音乐。

陪伴时长:根据孩子和大人的身体状况、体验及喜欢程度确定。

游戏意义:增进亲子间的关系。通过学习童谣培养孩子的听觉、语感、旋律,同时锻炼孩子的手臂肌肉,促进孩子全身触觉的发育,提升孩子对身体的空间感知能力。

实施情况:首先由社会工作者介绍活动主题及活动内容,志愿者协助活动开展,注意保护孩子的安全,心理咨询师作为观察者在一旁进行观察。活动开展得较为顺利，孩子们的参与积极性很高，孩子和家长的亲密接触增进了亲子间的关系。将童谣作为游戏道具的形式新颖，可以有效调动孩子的参与积极性，有助于提升服务效果。活动结束前，由社会工作者组织大家进行分享，心理咨询师分享在活动中的观察心得，并提出建议。

第五次活动

活动主题："小树懒"。

活动目标：促进孩子前庭觉的发育，培养亲子关系。

参与人员：3~7岁孩子及其家长。

适合空间：客厅或床或户外。

材料准备：地毯或地垫、音乐。

陪伴时长：根据孩子和大人的身体状况、体验及喜欢程度确定。

游戏意义：当孩子与大人拥抱的时候，亲子关系得以拉近，同时可以训练孩子手臂的抓握能力、空间的感受力、想象力、身体表达能力，也可以很好地促进孩子前庭觉的发育。

实施情况：由心理咨询师进行指导，两名志愿者作为安全员，社会工作者作为观察者。活动中，首先家长扮演成一棵树，孩子成为一只小树懒，抱在爸爸或者妈妈这棵大树上，树懒一定要自己去抱大树，而且一定要抱紧这棵大树。一阵风吹来，大树身体开始摇晃，左摇晃，右摇晃，大树试着转圈，再试着走动，看看小树懒是否能够牢固地抱着大树。在这个过程中，要播放一些好听的、有趣的音乐，适宜的音乐能烘托氛围，促进情感互动的激发与传递。活动结束前，由心理咨询师组织大家进行分享，社会工作者分享在活动中的观察心得，并提出建议。

第六次活动

活动主题："小猴子爬树"。

活动目标：通过角色扮演来体验亲子间培养的安全感。

参与人员：3~7岁孩子及其家长。

适合空间：客厅或床或户外。

材料准备：地毯或地垫、音乐。

陪伴时长：根据孩子和大人的身体状况、体验及喜欢程度确定。

游戏意义：通过角色扮演让孩子和大人亲密接触，增进亲子间的关系，让孩子内心充满安全感，同时锻炼孩子的臂力、手的抓握能力，促进孩子本体觉、前庭觉的发育。

实施情况：由心理咨询师进行指导，两名志愿者作为安全员，注意保证孩子的安全，社会工作者作为整个活动的统筹者。首先，孩子扮演成一只小猴子，家长扮演大树，妈妈和爸爸可以同时扮演很多种大树，大树摆好一个造型，小猴子就开始从下面爬，能爬多高就爬多高，其中树的造型可以变换，以此来增加亲子之间的身体接触与提高孩子的抓握能力。在活动过程中有些家长因为担心孩子，会忍不住想要伸手帮助其攀爬，在心理咨询师的提醒下，最后家长还是控制住了自己。整个活动开展得比较顺利，家长也表示孩子比想象中的更加聪明和有毅力。活动结束前，由心理咨询师组织大家进行分享，社会工作者分享在活动中的观察心得，并提出建议。

第七次活动

活动主题："穿铠甲的人"。

活动目标：通过身体接触，锻炼孩子对动作的感知能力，同时增进亲子关系。

参与人员：3~7岁孩子及其家长。

适合空间：客厅或床或户外。

材料准备：地毯或地垫、音乐。

陪伴时长：根据孩子和大人的身体状况、体验及喜欢程度确定。

游戏意义：培养亲子关系，同时锻炼孩子对动作和身体关节部位的感知能力，提高孩子的身体控制能力。

实施情况：由心理咨询师进行指导，两名志愿者作为安全员，注意保证孩子的安全，社会工作者作为整个活动的统筹者。活动开始时，孩子抱着妈妈或者爸爸的腿，孩子的脚踩在家长的脚上，成为家长的"铠甲"。家长穿着"铠甲"试着走走，然后就地转一圈，抬起一条腿，体验一下穿着"铠甲"的感受。然后家长需要穿着"铠甲"做任何事，包括穿衣服、叠被子、扫地拖地、洗衣服等，完成各种不同的动作。在活动过程中，家长在完成一些高难度动作（穿衣服等）时，会出现孩子从家长身上掉下来的情况，安全员及时地进行了保护。整个活动开展得非常顺利，在不断经历失败后，家长和孩子能够顺利完成难度比较大的动作。活动结束前，由社会工作者组织大家进行分享，心理咨询师分享在活动中的观察心得，并提出建议。

第八次活动

活动主题："身体印章"。

活动目标：加深孩子对身体部位的认识和理解，提高孩子的身体控制能力，同时增进亲子关系。

参与人员：3~7岁孩子及其家长。

适合空间：客厅或床或户外。

材料准备：地毯或地垫、音乐。

陪伴时长：根据孩子和大人的身体状况、体验及喜欢程度确定。

游戏意义：加深孩子对身体部位的认识和理解，并通过特定身体部位的空间移动让孩子感知身体动作的姿态，增强本体觉，提高身体控制能力，同时增加了大人与孩子身体的接触，从而增进亲子关系。

实施情况：由社会工作者主持活动，两名志愿者协助活动的开展，心理咨询师作为观察者。首先两人一组，一个人躺在地上，变成一张不能乱动的"纸"，另一个人当作身体的印章，用身体的某个特定部位在这张"纸"上盖章。接着，社会工作者发号施令，如"身体印章，一只手盖在纸的脑袋上""身体印章，肚子盖在纸的肚子上"等，最后可以由亲子自行扮演和发号施令，增加亲子间的身体接触。其间扮演"印章"和"纸"的服务对象需要交换角色。活动结束前，由心理咨询师组织大家进行分享，社会工作者分享在活动中的观察心得，并提出建议。

4. 确定评估方法和评估工具

（1）评估方法

"亲子共成长"家庭教育促进项目的评估方法为综合评估，即量化评估和定性评估相结合，评估内容是服务效果和活动的开展情况，评估对象为参与活动的孩子及其家长，参与评估的人员有孩子、孩子的家长、社会工作者、心理咨询师等。

第一，量化评估方法，主要运用于服务对象满意度调查问卷，调查对象为参与活动的家长。调查问卷涉及项目总体满意度、对项目目标的满意度、对项目内容设计的满意度、对项目形式的满意度、对项目组织的满意度、对项目时间安排的满意度、对项目场地安排的满意度、对项目实施人员工作表现的满意度、对项目实施人员工作态度的满意度等。

第二，定性评估方法，涉及对家长、社会工作者、心理咨询师的访谈，对孩子和家长互动行为的观察以及对该项目所有相关档案资料的分析。对孩子家长的访谈重点是，考察孩子肢体协调能力的变化、家长教养知识和技能的变化以及家长和孩子之间亲密度的变化等；对社会工作者的访谈重点是，考察其在活动过程中观察到的家长和孩子互动方式、家庭亲子关系的变化；对心理咨询师的访谈重点是，从心理学的角度评价参与者的家庭氛围的变化。项目档案主要帮助评估者了解项目实施的全过程、项目管理的规范性、项目资源利用情况、项目任务完成情况以及项目目标实现程度等。

（2）评估工具

评估工具主要包括评估指标体系和服务对象满意度问卷两个部分。

评估指标体系采用百分制计分，其中基础条件20分、项目管理20分、项目服务25分、项目效果25分、社会影响10分，各项指标比例分别为20%、20%、25%、25%和10%。详见表1评估标准和指标体系。

"亲子共成长"家庭教育促进项目评估

表 1 评估标准和指标体系

一级指标	二级指标	指标说明	分值	评分标准	评估方法
基础条件	资质条件（人员具备心理咨询、社会工作专业知识）		4分	人员具备心理咨询专业知识（2分）人员熟练掌握社会工作基本方法（2分）	材料审核
	服务场所（心理服务中心所具备的条件参照项目书）	项目运作	6分	活动场所环境良好，整洁干净（2分）活动场所可容纳人数不低于30人（2分）开展活动场所的环境安全（2分）	材料审核
	人员配备	专业人员（社会工作者、心理咨询师）	5分	从事社会工作专业工作（3分）掌握专业知识，有丰富的实践经历（2分）	
		辅助人员（志愿者）	5分	定期对专业人员进行管理检查（3分）定期对辅助人员进行培训和管理（2分）	材料审核，现场调查
总分	20分				
项目管理	进度管理	根据项目书的进度安排对项目进度进行监督	5分	整体符合项目书计划，出现问题及时调整，并相应地修改计划，保证项目及时并有质量地完成（5分）	材料审核（项目计划书）
	宣传	宣传计划以及宣传计划的执行情况	3分	宣传方案的可操作性（1分）宣传地点的设置效果（1分）宣传效果（是否吸引了足够的参与人数）（1分）	材料审核（宣传计划）
		是否在服务对象中有影响力	2.5分	人员分配计划的合理性（1.5分）按照计划书进行人员分配（1分）未按照计划书进行人员分配（0分）	材料审核，现场考察
	团队管理（分工）	是否按照项目书计划进行人员分配	1.5分	负责人日常到场检查互动情况和工作人员实施情况，保证活动的正常完成（1.5分）	材料审核，现场考察

121

续表

一级指标	二级指标	指标说明	分值	评分标准	评估方法
项目管理	团队管理（分工）	各活动负责人到岗情况和完成任务情况	5分	及时收集服务对象的意见（1分）对所提出的投诉及时回应（2分）根据意见及投诉调整工作方式（2分）	材料审核
	投诉机制	服务对象意见收集与投诉处理相关制度是否完善	3分	整体符合项目书进度，出现问题及时调整，并相应地修改计划，保证项目及时并有质量地完成（3分）	材料审核
	总分	20分			
项目服务	服务对象	是否严格按照项目计划书的要求选取足量的服务对象	5分	按照项目计划书的要求招募服务对象（5分）	材料审核、现场考察
	服务内容	是否符合项目计划书中的服务领域、服务内容、服务形式要求	8分	符合项目计划书中的服务领域、服务内容、服务形式要求（8分）	材料审核、现场考察
	服务记录	项目执行过程中服务记录是否具体	5分	每次活动及时进行相关服务记录，有详细的服务过程以及负责人签名，服务对象满意度调查问卷回收（5分）	材料审核、现场考察
		服务记录是否反映项目真实执行情况	4分	服务记录内容与活动开展场地、时长相符合（4分）	材料审核、现场考察
		服务对象个人基本情况	3分	服务对象基本资料包括姓名、年龄、住址、家庭成员信息等（3分）	材料审核、现场考察、服务对象基本信息档案查阅
	总分	25分			

续表

一级指标	二级指标	指标说明		分值	评分标准	评估方法
项目效果	服务目标达成情况	短期		3分	达到项目计划书中的短期目标	材料审核（项目计划书），现场考察
		中期		4分	达到项目计划书中的中期目标	
		长期		5分	达到项目计划书中的长期目标	
	满意度	服务对象满意度		4分	服务对象满意度在90%及以上 4分 服务对象满意度在80%~89% 3分 服务对象满意度在70%~79% 2分 服务对象满意度在60%~69% 1分 服务对象满意度在60%以下 0分	材料审核（服务对象满意度调查问卷），现场考察
		管理人员对服务的满意度		4分	管理人员对服务的满意度在90%及以上 4分 管理人员对服务的满意度在80%~89% 3分 管理人员对服务的满意度在70%~79% 2分 管理人员对服务的满意度在60%~69% 1分 管理人员对服务的满意度在60%以下 0分	管理人员评价
	项目团队成长	项目团队的成长		5分	项目团队人员在评估人员和管理人员的帮助下不断根据服务对象需求调整服务计划，以达到更好的服务效果（5分）	项目团队自评
	总分 25分					
社会影响	创新性	是否根据服务对象的需求特点提供创新性服务		5分	把握服务对象的最新需求并且提供适宜的服务方案	材料审核，现场考察
	可持续性	项目服务作用是否持续发挥		5分	能够在服务项目结束后持续影响服务对象及其亲属	材料审核，现场考察
	总分 10分					
合计	100分					

123

评估结果等次。服务项目的综合考核评估结果分为5个等次，评估最终得分≥90分为"优秀"，80≤评估最终得分<90分为"良好"，70分≤评估最终得分<80分为"合格"，60分≤评估最终得分<70分为"基本合格"，评估最终得分<60分为"不合格"。

评估主体通过产出－投入测量项目效率，通过结果－投入测量项目效益，通过结果－目标考察项目目标的实现程度（见表2）。

表2　项目效率、项目效益和项目目标评估的逻辑模型

活动	目标	投入	产出	结果
"家庭会议"练一练	增进亲子间的沟通交流，增强孩子的责任意识	资源：纸、笔、计时器、发言棒（筷子、勺子等），志愿者2名，社会工作者1名，心理咨询师1名 货币化后投入	1次小组活动，活动时长2小时，参与者约20组家庭，45~50人	家庭成员间的沟通每周平均增加了3次，改善了亲子关系，亲子间的互动每周平均增加了3次，实现了家庭责任共担
"滚雪球"	增进亲子间的关系	资源：地毯或地垫、音乐，志愿者2名，社会工作者1名，心理咨询师1名 货币化后投入	1次小组活动，活动时长2小时，参与者约20组家庭，45~50人	锻炼了孩子的背部肌肉，促进了孩子全身触觉的发育，增进了亲子间的关系，让孩子内心充满了安全感
"小背篓"	增进亲子间的关系，促进孩子全面发展	资源：地毯或地垫、音乐，志愿者2名，社会工作者1名，心理咨询师1名 货币化后投入	1次小组活动，活动时长2小时，参与者约20组家庭，45~50人	通过亲密的肢体接触，增进了亲子间的关系，同时锻炼了孩子的手臂肌肉，促进了孩子全身触觉的发育，提升了孩子对身体的空间感知能力
"摇啊摇，摇到外婆桥"	增进亲子间的关系，促进孩子全面发展	资源：地毯或地垫、音乐，志愿者2名，社会工作者1名，心理咨询师1名 货币化后投入	1次小组活动，活动时长2小时，参与者约20组家庭，45~50人	增进了亲子间的关系。通过学习童谣培养了孩子的听觉、语感、旋律，同时锻炼了孩子的手臂肌肉，促进了孩子全身触觉的发育，提升了孩子对身体的空间感知能力

续表

活动	目标	投入	产出	结果
"小树懒"	促进孩子前庭觉的发育，培养亲子关系	资源：地毯或地垫、音乐，志愿者2名，社会工作者1名，心理咨询师1名 货币化后投入	1次小组活动，活动时长2小时，参与者约20组家庭，45~50人	当孩子与大人拥抱的时候，亲子关系得以拉近，同时训练了孩子手臂的抓握能力、空间的感受力、想象力、身体表达能力，也很好地促进了孩子前庭觉的发育
"小猴子爬树"	通过角色扮演来体验亲子间培养的安全感	资源：地毯或地垫、音乐，志愿者2名，社会工作者1名，心理咨询师1名 货币化后投入	1次小组活动，活动时长2小时，参与者约20组家庭，45~50人	通过角色扮演让孩子和大人亲密接触，增进了亲子间的关系，让孩子内心充满了安全感，同时锻炼了孩子的臂力、手的抓握能力，促进了孩子本体觉、前庭觉的发育
"穿铠甲的人"	通过身体接触，锻炼孩子对动作的感知能力，同时增进亲子关系	资源：地毯或地垫、音乐，志愿者2名，社会工作者1名，心理咨询师1名 货币化后投入	1次小组活动，活动时长2小时，参与者约20组家庭，45~50人	培养了亲子关系，同时锻炼了孩子对动作和身体关节部位的感知能力，提高了孩子的身体控制能力
"身体印章"	加深孩子对身体部位的认识和理解，提高孩子的身体控制能力，同时增进亲子关系	资源：地毯或地垫、音乐，志愿者2名，社会工作者1名，心理咨询师1名 货币化后投入	1次小组活动，活动时长2小时，参与者约20组家庭，45~50人	加深了孩子对身体部位的认识和理解，并通过特定身体部位的空间移动让孩子感知身体动作的姿态，增强了本体觉，提高了身体控制能力，同时增加了大人与孩子身体的接触，从而增进了亲子关系

5. 实施评估

（1）确定评估对象。每次组织评估前，都需确定本次的评估对象。如遇客观且不可抗逆因素，需延期评估时，应提前提出申请，经运维机构——M社会工作服务中心书面同意后方可延期。

（2）确定评估工作组。由至少1名专家、不少于2名一线社会工作者和1~2组参与活动的家庭组成评估工作组。

（3）制订评估工作方案。评估工作方案由评估工作组制订，报X街道审核同意后，交由X街道社会心理服务中心的运维机构——M社会工作服务中心，之后统一由M社会工作服务中心发给评估对象。

（4）收集、整理、分析相关资料。评估方依据工作方案，通过发放问卷、半结构式访谈、现场观察以及要求项目承接机构和项目实施人员提供书面材料（含项目承接机构提交的自我评估报告）等方式收集资料，并对资料进行系统整理和分析。

（5）综合分析并形成评估报告。评估方对收集的数据和评估结果进行全面综合分析并形成评估报告。

（6）整理并形成评估工作档案。

（三）评估结果

1. 总体的项目执行和项目管理情况

"亲子共成长"家庭教育促进项目于2021年5月4日在街道社区教育学校正式启动，每月举办两次现场活动，截至11月，共举办8场主题活动。该项目的主要服务对象为3~7岁孩子及其家长，每次约20组家庭参加活动，目标是通过活动提高幼儿的相关能力，增强家长的幼儿教育意识和教育能力，增加亲子互动的机会，促进亲子关系与营造友爱和谐的家庭氛围。

该项目围绕项目目标，按照计划如期举行，项目活动完成度较高，其中受疫情影响，每月两次活动进行适当的调整。每次活动开始前的项目书撰写详细，对可能出现的突发情况进行预设并给出相应的对策。在活动执行过程中，有完整的服务对象签到表、服务记录、活动小结，并留存文字、图片以及影像，服务对象评价、满意度反馈等档案资料。项目财务人员按照财务管理制度规定建立财务账册，每月将项目费用列支情况编制凭证并及时入账，按时填写财务月度支出表并报送项目资助方，并在项目完成后进行了公示。但在项目执行过程中，对活动进行的监督不足。

2. 项目的效率和效益

该项目在六个月内按照要求顺利完成八场活动，项目内各项指标都按规定完成，参与活动的工作人员、资金等投入合理规范。该项目的顺利完成，为家庭教育促进项目提供了经验借鉴，同时助力家庭教育促进法的落地。

3. 服务对象和资助方的满意度

该项目以其覆盖对象广泛、活动形式多样、互动效果良好等优势得到了多数家长的肯定，98%的家长表示从活动中学习到有效的家庭教育方法，增进了亲子关系，前期投入资金得到了有效利用，资助方对项目成果较为满意。

4. 项目的社会影响力

家庭是人生的第一所学校，父母是孩子的第一任老师。家庭教育在孩子的成长过程中发挥着重要作用，尤其是近年来，随着很多新生事物的出现，教育孩子变得更具挑战性。该项目的实施使家庭教育受到了更多家长的关注，通过有效的宣传，越来越多的家庭和家长参与家庭教育知识的学习，该项目的执行者运用专业的家庭教育方法引导家长更好地教育孩子，引导孩子健康成长，同时促进亲子沟通、改善亲子关系和家庭氛围，项目成效显著，被评为X街道家庭教育示范项目，未来将会影响更多的家庭，为更多的家庭提供科学、有效的家庭教育方案。

5. 项目存在的问题和不足

（1）对社会工作专业方法的运用不够深入

X街道社会心理服务中心主要以心理健康为主开展活动，本次评估的家庭教育促进项目主要面对的是家庭中儿童的心理健康。在该项目执行过程中，虽然有社会工作者参与活动，但活动的开展主要由心理咨询师进行引导。在活动开展过程中，有多个家庭在同一个环境中开展亲子活动，可以更多地运用社会工作专业中的小组工作方法，将增进儿童心理健康的亲子活动与小组工作方法相结合，利用小组动力学等知识，进一步增强该项目对参与家庭的影响，进一步促进家庭氛围的改善，这样更有利于结束项目活动后家庭的长久发展。

（2）参与活动的家庭成员多为母亲和孩子

通过对八次活动的参与人员的观察发现，在参与活动的家庭中，母亲带着孩子来参加活动的次数较多。在良好家庭氛围的营造中，除了儿童的母亲，更需要父亲和其他同住人（如爷爷奶奶）的参与和支持。儿童的心理健康需要良好的家庭氛围，家庭成员之间的沟通方式和日常交往也对儿童的心理有很大影响。在后续项目中，可以鼓励父亲和其他家庭成员加入，提高家庭成员对家庭日常互动的重视程度，营造有利于儿童健康成长的家庭氛围。

三 案例使用说明

（一）案例所覆盖的理论知识点、能力训练知识点、价值观讨论点等

作为一个完整的项目评估案例，该案例几乎覆盖了社会工作服务项目评估的所有知识点，包括评估目标、评估主体、评估对象、评估过程、评估方法、评估内容以及评估中的伦理困境与伦理决定等。当然，就案例呈现的重点来讲，主要还是围绕社会工作服务项目评估的一般流程、方法与工具（尤其是指标体系）以及评估的逻辑分析模型等具体的理论知识展开。就能力训练来讲，在给出案例基本情况，让学生设计评估方案和模拟实施评估的过程中，引导学生通过"做"真正掌握实地开展社会工作服务项目的能力。正如一名同学结课后所反馈的"光说不练假把式，光练不说傻把式，又练又说真把式"。在实践过程中，他们不仅知道了社会工作服务项目评估的流程、方法和逻辑模型，而且初步掌握了操作技巧。同时，在本案例中，社会工作者引导学生切身体会了作为项目执行方和第三方评估机构两类不同的主体评估同一个项目时，会存在哪些立场、感受、态度、想法等方面的差异，丰富了学生的实践经历。

（二）讨论、分析的思路及要点

第一，通过实际评估案例的呈现，引导学生了解并理解评估目的、

评估主体、评估内容和评估方法之间的逻辑关系。其中，评估目的具有根本的指向性，直接决定了评估主体的选择（由谁来评估）和评估内容（评估什么，关于过程的还是关于结果的），而评估内容又会影响评估方法的选择。学生只有通过亲身实践和操作明白四者之间既相对确定又富有情境变通性的关系，才可能既遵循又尽可能避免教条主义。

第二，通过让学生自行设计评估方案，帮助学生掌握社会工作服务项目评估的一般流程，引导学生学会根据评估内容选择适当的评估方法和评估工具。在社会工作服务项目评估中，重中之重是评估方法尤其是评估工具的选择和设计，而无论是方法还是工具都紧扣评估内容展开。评估内容不仅直接决定了选择定量方法、定性方法以及混合性方法中的哪一种，而且决定了具体的评估工具，如指标、指标体系、量表以及与之对应的问卷、访谈提纲等。学生只有通过实际的做，才能理解并掌握其中的逻辑关系。

第三，通过模拟实施评估，引导学生理解逻辑分析模型中的不同变量（投入、活动、产出、结果等）在具体项目中分别指什么，理解这些变量之间的逻辑关系，并在此基础上理解应该如何评估项目效率（产出－投入）、项目效益（结果－投入）、相关方满意度（针对不同方面的满意度）以及社会影响等。在对逻辑分析模型的应用练习中，学生逐渐了解到，无论是项目基本条件、项目管理，还是项目服务、项目效率、项目效益、项目影响等，都是需要并且能够体现为具体指标的，而不是武断地得出结论。

第四，学生学完社会工作服务项目评估的主要知识后，引导学生反观以上评估案例中做得好的方面有哪些、存在的问题有哪些、应该如何改进等，在学生的反思和纠错中训练其养成环环相扣的逻辑递进评估思维，始终围绕评估目标和主要评估类型展开工作，使其避免陷入评估陷阱。

第五，在学生评估实践的基础上，引导学生思考哪些因素会影响社会工作服务项目评估的质量、哪些因素会影响社会工作服务项目的有效开展。在学生思考的基础上，启发学生进一步思考社会工作专业服务实践以及社会工作评估实践的复杂性，比如，评估的出发点是促进专业服务质量的提升，提高服务的效率和效益，但究竟什么是"好"的社会工作服务，"好"的标准是由谁确定的，什么样的评估能够促进"好"的社会工作服务的发展，什么样的评估可能适得其反，等等。

（三）案例使用要点

案例使用过程中的关键点：理论知识学习和案例教学密切结合，以帮助学生更好地理解所学理论知识，了解理论知识在实务工作中的具体运用。

案例使用过程中的限制：受项目资料掌握程度限制，案例中评估所需材料展示得不够全面具体，仅能在已有材料的基础上大致呈现社会工作服务项目评估的相关知识。

案例使用过程中的难点：逻辑模型中的"结果"和"产出"变量的区分；关于项目效益与项目效率的区分；评估方法中调查对象及评估对象的区分；评估结果和基于结果的评估的区分；当下社会工作服务项目评估实务囊括了项目实施过程和结果的综合性评估与教材上分门别类的某一类评估的区分。

案例使用过程中的注意点：该案例是一个服务于社会工作评估课程教学的案例，不是完美的评估模板；恰恰相反，正因为是教学案例，所以有"福利"，也有"陷阱"。因此，请勿作为评估实务模板使用。

（四）建议的课堂教学计划

在教学内容方面，建议的教学安排为社会工作服务项目评估知识概述，社会工作服务项目评估的一般过程，社会工作服务项目评估的方法和工具，社会工作服务项目评估的逻辑分析模型，社会工作服务项目过程评估、结果评估和基于结果的评估，社会工作服务项目评估中的伦理困境与伦理决定。

在教学方法方面，在理论知识的讲授和实践教学相结合、实践与反思相结合中，最大限度地促进学生对教学内容的掌握。本部分内容的教学并不是直接将一个成熟的社会工作服务项目评估报告作为教学案例，然后由教师跟着案例一步步讲授怎么做，而是先给出"亲子共成长"家庭教育促进项目的基本信息，让学生基于已有的知识储备，通过小组讨论设计一个评估方案并模拟实施评估，然后授课教师再针对学生评估方案中的优点和问题，结合理论知识向学生澄清正确的评估知识是什么，并在此基础上让学生修改自己的作业。整个教学过程由基础理论知识讲解、学生探索实践、教师指导澄清、学生反思修正四个环节循环滚动组成。

在这一设计中，学生的实践至关重要。一方面，学生通过以小组为单位的评估实操，真正体验和领会教师所教授的理论知识；另一方面，帮助学生解决实操中遇到的困难、纠正学生实操中出现的问题，本身就是教师问题导向教学过程的展开。

总之，一定要避免只把案例作为讲解的对象去使用，而是要将案例作为"教师教"和"学生学"之间的桥梁，使案例呈现中的每个部分都能成为推动课程不同教学阶段的子案例。

（五）案例教学的监测和评估

案例教学的监测和评估由过程性监测评估和结果性监测评估两部分构成。除第一讲概述以外的其他六讲内容都依据本案例设计了实践教学环节，所以可以通过每一讲课后小组实践作业的完成情况进行有效的过程性监测评估，了解不同小组的学生对某一讲知识点的掌握程度，并及时给予针对性的反馈和指导，从而最大限度地避免"学过了""都听过""但没学会"情况的发生。关于结果性监测评估，主要通过结课作业实现。结课作业是，学生以小组为单位完成一个真实的社会工作服务项目评估，并撰写项目评估报告。通过项目评估报告，教师可以全面了解学生对评估过程、评估方法、评估逻辑分析模型、评估类型以及评估伦理等课程知识的掌握程度，同时也可以对其评估实操能力、评估思维等有一定的把握。总之，通过学生实践作业监测和评估案例教学效果是比较务实且有效的方式。

当然，所有的作业都是以小组为单位完成的，所以教师难以准确考查每个学生的掌握情况。针对这一问题，可以采用组内同学互评的方式，包括量化的小组合议评分和每个学生口头分享其他同学的贡献与亮点两个部分。这样既可以最大限度地保证教师了解每个学生的课程学习情况，又促进了学生的互学共同体建设，成功将考核过程转化为教学过程的一部分，实现了全过程教学、全过程学习、全过程考核的贯通。

反对家庭暴力，维护妇女合法权益
——以《中华人民共和国反家庭暴力法》为例

王向梅[*]

一 课程基本信息

（一）教学目标

"妇女发展政策"课程主要介绍妇女发展政策的基本理论、方法以及妇女发展政策的历史演变和未来走向；通过了解和分析妇女参政政策、妇女教育政策、妇女社会保障政策、妇女就业政策和家庭照顾政策，使学生从历时性和共时性两方面了解妇女发展政策的基本内容、现实状况和发展趋势，理解妇女发展政策对促进妇女发展和社会发展的重大意义，提高政策分析能力，进而积极参与和推动妇女发展政策的制定、执行和完善。

本案例旨在让学生通过学习《中华人民共和国反家庭暴力法》（以下简称《反家庭暴力法》），了解我国对家庭暴力的相关立法和我国妇女权益保障的进程，掌握我国反家暴法的规定和司法新动向，探究反家暴立法的意义，以及妇女权益保障过程中存在的重点难点，引导学生思考家庭暴力的产生机制和应对措施，从实践出发增强反家暴的意识，并从专业视角提出解决家庭暴力问题的对策建议。

---

[*] 王向梅，妇女发展学院教授。

（二）教学主题

《反家庭暴力法》与妇女发展。

（三）教学内容

了解《反家庭暴力法》的立法意义、主要内容、社会影响等；纵向梳理反家庭暴力的法律政策进程；学会用社会性别视角分析政策及其实施过程中的效果与问题。

（四）教学对象

1. 社会工作专业硕士研究生。
2. 选修"妇女发展政策"课程的学生。

二 案例主体

（一）背景与基本信息

家庭暴力，是指家庭成员之间以殴打、捆绑、残害、限制人身自由以及经常性谩骂、恐吓等方式实施的身体、精神等侵害行为。现实中的家庭暴力案例表明，家庭暴力是当代社会必须铲除的顽疾。家庭暴力不仅破坏家庭关系，损害家庭成员身心健康，而且对社会文明和法治底线提出了挑战。

全国妇联进行的一项调查表明，在中国大约8100万个家庭中存在不同程度的家庭暴力，占全国2.7亿个家庭总数的30%。其中，施暴者九成是男性（钱叶卫，2003）。此外，根据各级妇联信访接待的投诉，家庭暴力问题占总数的30%，家庭暴力事件中96%以上的受害者为妇女。

国际社会早在20世纪70年代就开始关注家庭暴力问题。联合国于1979年通过的《消除对妇女一切形式歧视公约》（以下简称《消歧公约》）指出，对妇女的暴力行为，包括施加身体的、心理的或性的伤害或痛苦的行为、威胁施加此类行为、胁迫及其他剥夺自由的行为（黄列，

2002），因此将反对性别暴力纳入联合国人权框架。1993年，联合国通过的《消除对妇女的暴力行为宣言》指出，"对妇女的暴力行为侵犯了妇女的人权和基本自由，也妨碍或否定了妇女享有这些人权和自由""对妇女的暴力行为是严酷的社会机制之一，它迫使妇女陷入从属于男子的地位"。该宣言指出，针对妇女的暴力包括发生在家庭中、社会上等不同场合的暴力，以及身体、性和精神上的暴力。历届世界妇女大会都涉及反对针对妇女的暴力问题，并且倡导世界各国正视家庭暴力，将反暴力作为维护人权和自由的重要内容。

中国政府认同这一国际共识，在1994年2月向联合国提交的《中华人民共和国执行〈提高妇女地位内罗毕前瞻性战略〉国家报告》中指出，"消除对妇女一切形式的暴力，不仅是巩固发展我国社会安定团结局面的需要，也是维护妇女人权，提高妇女地位的需要"。1992年颁布实施的《中华人民共和国妇女权益保障法》规定，"禁止非法拘禁和以其他非法手段剥夺或者限制妇女的人身自由""禁止溺、弃、残害女婴；禁止歧视、虐待生育女婴的妇女和不育妇女；禁止用迷信、暴力手段残害妇女；禁止虐待、遗弃病、残妇女和老年妇女""禁止拐卖、绑架妇女；禁止收买被拐卖、绑架的妇女"。

我国于2001年颁布实施的《中国妇女发展纲要（2001—2010）》明确提出"保护妇女的人身权利，禁止针对妇女的一切形式的暴力"的目标与预防和制止针对妇女的家庭暴力的策略措施。2004年修订的《中华人民共和国宪法》明确规定"国家尊重和保障人权"。2009年，国务院发布了《国家人权行动计划（2009—2010年）》，在实现和保障妇女人权的七个目标中，包括"打击拐卖妇女犯罪行为""预防和制止针对妇女的家庭暴力。制定反家庭暴力法。完善预防和制止家庭暴力多部门合作机制，以及预防、制止和救助一体化工作机制"等内容。此外，自2000年以来，全国各地普遍开展了以反拐、反家暴普法宣传以及为受暴妇女提供咨询与服务等为核心的"三八"维权周活动。

《中华人民共和国反家庭暴力法（草案）》于2015年公开向社会征求意见。根据全国人大常委会公布的信息，其间共有8792人提出了42203

条意见。在此前 3 年内公开征求意见的法律草案中，它收集的意见数量位居第二，远远超过《中华人民共和国食品安全法》和《中华人民共和国环境保护法》，仅次于《中华人民共和国刑法修正案（九）》，可见其社会关注度之高。2015 年 12 月 27 日，《反家庭暴力法》在中华人民共和国第十二届全国人民代表大会常务委员会第十八次会议上通过，自 2016 年 3 月 1 日起施行。

（二）事件过程与干预过程

1. 事件过程

为了更为清晰地认识《反家庭暴力法》的意义，我们将梳理已有的实践经验和研究观点，进而分析该法律出台的必要性和重要性。

国外对家庭暴力的研究起步较早，在 20 世纪 60 年代就已经出现了针对家庭暴力的研究。我国对家庭暴力问题的研究起步稍晚，已知国内最早出现关于家庭暴力的研究是在 1995 年，由于第四次世界妇女大会在北京召开，家庭暴力等和妇女权益密切相关的问题也随之进入大众视野，这拉开了我国研究家庭暴力问题、反对家庭暴力的序幕。

（1）家庭暴力的历史与现实原因

长期以来，我国社会对家庭暴力问题存在一定程度上的忽视，有三个方面的原因。

第一，传统文化层面。我国自古以来强调血缘关系、长幼尊卑的权力关系以及家庭的完整性，重视家庭生活，至今我们依然可以听到"宁拆十座庙，不毁一桩婚""劝和不劝分""夫妻床头打架床尾和"等俗语。对家庭观念的强调使大部分民众尤其重视家庭完整性和家庭生活的私密性，认为家庭暴力是家事，属于私领域范畴，丈夫"管教"妻子、父母"管教"孩子是"天经地义"的事，外人无权干涉。因此，在这种情形下，家庭暴力问题极容易遭到忽略，并逐渐被当作一种正常的社会现象而被默许存在。

第二，家庭暴力危害的社会关系存在单一性。家庭暴力发生在家庭成员之间，危害的对象仅包括家庭成员，因此大多数人对这类行为形成社会危害性小的固有认知,认为家庭成员之外的个体不会受到这类行为的危害和影响,进而淡化家庭暴力造成的危害,造成对家庭暴力问题的忽视。

第三,家庭暴力极易成为隐性的社会问题。由于家庭暴力在发生的空间场所、行为主体和客体以及社会关系方面具有隐秘性的特点,家庭成员往往会为了维护家族颜面而选择对外界保持缄默,在这种情况下,即便外界力量希望介入家庭暴力事件,最终也会因事件的私密性而难以介入。

《反家庭暴力法》将家庭暴力界定为"家庭成员之间以殴打、捆绑、残害、限制人身自由以及经常性谩骂、恐吓等方式实施的身体、精神等侵害行为"。由此可见,家庭暴力并不仅仅是家庭中男性家庭成员针对女性家庭成员实施的暴力行为,本教学案例仅针对家庭中男性成员对女性成员实施暴力行为的情形进行探究。

(2)反家暴法的不断推进

我国政府一贯参与并支持国际社会关于反对性别暴力的行动。我国是20世纪70年代首批签署联合国《消歧公约》的国家之一。《消歧公约》对歧视妇女的行为进行了界定,要求保证妇女在家庭和婚姻中与男性具有平等的地位,这对我国较早重视反家暴问题有一定的积极意义。1993年联合国通过的《消除对妇女的暴力行为宣言》更是对妇女的人身权利和身心健康做出了明确规定,认为"各国应谴责对妇女的暴力行为,不应以任何习俗、传统或宗教考虑为由逃避其对消除这种暴力行为的义务""应避免对妇女施加暴力""应作出适当努力,防止、调查并按照本国法律惩处对妇女施加暴力的行为,无论是由国家或私人所施加者""应在本国法律中拟定刑事、民事、劳动或行政处分规定,以惩罚和纠正使妇女受到暴力伤害的错误行为,应为遭受暴力行为的妇女提供运用司法机制的机会,并根据国家立法规定为受到伤害的妇女提供公正而有效的补救办法;各国还应使妇女了解通过这种机制寻求补救的各项权利"。而在1995年第四次世界妇女大会上通过的《北京宣言》则再次强调消除对妇女和女童的一切形式的歧视,保护妇女和女童的权利和自由。《北京宣言》肯定了《消歧公约》和《消除对妇女的暴力行为宣言》的价值，使家庭暴力等问题日益受到大众关注，对我国反家庭暴力的起步和发展具有重要且深远的意义。

在2015年《反家庭暴力法》出台之前，我国法律中已经存在对家庭暴力的相关规定。2001年修正的《中华人民共和国婚姻法》第三十二条关于离婚事由的规定首次将"实施家庭暴力或虐待、遗弃家庭成员"作为准予离婚的理由；同时，第四十六条将实施家庭暴力导致离婚作为无过错方有权请求赔偿的条件。这是我国早期反家暴事业具有重要意义的举措，从婚姻和家庭的角度对家庭暴力受害妇女的合法权益进行了一定程度的保护。另外，《中华人民共和国刑法》也有关于虐待罪的规定，"虐待家庭成员，情节恶劣的，处二年以下有期徒刑、拘役或者管制。犯前款罪，致使被害人重伤、死亡的，处二年以上七年以下有期徒刑"。但是此时对家庭暴力还没有形成明确的界定，相关条款比较宽泛，不容易执行。

2005年修正的《中华人民共和国妇女权益保障法》明确指出，"妇女在政治的、经济的、文化的、社会的和家庭的生活等各方面享有同男子平等的权利。实行男女平等是国家的基本国策。国家采取必要措施，逐步完善保障妇女权益的各项制度，消除对妇女一切形式的歧视。国家保护妇女依法享有的特殊权益。禁止歧视、虐待、遗弃、残害妇女"。此外，本法第六章对妇女的人身权利做出了详尽的规定，如"妇女的人身自由不受侵犯。禁止非法拘禁和以其他非法手段剥夺或者限制妇女的人身自由""妇女的生命健康权不受侵犯。禁止溺、弃、残害女婴；禁止歧视、虐待生育女婴的妇女和不育的妇女；禁止用迷信、暴力等手段残害妇女；禁止虐待、遗弃病、残妇女和老年妇女"。虽然该法尚未明确家庭暴力的性质与具体法律规定，但是它以立法形式规定了妇女的人身权利，对保护妇女的人身权利起到了一定的作用。

2008年，最高人民法院应用司法研究所制定的《涉及家庭暴力婚姻案件审理指南》在全国9个基层法院试点，在家庭暴力案件中引入保护令制度，取得了积极成效（张先明，2014）。2008年7月，最高人民检察院、公安部、民政部等七部门联合颁布了《关于预防和制止家庭暴力的若干意见》，对各部门防治家庭暴力的职责做出规定。民政部门积极探索受暴妇女救助机制，截至2009年9月，已在全国近20个省区市60个城市的救助管理站设立了家庭暴力庇护中心。最高人民法院、最高人民检察院、公安部、司法部于2015年印发了《关于依法办理家庭暴力犯罪案件的意见》，对家庭暴力的界定，以及家庭暴力案件的受理、定罪等问题做出了详尽的规定。这些探索与实践，进一步明确了家庭暴力的性质和应对策略，使反家暴法呼之欲出。

2. 干预过程

（1）反家暴法出台前的现实困境

《反家庭暴力法》的出台，使国内家庭暴力案件有了干预的指导文件。虽然1995年之后，我国对家庭暴力问题提高了关注度，也通过其他的法律法规对家庭暴力受害妇女的权利进行了一定程度的保护，但一直以来缺少较为详尽完备的反家暴立法，家庭暴力行为仍得不到有效制止。

通过对裁判文书网判决书数量进行统计发现，在《反家庭暴力法》出台以及在我国未施行人身安全保护令之前，2002~2014年和家庭暴力直接或间接相关的案件达到11223起。其中，较为典型的是2009年发生于北京的"董珊珊案"。

受害者董珊珊与其丈夫王光宇在2008年结婚，婚后不到10个月的时间里董珊珊频繁遭受其丈夫的家庭暴力。施暴者王光宇屡次对董珊珊进行殴打，其间董珊珊曾因无法忍受而连同家人先后8次报警控诉丈夫的家庭暴力行为，但均因"没有办法""无固定的住所""夫妻之间的家务事不好管""没法证明"等未能立案；而当董珊珊逃回母亲家中躲藏时，王光宇会直接到其妻子的母亲家中将妻子强行带走，董珊珊甚至试图通过提起离婚诉讼摆脱家庭暴力，但这种抗争遭到王光宇更为猛烈的殴打和精神侮辱。董珊珊也一度搬去王光宇找不到的地方居住，但半年后就被王光宇找回，并继续对其实施家暴，导致董珊珊内脏破裂、肺挫伤以及多发骨折……最终，董珊珊于2009年8月入院治疗，并在两个月后去世，年仅26岁。尸检结果显示，其死亡原因为"打伤后继发感染，致多脏器功能衰竭死亡"，根据其丈夫——施暴者王光宇的描述，在最后一次针对董珊珊的殴打中，他"用拳头打她，用脚踢她，从卧室门口，一直踢到床上，哪都打、哪都踢，直到她倒在床上为止，也不知道踢了她多少脚"。而董珊珊的母亲则表示，董珊珊在最后一次前往派出所时，因认为报案没有作用而放弃了正式报案。

王光宇最初因故意伤害罪被批捕，但是朝阳区检察院以虐待罪对王光宇提起公诉。2010年7月，朝阳区法院以虐待罪判处王光宇有期徒刑六年零六个月。该判决结果在社会上引起了巨大的舆论反响，此案的检察官面对舆论压力却依然认为，虐待罪所侵害的是共同生活且彼此之间存在相互扶养义务的家庭成员；且虐待罪主观上并不想直接造成被害人伤亡的后果；虐待行为具有经常性、一贯性，表现为一种长期的或连续的折磨和摧残。这些都与故意伤害罪不同，因此，以虐待罪对王光宇进行惩罚是合理的。

与"董珊珊案"相似的案件还有很多。从案件过程不难看出，董珊珊在遭遇家庭暴力时没有成熟完善的反家庭暴力法律法规，也没有人身安全保护令及时对其进行保护，加上社会中传统观念的影响，最终导致悲剧的发生，使被害者成为家庭暴力的牺牲品；而施暴者未受到应有的惩罚，其家暴行为也并未得到有效的震慑，导致施暴者在出狱后依然和从前一样对他人实施家庭暴力。

（2）各界对反家暴法的推动

从我国对反家庭暴力研究到《反家庭暴力法》出台前，已有多位学者就家庭暴力现象展开了研究，并对反家庭暴力立法进行呼吁。徐安琪（2001）认为，女性之所以成为家庭暴力的受害者，与她们后天所拥有的资源有关。相对来说，随着女性群体文化程度的提高、自我意识的增强，中青年女性在遭受家庭暴力后更多地会进行抗争或离异，但老年群体在遭遇家庭暴力后依然存在可能得不到救济的情况，如果女性希望改善和调适夫妻关系，就需要获得有效的资源，从而使她们在家庭生活中更加自主，具备独立意识。马治国、杜鹏（1995）从家庭暴力的特点、民法和刑法层面的法律控制角度论述了家庭暴力立法问题。家庭暴力中的受害妇女常常处于孤立无援的境地，无法得到及时有效的救济，生活中往往充斥着痛苦，因此需要对家庭暴力行为从民法、刑法等法律层面进行惩戒，如在刑法中添加新的罪名，加大现行法律的控制力度等。蒋月娥（2011）则从我国反家暴立法的发展阶段、现状以及目前我国所具备的社会条件角度论述了反家暴立法的紧迫性和必要性。她认为，家庭暴力现象具有一定的普遍性，并且妇女是主要受害群体之一，但是法律不能有效遏制家庭暴力现象，相应地，我国在政治、经济、司法等方面已具备较为成熟的制定反家暴法的条件，因此应大力鼓励和推动我国反家暴立法进程，为受害者提供人身保障。

除学界的呼声外，各地妇联也在积极推动反家暴立法，湖南省妇联通过推动立法、司法、行政、宣传培训、进行网络建设，帮助受家暴妇女维权，并通过对家庭暴力案件进行调研，率先推动出台《湖南省人民代表大会常务委员会关于预防和制止家庭暴力的决议》，将反对家庭暴力的内容写入修改后的《湖南省实施〈中华人民共和国妇女权益保障法〉办法》中，积极对反家暴立法进行探索和尝试。

在学界和各地妇联的争取和呼吁下，2015年8月，第十二届全国人大常委会第十六次会议初次审议了《中华人民共和国反家庭暴力法（草案）》。该草案发布后，引起了巨大的社会反响，草案中的不足也受到关注。例如，该草案对家庭暴力主体和客体的界定存在漏洞，未将具有亲密关系的同居伴侣纳入主体和客体的范畴，家庭形式的外延应扩大化；对家庭暴力施暴者的惩罚过轻，未能将家庭暴力和一般的暴力行为做出区分，也没能很好地体现出家庭暴力的特殊性和严重性。在法律程序上，"不告不理"、"可以调解"以及"举证责任"等，可能会对家庭暴力受害者成功寻求救济产生消极影响。终于，在听取社会意见并进一步对草案进行完善后，2015年12月27日第十二届全国人民代表大会常务委员会第十八次会议通过了《反家庭暴力法》，并自2016年3月1日起施行。

（3）反家暴法出台的现实意义

在反家暴法实施近四年时，"宇芽遭受家暴"再次引发了社会关注。2019年11月25日，也是第20个国际消除妇女暴力日当天，知名博主宇芽在微博上公开控诉前男友实施家暴，并发布了自己在电梯中被家暴的视频。从视频中可以看出，宇芽的前男友强行抓住宇芽的衣服，想要将宇芽从电梯门中拖出来，宇芽死死地抵住电梯门，却难以抵抗，最终被施暴者拖出电梯间。

宇芽在长文中以文字的形式诉说了自己被家暴的细节。宇芽前男友结过三次婚，2018年8月初与宇芽相识，说自己是个编剧，出过书、画册，宇芽被他所谓的才华吸引了。2018年9月宇芽与其在一起后，她的噩梦便开始了。宇芽与施暴者相处的半年中，受到了身体、精神以及经济上的暴力。首先是对宇芽精神的控制以及洗脑，对宇芽灌输他的价值观，否定其工作和生活。施暴者因为生活中的琐碎小事便对宇芽进行侮辱诋毁，并不让宇芽有社交生活等。其次是对宇芽经济的控制，其前男友一直没有稳定的工作和收入，其间一直要求宇芽给他转钱。最后是对宇芽进行家暴，第一次家暴发生在两人在一起半年后，随后的半年中，宇芽前男友对其实施了五次家暴。

宇芽遭受家暴的信息引发了社会各界的关注。同年11月26日，重庆市妇联主动联系宇芽，并协同相关部门，为当事人提供帮助，切实维护其合法权益。重庆市公安局江北区分局也对此事件高度重视，第一时间介入调查。宇芽为防止前男友再次对其实施故意伤害行为，于11月27日向江北区人民法院申请人身安全保护令。后该院经审查，依据认定的事实，依法对宇芽发出人身安全保护令。宇芽和相关证人在律师的陪同下，配合警方完成了调查取证工作，履行了相关法律手续。警方迅速展开调查，并对施暴者做出了处罚决定。最终，施暴者面临治安拘留20天的处罚。

这一结果，主要归功于《反家庭暴力法》的出台。《反家庭暴力法》第三条规定，"国家禁止任何形式的家庭暴力"。第四条规定，县级以上人民政府负责妇女儿童工作的机构，负责组织、协调、指导、督促有关部门做好反家庭暴力工作。第二十三条规定，"当事人因遭受家庭暴力或者面临家庭暴力的现实危险，向人民法院申请人身安全保护令的，人民法院应当受理"。第二十七条规定，"作出人身安全保护令，应当具备下列条件：（一）有明确的被申请人；（二）有具体的请求；（三）有遭受家庭暴力或者面临家庭暴力现实危险的情形"。第二十九条规定，"人身安全保护令可以包括下列措施：（一）禁止被申请人实施家庭暴力；（二）禁止被申请人骚扰、跟踪、接触申请人及其相关近亲属；（三）责令被申请人迁出申请人住所；（四）保护申请人人身安全的其他措施"。宇芽案件符合上述发布人身安全保护令的法定条件。

从宇芽的案例中可以看到，法律的完善会直接带来社会的进步，公众和相关部门的反家庭暴力意识显著增强，应对机制更加积极有效。宇芽被家暴案件发生在《反家庭暴力法》出台以后，受到了媒体和大众的广泛关注，重庆市妇联也积极介入其中，与宇芽取得联系，并对宇芽进行帮助。由此可见，妇联组织在保护妇女和儿童权益方面发挥着重要作用。此案例是《反家庭暴力法》落地的表现。同时，宇芽向法院申请了人身安全保护令，法院经审查，出具了人身安全保护令的裁定书，及时有效维护了处于危险中的妇女的合法权益。当然，社会公众的关注和讨论营造了反对家庭暴力的氛围。综上可见，《反家庭暴力法》的出台显示出我国反家暴事业的显著进步，也是我国依法治国的重要举措和成就。

（4）反家暴法出台的意义

反家暴法不仅为社会提供了反对家庭暴力的法律依据和有效手段，而且对传统的性别文化与现实的各种错误观念进行了批判。

首先，将家庭暴力行为视为违法，让"家务事"有法可依。家庭暴力一般涉及家庭隐私，而中国的传统思维则是"家丑不外扬""清官难断家务事"，导致遭受家庭暴力的受害者大部分选择了沉默。受各种因素的影响，特别是家庭成员之间墨守成规，很多家暴事件不了了之，由家暴事件导致的家庭成员打斗、自杀的案件数不胜数。家暴已经成为难以解决的社会顽疾。长期以来，家庭暴力并不是法律术语，没有明确的法律禁止，导致家庭暴力一直长期存在。2001年婚姻法才明确规定"禁止家庭暴力"，而2016年3月1日开始实施的反家暴法则针对那些构成犯罪的家庭暴力，使家庭暴力不再成为单纯的家事、小事。

其次，切实维护妇女权益，保护妇女人身安全。数据显示，全国2.7亿个家庭中，有30%的已婚妇女曾遭受家暴；我国每年有15.7万名妇女自杀，其中60%的妇女自杀是因为家庭暴力（王俊、谢雁冰，2020）。很多妇女遭受虐打后，不能寻求安全场所，摆脱不了丈夫的魔爪，因而选择自杀。而反家暴法中人身安全保护令的出台，使受暴妇女可以提出对自己的人身安全进行保护，切实维护妇女权益。

最后，反家暴立法进入了预防和消除家庭暴力的新阶段。在《反家庭暴力法》出台实施之后，多个省份又针对本省实际出台了反家暴的实施办法。可见，家暴已经成为当今社会的一个重要问题，人们对反家法的重视，让私领域的暴力行为不再隐藏。《山东省反家庭暴力条例》是我国《反家庭暴力法》出台后，首部专门规范反家庭暴力工作的地方性法规，已自2019年1月1日起施行。该条例创设了首办负责制、强制报案的义务，细化完善告诫书和人身安全保护令等有关程序。

《广东省实施〈中华人民共和国反家庭暴力法〉办法》自2020年10月1日起施行，它明确了政府及职能部门和有关组织的职责，强化了法治宣传教育，落实了强制报告、公安告诫、人身安全保护令制度，有利于形成齐抓共管、社会共治的反家庭暴力工作格局。它将冻饿、禁闭、诽谤、散布隐私、威胁、跟踪、骚扰等方式，包括利用网络等手段实施的身体、精神等侵害行为，也视为家庭暴力。广东省的反家暴办法把家庭暴力从现实世界延伸到虚拟世界，考虑到当今社会的信息化；扩大了保护对象和报告主体，将因年老、残疾、重病、受到强制、威吓等原因无法报案的人纳入保护对象，增加人民调解组织及其工作人员作为强制报告主体的规定。其中，比较特别的是将目睹家庭暴力的未成年人作为保护救助对象。

《湖南省实施〈中华人民共和国反家庭暴力法〉办法》自2019年7月1日起施行，该实施办法对"精神家暴"行为的范围界定得更加清晰，新增了经常性的侮辱、诽谤、宣扬隐私、跟踪、骚扰等行为。同时，实施办法将保护对象扩大到所有家庭成员，并特别将男性列入保护对象。

《湖北省反家庭暴力条例》（以下简称《条例》）自2019年6月1日起施行，它细化了告诫书的内容。以下四种情形可以使用告诫书：①未取得受害人谅解的；②对未成年人、老年人、残疾人、孕期和哺乳期的妇女、重病患者实施家庭暴力的；③因实施家庭暴力曾被公安机关给予批评教育的；④其他依法应当出具告诫书的情形。《条例》细化了临时庇护相关内容，明确了设立临时庇护场所应具备的条件、服务内容。

经过各省的具体规定，反家暴法的立法宗旨与目标更加明确，为预防、制止和消除家庭暴力做出了更大的贡献。如今，我国相关法律的完善仍在进行，社会对家庭暴力的认识和反思日益深刻，各界人士的努力也仍在继续。

三　案例使用说明

（一）教学与训练

1. 案例所覆盖的知识点

（1）人身安全保护令

人身安全保护令是《反家庭暴力法》的一大亮点，第二十八条规定，"人民法院受理申请后，应当在七十二小时内作出人身安全保护令或者驳回申请；情况紧急的，应当在二十四小时内作出"。

当事人若要申请人身安全保护令，应具备的条件包括"有明确的被申请人""有具体的要求""有遭受家庭暴力或者面临家庭暴力现实危险的情形"这三个条件。同时，人身安全保护令的措施中包括"禁止被申请人（施暴者）实施家庭暴力""禁止被申请人骚扰和接触申请人及其近亲属""责令被申请人迁出申请人住所""保护申请人人身安全的其他措施"，如有紧急情况，法院受理后是否发布人身安全保护令应在24小时内做出答复。与董珊珊案中警察所做出的"没有办法""无固定的住所""夫妻之间的家务事不好管""没法证明"等拒绝受理的理由相比，这在很大程度上保护了受害人的人身安全。在宇芽案件中，宇芽就很好地利用了人身安全保护令来保障自身的安全，这也更能发挥法律的效用，减少更多悲剧的发生。

（2）家庭的内涵与外延

《反家庭暴力法》将家庭暴力界定为"家庭成员之间以殴打、捆绑、残害、限制人身自由以及经常性谩骂、恐吓等方式实施的身体、精神等侵害行为"。在保护范围当中，第三十七条规定，"家庭成员以外共同生活的人之间实施的暴力行为，参照本法规定执行"。随着社会文化的不断发展和分化，许多人出现婚前同居、为了孩子的成长离婚不分居的情况，这一法条对恋爱同居关系、前配偶、同性恋人等发生的暴力也作出了规定。全国妇联妇女研究所原副所长刘伯红（2017）通过对比《消歧公约》后指出，家庭成员的保护应延伸到家政工、同性家庭的成员和室友，毕竟在中国这一类人员之间也存在暴力事件。宇芽事件中，受害者与施暴者是男女朋友关系，在恋爱期间，男朋友对受害者进行施暴，导致受害者身心受到严重伤害。而《反家庭暴力法》正好维护了这一群体的切身利益。

（3）冷暴力

冷暴力是精神暴力，是家庭成员通过非暴力的方式给对方造成的精神伤害，通常表现为恶意诋毁、讽刺挖苦等形式。在人们的受教育程度不断提升的当今社会，许多知识分子家庭、中高产阶级家庭经常会出现冷暴力。在世界其他国家，德国冷暴力的比重占家庭暴力的55%，荷兰达到57%，而日本接近60%。

冷暴力同样存在举证难、帮助难的问题。被害人向法院提起诉讼需要有实质的证据和伤情鉴定书，但冷暴力是无法提交此类证据的，如果造成了实质上的伤害，通常还需要长期的积累，所以要求被害人对这类性质的行为进行举证是不太现实的。因此，在家庭暴力中，应该重视冷暴力，扩大冷暴力案件收集证据的范围，包括家庭成员（受害人以及其他家庭成员）精神健康、智力等方面的鉴定，甚至是未成年人的证词等。

2. 能力训练的知识点

（1）解读法律政策的基本能力。通过学习法律政策文件，锻炼学生分析、总结、概括的能力。社会工作专业学生需要对法律政策有足够了解，思考社会工作者如何有效使用法律政策，促使法律政策更好地推动社会发展。

（2）学会运用社会性别理论、赋权理论分析和解决问题。分析法律政策制定的社会背景、社会现象或问题的形成机制，从社会性别视角探究原因与对策，从赋权理论视角提高妇女的应对能力，促进妇女发展。

（3）培养团队合作能力，共同探讨学习、发散思维、集思广益。充分认识到家庭暴力干预的复杂性，切实提高实务干预能力，形成合作小组开展相关实务工作。

3. 价值观讨论

《反家庭暴力法》的出台明确了家庭暴力包含身体精神等侵害行为，有助于纠正以往的"家务事"的狭隘定位，并明确了暴力的形式除了肢体暴力，还包括精神暴力，而且对家庭关系的外延扩展到实际生活中的同居关系。《反家庭暴力法》规定了强制报告制度、紧急庇护制度、公安告诫制度，有效维护了受害人的基本权益，遏制了家暴的升级与反复，并使家暴类案件的举证难问题得以改善。人身安全保护令制度则更加明确地为受害人提供了法律保护，具有遏制暴力的直接保护效果。

法律的出台并不是消除家庭暴力侵害行为的终点。我国长期以来的传统观念，使法律的实施仍存在一定难度。家暴行为认定难、举证难，法律落实仍有欠缺，执行和处罚措施仍需要进一步细化。例如，告诫书的具体监督应进一步细化，相关的惩罚制度也要条理明晰，以确保告诫书的权威性。现有的法律规定阐述了受害人如何维护自身安全、寻求帮助，但缺少对施暴人的矫正制度，不利于施暴人对家暴行为的深层认识和反思，从根源上减少暴力的发生。此外，公民的认知水平有限，法律宣传还不到位，错误的家庭暴力观念仍然存在。

只有全社会共同关注，社会各界不断推动与宣传，才能进一步增强社会反对家庭暴力、终止暴力侵害的意识与能力。近年来，网络上频频曝光的家暴案例、司法审理中不断出现的家暴事实，都在提醒我们反对家庭暴力不能止于法律出台，更要体现在法律实施的过程中，公检法系统反家暴意识的持续增强，以及公众认知能力的不断提升，使全社会形成反对家庭暴力的舆论与机制。

在学习和讨论《反家庭暴力法》的过程中，要在马克思主义妇女观的指导下，充分了解我国维护妇女权益的相关法律政策，分析家庭暴力的形成机制和特点，与时俱进地为法律实施和政策落地提供智力支持。

（二）思考题

1. 如何看待现实生活中的家庭暴力事件？
2. 家庭暴力的特点和产生机制是什么？
3. 预防和消除家庭暴力的困难有哪些？应如何有针对性地完善法律政策？
4. 我国出台《反家庭暴力法》的影响与意义是什么？
5. 社会工作者、社会工作机构能为遭受家庭暴力的妇女提供什么支持？

（三）案例讨论与分析

1. 案例教学法

案例教学法是指在教师的指导下，由学生对选定的具有代表性的典型案例进行有针对性的分析、审理和讨论，做出自己的判断和评价。这种教学方法拓展了学生的思维，激发了学生的学习兴趣，提高了学生的分析能力。案例教学法在本课程中的应用，主要表现在对家庭暴力案件的分析与干预方案设计等方面，充分发挥了它的启发性、实践性作用，锻炼了学生的理性思维能力，提高了学生的判断能力、服务能力和综合素质。

2. 使用讨论法分析此案例

讨论法是指在课堂教学中，教师指导，学生通过讨论进行合作学习。讨论法让学生在小组或团队中进行学习，让所有人都参与明确的集体任务中，强调集体性任务，强调教师放权给学生。合作学习的关键在于小组成员之间相互依赖、相互沟通、相互合作，从而达到共同的目标。开展课堂讨论，有助于培养学生的思维表达能力，让学生多多参与，激发学生的学习兴趣，促进学生主动学习。本案例使用讨论法，让学生对家庭暴力有全新的认识，并对《反家庭暴力法》存在的必要性等内容进行讨论。发挥学生的主观能动性，促进学生对《反家庭暴力法》的学习了解，有助于学生掌握更多理论知识，提升思维能力。

3. 知识点梳理过程

（1）通过法律政策学习和讨论，同学们发表自己的看法，教师再将相关理论穿插其中进行讲解，依托本案例中的法律规定，便于同学们掌握理论知识。

（2）在制定法律政策时，应始终在马克思主义妇女观的指导下，重视妇女参与社会生产劳动的必要性和重要性，法律政策在制定和实施过程中应进一步维护妇女的合法权益，促进妇女的全面发展，从而推动社会进步。

（3）讨论过程中注意培养学生的社会性别意识和妇女全面发展观，尤其是家庭关系中的平等、友爱合作等观念。

（四）案例使用要点

1. 教学重点（关键点）

（1）有关反家庭暴力的核心知识与应用

家庭暴力是指家庭成员之间以殴打、捆绑、残害、限制人身自由以及经常性谩骂、恐吓等方式实施的身体、精神等侵害行为。家庭暴力受害人及其法定代理人、近亲属可以向加害人或者受害人所在单位投诉、反映或者求助。有关单位接到家庭暴力投诉、反映或者求助后，应当给予帮助、处理。当事人因遭受家庭暴力或者面临家庭暴力的现实危险而向人民法院申请人身安全保护令的，人民法院应当受理。

以上法律规定包括如何界定家庭暴力、家庭暴力发生后如何进行投诉，可以得到哪些方面的支持，以及当面临严重的家庭暴力时，受害人可以申请何种保护来保障自己的人身安全。学生需要深入了解、学习《反家庭暴力法》中的细则，当受害人寻求帮助时，能够为受害人链接资源、维护受害人的生命安全和财产安全。

（2）赋权、优势视角理论的运用

家庭暴力大部分发生在家庭中，如果社会工作者在工作中发现了家暴事件，应该主动介入，及时向妇联反映。长期遭受婚姻暴力的妇女具有一些共同的特征，即"受虐妇女综合征"，包括：低自尊，认为自己应该对施暴者的行为负责，有严重的罪恶感和心理压力，并带有身心疾病，相信除了自己没有人能够帮助自己解决问题。学生应该持有优势视角，不应该视受害人为弱者，因为受害人是有力量的，是有反抗能力的。《反家庭暴力法》出台后，协助受害人了解相关反家暴法律，要让受害人认识到自己不是一无所有、一无是处的。相反，自己是一个有价值、有力量的人。开展相关的法律宣传、互助小组活动，让受害人意识到自身的权益正在被侵害，亟须振作起来改变自己被家暴的现状。

2. 教学难点

（1）家庭暴力的性质与特点

引入暴力循环论观点，引导受害人意识到"隐忍""原谅"不能制止暴力循环。研究表明，家庭暴力有周期性循环发生的特点，分为愤怒情绪积蓄期、爆发期、道歉期、关爱期、喘息期等不同阶段，有时被称作"螺旋状"的暴力。因此，暴力只有零次和无数次的区别，当遇到暴力时，受害人应该学会反抗，而不是逆来顺受。逆来顺受只会助长施暴者的嚣张气焰，最后危及自身安全。学生自身首先要领会这一要点，并能够用专业术语传播这一内容，从而使家暴受害人认识到暴力的特点，进而采取更加积极的干预措施。

（2）为家暴受害人提供服务的相关素养训练

为家暴受害人提供服务，需要一定的技术素养。家暴案件举证难，收集证据难。按照法律，当事人应该提供事实证据进行证明。但家暴案件发生的条件特殊，比如发生地点多为家里，难有目击证人；当事人被施暴无法及时取证；受害人遭受的身体伤害没有足够证据证明是施暴人所致等，使家暴案件很难认定。因此，提高受害人的取证能力是十分必要的，如保存家暴相关录音、视频等证据，让其他家庭成员提供证词等。在宇芽被家暴的事件中，公寓的电梯监控视频成为最有力的证据，也有受害人用手机录下施暴者的施暴过程等。即使视频、录音在录制前未经对方同意，也可以作为证据使用。

（3）为受害人链接资源的难度较大

《反家庭暴力法》第十三条规定，"家庭暴力受害人及其法定代理人、近亲属可以向加害人或者受害人所在单位、居民委员会、村民委员会、妇女联合会等单位投诉、反映或者求助"。因此，社会工作者应该帮助家暴受害者链接资源，不仅是寻求近亲属的帮助，而且要让受害者意识到，寻求相关机构（如律师、妇联、社会工作者村委会等）的专业帮助，是更加有力的资源。在宇芽案件中，重庆市妇联积极介入，与宇芽取得联系，并对宇芽进行帮助，可见妇联组织在保护妇女权益上发挥着重要作用。

（4）反家暴人人有责

反家暴重在防治结合，《反家庭暴力法》鼓励各级政府、社会组织、街道办进行家庭美德教育和反家暴知识的宣传，但说得过于笼统。因此，社会工作者要对家庭暴力的危害进行宣传，使公民能够界定什么是家庭暴力。这样受害人在遇到暴力时，才能应对家庭暴力。很多受害人被家暴之后，不知如何求助、向谁求助，致使家暴一次又一次地发生。我们应该大力宣传面对家暴应该采取的必要措施，包括寻求庇护、取证、申诉等环节，应该把"家庭暴力的界定""申诉流程""人身安全保护令"等重点内容告诉民众，让公众了解《反家庭暴力法》。

3. 注意事项

首先，社会工作者在实务工作中要充分认识到家暴的特征及造成的严重后果，协助受害人寻求妇联组织和相关部门的支持，以及法律救济和社会工作机构的服务。

其次，社会工作者要为受害人列举多种解决家暴问题的途径、阐明法律诉讼的流程以及告知其如何取证、在诉讼过程中如何寻求庇护，保护受害人在维权过程中的人身安全，消除受害人对提起诉讼的担忧与害怕情绪。

再次，为避免二次伤害，对受害人进行心理疏导，使受暴人认识到家暴并不是自己的事情，也不是"家丑"，要勇于诉诸法律。

最后，要注意家庭暴力的复杂性和危害性，在尊重当事人意愿的前提下，合理使用法律武器，捍卫妇女的人格尊严和自由，为男女两性平等发展扫除障碍。

（五）建议的课堂教学计划

建议在妇女发展、公共政策、公共管理、妇女法、婚姻家庭等方面使用该案例，以体现法律政策完善的必要性和现实意义。在具体教学安排上，建议提前给学生布置资料收集与初步分析任务，了解国内外相关社会现象、法律政策案例及其影响，对家庭暴力的性质、危害以及反家暴法立法缺失及其影响有一个基本的认识。课堂以现实案例与法律进展的研讨和实务干预策略为主。

课前准备：学生自行组成小组，小组成员需要在课前查阅相关文件和文献，如《中华人民共和国民法典》《中华人民共和国妇女权益保障法》《反家庭暴力法》的内容、出台背景、我国家庭暴力情况与数据、家庭暴力的处置机制等，课上分享讨论成果。

课程过程：首先针对法律文本进行小组分享、教师点评和主题讲授，而后引领学生开展现实问题的干预策略讨论，开展相关干预方案设计，进行互相建议与讨论，教师点评与经验分享。

课程结束：对课程进行总结回顾，课下同学们可查阅老师提供的相关文献，增进对《反家庭暴力法》的认识和理解，从专业角度进一步思考干预策略，并对未来促进两性平等协调发展提出建议。

（六）案例使用辅助手段或工具

可以采用视频、情景剧、辩论、读书分享、手工创作等辅助手段，具体可以使用电脑、多媒体、展板、大白纸、笔等工具。

（七）案例教学的监测和评估

1. 根据学生的课堂讨论分享情况了解学生是否掌握了本节课的知识点。

2. 请学生说出不清楚的知识点，教师在课堂上及时解答。

3. 对学生的分组作业或小组汇报进行点评，并收集学生的改进计划和意见。

4. 课程结束后，给学生发放问卷，了解学生对课程知识点的了解程度、对政策的掌握程度、对教学方式的看法、对老师的看法等，以此评估教学效果。

（八）案例使用的延展建议

1. 可以作为其他妇女发展课程、性别社会学课程的案例，案例中的社会性别理论、优势视角对促进妇女发展具有指导意义。

2. 可以作为法律和社会政策课程的案例，结合家庭政策、婚姻政策来探讨我国现有的妇女法律政策现状及存在的问题，为完善妇女权益保护提供智力支持。

参考文献

黄列，2002，《家庭暴力：从国际到国内的应对》（上），《环球法律评论》第1期。

蒋月娥，2011，《反家庭暴力立法势在必行》，《中国妇运》第11期。

刘伯红，2017，《加强全球"反对基于性别的暴力侵害妇女行为"力度——联合国消除对妇女歧视委员会第35号一般性建议解读》，《中国妇女报》11月25日。

马治国、杜鹃，1995，《家庭暴力的法律控制》，《妇女研究论丛》第2期。

钱叶卫，2003，《家庭暴力原因与防范》，《安庆师范学院学报》（社会科学版）第3期。

王俊、谢雁冰，2020，《数据背后的家暴现实》，《新京报》11月25日。

徐安琪，2001，《婚姻暴力的概念和现状》，《社会》第2期。

张先明，2014，《人民法院"七管齐下"打击家庭暴力》，《人民法院报》2月28日。

临终关怀个案服务
——以癌症末期患者的临终关怀服务为例

刘 焱 丰 芮[*]

一 课程基本信息

（一）教学目标

1. 掌握社会支持理论、家庭危机理论、心理社会治疗模式、叙事治疗在医务社会工作实务中的运用。

2. 掌握社会工作者的职责与角色定位。

3. 掌握社会工作者提供服务的过程及主要步骤。

4. 了解社会工作者的工作内容及工作方法。

5. 了解社会工作者在实务过程中可能面临的本土伦理议题。

（二）教学主题

社会工作理论应用教学、医务社会工作实务教学。

（三）教学内容

1. 社会支持理论在临终关怀服务中的运用。

2. 家庭危机理论在临终关怀服务中的运用。

3. 心理社会治疗模式在临终关怀服务中的运用。

4. 叙事治疗在临终关怀服务中的运用。

---

[*] 刘焱，社会工作学院讲师；丰芮，2020级社会工作专业硕士研究生。

5. 临终关怀社会工作服务的目的、对象、方法及内容。

6. 临终关怀社会工作个案工作的步骤和流程。

(四)教学对象

社会工作专业硕士以及社会工作专业本科高年级学生。

二 案例主体

(一)案例背景

联合国发布的《2019年世界人口展望》报告显示,所有国家和地区都在经历人口老龄化,2020年,全球人口中9.3%的人年龄在65岁及以上,这一人口比例将在2050年升至15.9%(United Nations, Department of Economic and Social Affairs, Population Division, 2019)。中国在"十四五"期间,将从轻度老龄化进入中度老龄化。国家统计局第七次全国人口普查结果显示,截至2020年,全国人口中,65岁及以上人口为1.91亿人,占总人口的13.50%[1],即每七个人中就有一个人是65岁及以上老人。随着工业化、城镇化、老龄化的加速发展,慢性病发病、患病和死亡人数不断增多。统计数据显示,2017年中国人群寿命年损失、缩短生命长度的前五名死因分别为脑血管疾病、缺血性心脏病、肺癌、慢性阻塞性肺疾病和肝癌(殷鹏等,2019)。国家对疾病的防治任务加重,政府陆续出台相关政策文件,如《"健康中国2030"规划纲要》《中国防治慢性病中长期规划(2017—2025年)》《关于印发"十三五"健康老龄化规划的通知》等,从国家战略层面重视居民健康和疾病防治。

在国家重视老年人身体健康的大背景下,医疗卫生领域的社会工作逐渐被重视起来。2006年10月,卫生部首次提出"全国所有二级以上医疗卫生机构均应设置社会服务部或社会工作部"的政策建议。2018年,

---

[1] 国家统计局:《第七次全国人口普查公报(第五号)》,http://www.stats.gov.cn/ztjc/zdtjgz/zgrkpc/dqcrkpc/ggl/202105/t20210519_1817698.html。

医务社会工作者首次被单独列为一级考核指标。我国的医务社会工作逐渐完善，朝着专业化、规范化方向发展。安宁疗护于20世纪80年代被引入中国大陆，是现代卫生保健体系中的重要组成部分。2000年以来，社会工作参与姑息医学并成为临终关怀服务多学科专业团体的主体（刘继同、袁敏，2016）。

之所以选择本案例，一方面是因为社会工作者所提供的临终关怀服务发生于疫情前，并未受到疫情的干扰，从评估到结案的服务过程相对完整；另一方面是因为案例中使用的方法主要是个案社会工作方法，建立支持网络、生命叙事对案主重新构建生命意义、提高癌症末期生命质量起到了积极作用。除上述两点原因外，本案例涉及的社会工作服务伦理问题具有典型性和代表性，能够引起大家的思考。

（二）案例描述

1. 基本信息

案主，男，49岁，已婚，大专学历，从事邮政工作，患腺癌三年。

2. 个案来源

2017年，案主家属主动向当地医院申请医务社会工作服务，希望接受舒缓治疗，通过药物减缓癌症末期疼痛。社会工作者在前期评估的基础上，于2017年6月接案并开展居家探访服务，案主2017年11月去世后结案。

3. 家庭基本情况

案主患病前是邮局工作人员，和妻子、女儿共同生活。女儿25岁，大学刚毕业，目前在邮局实习，妻子同为邮局工作人员。案主在家中排行老三，双亲均已去世，上有两个哥哥，下有一个弟弟和一个妹妹。亲属不在一个城市生活，来往并不密切。案主的家庭结构如图1所示。

4. 过往经历

案主早年辍学，曾为了生存而选择经商，有过短暂的做小本生意的经历，后长期在邮局中工作，从事货物运输。由于工作性质，案主去过中国很多地方，见多识广。案主工作期间因表现优异，获得了单位继续进修学习的机会，取得了大专学历。案主自述从事的工作作息极不规律、生活习惯被打乱等，导致多个同事因为癌症去世，所以案主对癌症的接受度较高，对于自己的病情也有较为清晰、客观的认识。

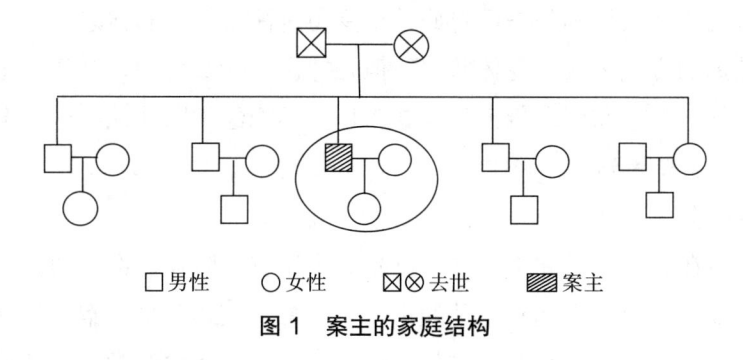

□男性　　○女性　　⊠⊗去世　　▨案主

图1　案主的家庭结构

（三）干预过程及效果

1. 分析预估

（1）预估方法

社会工作者通过家访对案主进行面谈、观察和记录。面谈内容建立在医院评估的基础上，对案主的信息进行二次确认，通过对案主的生理情况进行评估，选择适合案主的介入模式。在面谈过程中，社会工作者通过非结构式观察法对案主及其家属的语言状态、身体状况、行为举止进行直观的感受，以了解案主的性格特点和家庭成员之间的关系，对案主的个人情况和支持系统进行系统评估。面谈有效拉近了社会工作者和案主之间的距离，案主可以信任社会工作者并表达自己的需求，社会工作者对案主的需求进行有效评估。

（2）需求评估

①生理需求

案主抗癌三年，癌细胞开始扩散，自述右侧头部、肩颈部出现钝痛症状，便秘、小便迟缓，体重迅速下降。案主希望能够缓解自身疾病带来的疼痛，以及药物副作用带来的呕吐等问题，提高自己的生命质量。

②心理需求

社会工作者在探访过程中了解到，案主母亲刚刚去世，同事也因为癌症在前不久过世，案主面对亲友纷纷去世的变故以及自己越来越差的身体状况有些无助和焦虑。对此，案主通过注重饮食和休息、出门进行适当锻炼的方法来改善身体状况，但是并没有什么作用，这让案主很焦虑。此外，女儿和妻子每天都需要工作，不能经常陪伴他，这使案主感到孤独，希望得到关心和关注。

③社会需求

案主在大部分时间中都是自己独处，没有人陪伴。案主的妻子和女儿白天需要上班，亲属在其他城市，不能常来探望。虽然案主的社会支持系统比较完整，但是并没有发挥作用，生病后案主常常感到孤单，需要构建社会支持网络，增强社会支持。

④灵性需求

生命回顾，即系统地协助案主以一种全新的观点回顾生命中的伤痛或快乐，从生命回顾中找寻各种经历的意义，使案主体会到他并未白来世上走一遭。社会工作者引导案主对所受苦难进行全新诠释，使案主体验生命的意义。案主需要改变生命观，对生命的价值进行理性思考，重新探索自己面对世界的态度。

（3）资源评估

①个体资源

案主的生理、心理状况较好。案主多数时候身体状况良好，生活可以自理，也可以下床活动。但是随着癌细胞的扩散，疼痛指数提高，院方评估后认为案主的生命仅剩3~6个月。案主对病情的发展有较为清晰的认识，情绪稳定，对生活及病情较为乐观，能够以积极的心态应对。

案主的社会支持网络比较完整。案主患病前与亲属、同事关系良好，患病后仍有联系，但并不密切。

②环境资源

案主的妻子身体健康，有正式工作，女儿大学毕业，不需要特殊照顾，生活已经步入正轨。家属对案主的生活较为关照，支持情况良好。

单位为案主提供了部分资金支持,能够支撑案主每月的医疗消费,家庭不会因病致贫。

家属、单位对案主的支持情况良好,医院为案主提供止痛药物,有效缓解了疼痛。

2. 服务策略

(1) 服务目标

①总体目标

帮助案主找寻生命意义,形成新的生命价值观,提升案主及家属在癌症末期的生命质量。

②具体目标

前期:建立专业关系,搭建医患沟通平台,缓解生理疼痛。

中期:巩固支持网络,探索全新生命价值,找寻生命意义。

后期:处理离别情绪,告别过去重新出发,延续生命价值。

(2) 服务策略

在本案例中,案主虽然生活可以自理,但是身体状况不能和正常无病状态相比,仍然较为虚弱。除此以外,临终关怀服务必然涉及较多隐私话题,所以社会工作者采用个案工作方法开展服务,在开展工作过程中采用心理社会治疗模式,结合直接治疗技巧和间接治疗技巧对案主开展辅导、治疗,推动案主个人的成长和发展,解决其内心困扰,避免影响案主的人际交往,以实现人生价值。

个案服务秉承以案主为中心、以全人照护模式为指导的原则,与医院医护团队开展合作,通过问卷、访谈等方式对案主的现状进行调查、评估,从生理、心理和社会层面寻找影响案主健康状况的根本原因。运用社会工作的专业技巧和方法减轻案主和家属的心理压力,搭建医患沟通平台,减少药物止痛的副作用,提升案主的生命质量,最终达到提升案主及家属生命质量的目标。

(3) 服务程序

个案服务按照通用服务流程进行服务,包括接案、调查、诊断、计划、治疗和结案六部分。

第一步是接案，社会工作者与案主建立专业关系，了解案主的服务意愿与需求，初步评估案主的问题和需求；第二步是调查，社会工作者针对案主的境况进行全面深入的了解，社会工作者与医院医护人员对接，收集案主的基本资料，并与案主和家属进行沟通；第三步是诊断，仔细研究案主所面临的问题，判断问题产生的原因，与案主和家属确认问题；第四步是计划，社会工作者了解、掌握案主所面临问题的实质及其需要后，与案主和家属共同确定服务目标，制订服务计划；第五步是治疗，对上一步的计划加以实施，实施计划包括缓解案主生理疼痛、支持与鼓励案主积极面对生活以及疏导负面情绪、重新构建生命意义等；第六步是结案，案主去世后结束服务，处理好家属的悲伤情绪。

3. 服务计划实施过程

社会工作者于2017年6~11月开展个案服务，共提供居家探访服务8次（见表1）。

表1 个案实施过程

服务阶段	服务目标	服务内容	服务效果
初期	①建立关系； ②制订服务方案； ③缓解生理疼痛及心理焦虑	第1次服务（2017年6月2日） ①在医院评估的基础上，进行信息确认和再收集； ②了解案主的服务意愿与需求； ③与案主和家属确认问题，制订服务方案。 第2次服务（2017年6月11日） ①通过微信与医护人员针对用药及用药副作用问题进行沟通； ②排解负面情绪，缓解心理压力； ③了解案主的兴趣爱好	①双方建立了良好的专业关系； ②案主身体状况良好，病情有所缓解，可以下床活动，精神状态比较好，心情平稳； ③自述生理性疼痛指数下降，由于用药问题产生的焦虑有所缓解
中期	①探索生命意义； ②构建支持网络	第3~5次服务（2017年6月25日至2017年9月24日） ①支持、鼓励与亲属、同事多联系，形成支持网络； ②家访面谈，回顾生命重大事件，绘制生命线，重构生命意义； ③与亲属共同翻看相册，社会工作者观察并记录互动与反馈	①案主对自身的能力和支持系统进行重新评估和定位； ②重新认识伤痛或快乐的经历，建立新的生命意义

续表

服务阶段	服务目标	服务内容	服务效果
后期	①正视死亡； ②离别情绪处理	第6次（2017年10月22日） ①重新评估案主的身体状况； ②帮助家属排解负面情绪； ③依照现实情况调整服务计划。 第7次（2017年10月25日） ①赠送案主生命旅行笔记和视频，帮助案主正视死亡； ②与亲友道爱、道谢、道别； ③及时疏导案主及其家属的离别情绪。 第8次（2017年11月8日） ①观察家属对案主离世的态度； ②肯定案主捐献眼角膜对社会的贡献，肯定家属的照护工作； ③鼓励家属积极面对生活	①案主的生命已进入末期，根据需要重新进行评估和规划； ②案主能够正视死亡，与家属、同事道别，无遗憾离世； ③家属恰当处理离别情绪，坦然接受案主离世的事实

注：中期阶段的服务目标均为找寻生命意义。另外，该阶段社会工作者放暑假，与案主不在同一城市，服务间隔时间较长。

（1）个案初期

社会工作者上门探访，通过医院提供的病例和案主及其家属的叙述对案主的信息进行收集，了解到案主已经确诊腺癌三年。随着癌细胞的扩散，案主开始出现右侧头部、肩颈部钝痛的症状，食欲良好，但是用药后有便秘、小便迟缓的症状，体重也在下降，经过一个阶段的治疗，病情有所缓解，可以下床活动。

社会工作者进行介入，对案主的资料进行整理分析评估后，根据案主的情况，链接医院医疗资源，针对案主的用药反应，及时与医护人员进行了沟通。一方面，向案主解释清楚便秘是用药后的正常反应，不是病情加重的表现，缓解案主的焦虑；另一方面，提出缓解便秘的方法，提高癌症末期的生命质量。

社会工作者梳理案主的问题和需求，并和案主一起确立目标，为其提供服务。案主愿意和社会工作者进行沟通、交流，表示适当的交流可以分散注意力，缓解疼痛。

（2）个案中期

在服务过程中，社会工作者了解到案主在身体状况良好的情况下喜欢到麻将馆打麻将，乐于和麻将馆的邻居、同事交流。在案主病痛和用药不良反应得到部分缓解，生理需求得到满足的情况下，社会工作者鼓励案主在身体状况允许的情况下外出做适量的运动，这样可以重构社会支持网络，融入邻里生活，让邻里、同事为其提供情感支持。

联系案主继续进行探访，通过面谈，绘制家庭图、生命线（见图2），翻看相册的方式深入了解案主的情况，和案主一起回顾童年生活，以及成年后出门闯荡经商，再到在邮局谋得稳定工作，去南京邮电学院上学读书、火车押运游历全国各地（广州、深圳、重庆、成都、湖北、北京、河南等）的经历。通过与家属共同翻看相册，回顾了案主工作、结婚，以及一家人共同出游的场景。

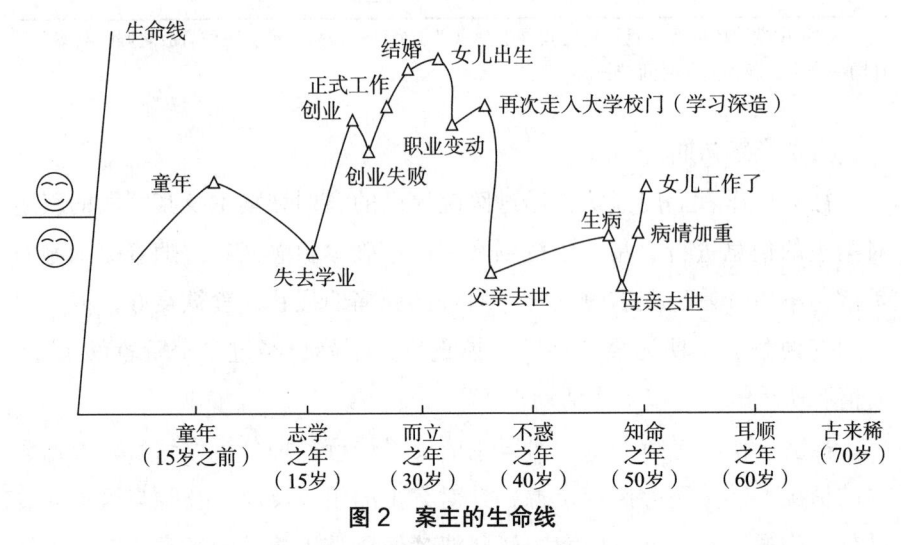

图2 案主的生命线

注：由于案主右肩颈剧烈疼痛无法用笔，该图为社会工作者根据案主口述绘制。

当提到结婚、生子等人生重大事件时，案主及其家属都露出了幸福的笑容。案主对女儿的相亲对象以及女儿未来的生活充满了期待，表达了对女儿深切的爱和满满的不舍。社会工作者予以引导，鼓励对家人表达爱和感谢。

通过回顾整个生命历程，社会工作者系统地协助案主以一种全新的观点去回顾其生命中的伤痛或快乐，从生命回顾中找寻各种经历的意义，这使案主体会到他并未白来世上走一遭。社会工作者引导案主对所受苦难进行全新诠释，使案主体验生命的意义。

（3）个案后期

案主后期食欲不振，右胳膊疼痛指数及频率升高；在家发生昏迷，送入医院急救；腹胀严重，无法进行正常排泄，靠在医院输蛋白质、葡萄糖改善状况，皮肤严重水肿，体重急剧下降，身体虚弱，没有力气，无法正常行动。家属虽然悲痛不已，但是比较坚强，仍能够强行打起精神向单位请假，专职照顾案主。家属告诉社会工作者，案主在接受社会工作服务后，希望能够实现自我价值，死后捐献眼角膜，并且已经在红十字会登记。

社会工作者制作回忆视频、生命旅行笔记赠送给案主及其家属，作为生命礼物；拥抱案主家属，予以情感支持和鼓励，帮助家属合理宣泄因即将离别而产生的悲伤情绪，缓解照护压力，使家属能够积极主动地投入案主的终末期护理中。

社会工作者参加了案主的葬礼[①]。在葬礼上，社会工作者和案主的家属进行了沟通，予以家属情感支持，肯定案主生前对社会的贡献，协助家属在合理的时间内宣泄哀伤情绪，鼓励家属在失去逝者的情况下，仍要积极乐观地活下去。案主最后安详地离开人世，逝世后捐献眼角膜。

4. 总结评估

（1）评估方法

通过对实现目标的评估、对案主影响的评估、督导和同事对工作进展的评估，对整个服务进行最后的总结评估。服务前期，社会工作者通过统一的测评量表对案主进行评估；服务后期，社会工作者将案主及其家属的情况与之前进行对比，评估服务效果。

每次服务结束后，案主及其家属都会对社会工作者做出服务反馈，

---

① 该部分内容涉及案主和家属隐私以及社会工作伦理，无法提供第一手资料。

对服务的内容和方式进行评价。社会工作者通过他们的口述评估活动的进行情况，并以此评估服务的目标达成情况。

督导和同事会在每次服务结束后以及社会工作者遇到困难时进行服务督导，他们通过督导会的方式评估社会工作者的专业方法和技术以及资源的使用情况。

（2）评估结果

①目标达成情况

案主与社会工作者相互了解，建立了良好的信任关系。社会工作者了解案主的社会支持状况，以及家庭基本情况，如家庭成员、收入状况、家庭关系等；详细观察、记录案主的生理状况，了解疼痛治疗的效果以及药物的不良反应，及时对接医院医护人员。

社会工作者陪伴案主出门散步，感受阳光，在适当锻炼、出门散心的过程中，建立新的社会支持网络，减轻案主的孤独感；通过访谈、翻看相册等方式了解案主的成长、工作经历，回顾整个生命历程，使案主在回顾过程中找寻生命的意义，建立新的生命价值观和生活目标；制作回忆视频、生命旅行笔记赠送给案主及其家属，作为生命礼物。

社会工作者帮助案主接受现实，树立健康心态，以一种积极的态度配合后期的治疗；帮助家属缓解压力，使家属能够积极主动地投入案主的末期护理中。

案主生前自述社会工作者的服务能够让他在沟通中遗忘病痛，在支持中坚持治疗。在社会工作者的鼓励下，案主与亲属、朋友道谢、道爱，在生命最后阶段，感受到大家对他的爱意，也通过服务，回顾人生，感觉自己并没有白活。案主逝世后，协助家属在合理的时间内宣泄正常的哀伤情绪，鼓励家属在失去逝者的情况下，仍要积极乐观地活下去。

②专业方法和技术的使用情况

此案例当中，前期社会工作者搭建医院与患者的沟通平台，为案主链接资源，满足案主最为迫切的生理需求。缓解生理疼痛是临终关怀的重要内容，为后续服务的进行提供保障。

社会工作者为案主及其家属提供心理支持服务，让案主在生命的最后释放出病痛所带来的心理压力，合理宣泄不良情绪。社会工作者运用生命线、家谱图、生命回顾等专业方法，帮助案主构建起社会支持网络，让案主在生命最后感受到来自家人、社会的关心、呵护与不离不弃的陪伴。社会工作者为家属提供情绪支持，缓解照护压力，使他们能够不留遗憾地投入最后的照护服务中。

家属在案主逝世后，对社会工作者表达感谢，认为社会工作者的服务与陪伴对案主起到了很好的支持与陪伴效果，他们相互道爱、道别，彼此都没有遗憾。

在服务的最后阶段，案主捐献了眼角膜，使两个人得以重见光明，重新找到了人生价值和生命意义，达到了自我实现的目的。社会工作者于案主逝世后结案，服务过程非常完整。

③资源的使用情况

本案例中使用的资源主要来自医院与当地高校，它们都为服务的开展提供了一定支持。医院在整个服务过程中提供了必要的药物与医疗技术支持，高校社会工作教师则在专业问题上予以督导支持。值得注意的是，服务后期社会工作者的心理性督导需要加强。从事临终关怀服务的社会工作者在案主病情加重后易出现个人情绪波动，督导提供的专业支持和心理疏导，可以协助社会工作者有效避免过多的情感消耗，进而以良好、饱满、专业的姿态投入后续工作中。

三 案例使用说明

（一）教学与训练

1. 理论知识学习

（1）社会支持理论

有关社会支持的研究最早开始于20世纪70年代，社会支持理论在心理学、社会学以及教育学领域得到广泛应用。社会支持网络是指由人与人之间的接触所构成的关系网，通过这些接触（关系网），个人得以维持其身份，并获得情绪、服务、信息等支持。社会支持是由社区、社会网络和亲密伙伴所提供的感知的和实际的工具性或表达性支持。社会支持系统可以分为正式的社会支持系统和非正式的社会支持系统。正式的社会支持系统包括社会正式组织（政府、慈善组织）给予的支持，非正式的社会支持系统包括来自亲友、邻里、同事等人际互助网络的支持。

社会支持理论认为，良好的社会支持网络对个体成长具有十分重要的作用，一个人所拥有的社会支持网络越强大，就越能更好地应对各种来自环境的挑战。对于弱势群体而言，当他们遭遇危机时，良好的社会支持网络能够起到缓冲作用，帮助他们抵御风险。社会工作者致力于为他们提供必要的帮助，帮助他们扩大社会网络，提高其利用社会网络的能力。社会工作者应当介入案主的生活模式当中，协助案主度过有压力的生活阶段，社会工作者可以是案主生活中的促进者、教师、催化者、倡导者、中介者及组织者。

本案例中，案主在癌症末期出现了一系列生理、心理反应，除了需要来自医院的止痛舒缓治疗外，还需要多方给予支持，尤其是来自家庭的支持。从实务社会工作的视角来看，家庭的社会支持资源包括个人资源（受教育程度、智慧、知识、技巧、特质、生理心理健康、自主能力、自我概念等）、家庭资源（家庭的凝聚力和适应力、组织、沟通技巧、婚姻关系、家庭功能）、社会资源（来自家庭外的个人、团体、机构、组织的资源）。在社会支持理论的指导下，社会工作者通过搭建个人、家庭、社会之间的支持网络，促进案主及其家属获得支持，缓解案主的生理疼痛，减轻照护者的照护压力；通过亲朋支持改善案主的精神状态，提高案主的生活质量。

（2）家庭危机理论

家庭危机泛指家庭所面临的各类压力事件以及为应对这些压力事件家庭所遭受的某种对抗和损害，主要有家庭成员行为违反家庭期望或玷污家庭名誉、经济严重拮据、离婚、丧偶、维持生计的主要成员离家或死亡等。相关研究始于希尔（Hill）对战争造成的家庭分离和重逢家庭压力的研究，他提出的 ABC-X 模型，成为运用系统理论分析家庭压力的重要研究基础。A 代表引发压力的事件或情景，B 代表能应对压力的资源，

C代表家庭对压力的认知，X代表压力或危机的程度。从最初的紊乱期到恢复期再到走向整合新水平是应对危机的过程。引发危机的压力事件产生于家庭内外，主要有三类：成熟事件、衰竭事件、休克事件。家庭对危机事件的知觉和定义，取决于家庭对事件的"含义"或"定义"的认识，即某个事件对于许多家庭和个体来说都构成了压力，但不同的家庭和个体赋予事件不同的价值和理解，危机的影响力也不相同。家庭表现出的应对能力受形成危机的三个因素的影响：事件本身、家庭用以应对危机的有效资源、对危机意义的知觉和评价。对危机做出有效反应的家庭能够将危机影响整合到家庭中，并寻求重建家庭功能。

家庭危机的干预策略包括以下三个方面：一是消除压力源，二是提高个体或家庭的应对能力，三是增强对危机的适应性。在危机早期，危机规模大且严重的时候，同时从以上三个方面实施干预就特别有效。此外，干预的程度及时间长短主要取决于危机的严重情况、家庭适应能力、可用来应对危机的资源等因素。面对危机，家庭总是首先要求进行外部干预，但当家庭本身能够掌握这些方法时，便能自己实施对危机的干预措施。

根据案主及其家属对家庭情况的描述，运用ABC-X模式进行如下分析。压力事件（A）：案主已经处于癌症末期，身体状况每况愈下，家庭随时面临家庭核心成员离世的压力。已有资源（B）：案主本身已经抗癌三年，对病情的发展有清晰的认识，家属对案主的情况有一定的心理预设；案主独女已经成年，心理承受能力良好，案主与亲戚朋友的关系良好。对压力事件的认知（C）：案主担心自己离世后妻女的生活无人照料；妻子对案主随时可能去世感到悲伤，同时担心案主病情的发展影响女儿的实习。压力程度（X）：案主昏迷住院，接受治疗，妻子独自请假在医院照料，女儿在单位实习，案主和妻子在医院面临着死亡带来的恐惧和压力，女儿在单位工作也时刻担心父亲的状况。

（3）心理社会治疗模式

1964年，美国哥伦比亚大学霍利斯正式出版了心理社会治疗模式的代表作《个案工作：一种心理社会理论》。心理社会治疗模式理论始终围绕一个核心，即心理因素和社会因素之间的关联，它包括内部的心理、外部的环境以及二者之间的相互影响三个方面。心理社会治疗模式将个人与环境之间的这种关系概括为"人在情境中"，要求社会工作者既要深入个人的内心，了解其感受、想法和需求，又要仔细观察周围环境对他施加的影响，分析个人适应环境的具体过程。

心理社会治疗模式包括四个假设：一是对人的成长发展的假设，认为人生活在特定的社会环境中，生理、心理和社会三个层面的因素相互作用，一起推动个人的成长和发展；二是对案主问题的假设，强调案主的问题与案主感受到的来自过去、现在以及处理问题三个方面的压力有关，这三个方面的压力相互影响，最终使案主出现心理困扰和人际交往冲突；三是对人际沟通的假设，认为人际沟通是保证人与人之间进行有效沟通交流的基础，是形成健康人格的重要条件；四是对人的价值的假设，认为每个人都是有价值的，即使是暂时面临困扰的案主，也具备自身有待开发的潜在能力。

心理社会治疗模式以"人在情境中"理论为依据。在个案工作中，社会工作者首先要全面收集与案主有关的生理、心理、社会等各方面的资料，其中包括了解案主对自己问题的看法，是否尝试处理这些问题，追溯案主的童年及成长过程中的经历以及如何看待自己等；其次要了解案主各种有意识无意识状态下的满足与不满足的不同感受。针对案主的情况，社会工作者要从生理、心理、社会三个方面进行分析预估。

（4）叙事治疗

叙事治疗起源于 20 世纪 80 年代，是一种基于社会建构主义提出的具有重要意义的社会工作实践理论。迈克·怀特（Micheal White）和大卫·爱普生（David Epston）首先将其引入家庭治疗，并盛行于澳大利亚和新西兰。叙事治疗就其本质而言是围绕叙事建构起来的，这一理论颠覆了家庭治疗社会工作中有关结构隐喻和系统隐喻的传统假设，认为无论是结构隐喻还是系统隐喻，都呈现了现实是社会建构的，所谓问题或诊断只不过是建构的结果。

叙事治疗的目标是，将案主从一个有问题的生活模式中唤起，并将其从外在的限制中解放出来，重新书写具有尊严的、体现能力和智慧的故事。叙事治疗是一个开放的过程、一个赋予希望和意义的过程。叙事治疗的干预原则就是将问题与个人分开，聚焦案主的叙事并重新书写生命故事。在整个干预过程中，案主被视为自己生活故事的作者，同时是自己生命历程的最后决定者。相应地，倾听、外在化和寻找独特的结果是叙事治疗最常用的策略。

在干预过程中，社会工作者并不是以专家的身份出现的，而是作为案主故事的听众、新的故事的协商者或者新的故事的共同建构者，案主才是自己生活的主人、自己故事的讲述者和编写者。在本案例中，重建积极的时间感知，改变人生叙事，是协助案主创造意义和价值的有效方式。社会工作者协助案主将一生的经历进行回顾、梳理和改编，形成自己的人生叙事。"生命相册"以相片为载体，带动案主和家人共同回忆人生，社会工作者按照时间线索，将出生、读书、工作、结婚、生子等生命事件串联起来，制作成生命旅行笔记赠送给案主及其家属，促进案主及其家属在欢乐和有意义的往事中建构正向的人生叙事。值得注意的是，癌症末期患者与死亡的距离很近，对死亡的思考一直存在于他们抗癌的过程中。因此，社会工作者尝试和案主打破谈论死亡的禁忌，完成案主未了的心愿。案主通过捐献眼角膜实现人生价值，重新建构生命存在的意义，很好地和世界告别。

2. 能力训练

（1）问题分析与需求评估能力

通过实际案例，锻炼学生的问题分析与需求评估能力。在本案例中，着重围绕案主及其所处各系统对问题进行分析，引导学生从个人、家庭、社会关系等多个维度了解案主的情况，描述案主的表现，探索问题成因；需求评估主要从生理、心理、社会、灵性等方面进行，同时分析案主及其所处环境中的优势与资源，引导学生掌握需求评估的内容和具体方法。

（2）服务方案设计能力

组织学生在问题分析与需求评估的基础上，分析当前服务方案设计的理论依据、服务对象、服务目标、具体执行过程与服务效果,讨论当前服务方案设计的适切性和可能存在的问题,进而提出可以完善和改进的建议。

（3）本土伦理议题反思能力

服务方案讨论之后,引导学生围绕临终关怀服务中可能遇到的困难以及本土伦理议题展开讨论。本案例中可能遇到的伦理问题在下文进行详细论述,以作参考。

3. 价值观与伦理议题讨论

社会工作者在实务工作中有时会面临自己的价值观与案主、雇主、专业本身的价值观存在冲突的情况,这类冲突是不可避免的,伦理问题和困境由此而生（许莉娅,2013）。本案例使用的方法主要是个案社会工作方法,社会工作者通过系统的生命回顾,帮助案主重新建构生命意义、提高癌症末期的生命质量,介入效果良好。然而,社会工作者在服务过程中仍面临以下几方面的伦理问题。

（1）生活质量的困境:遵从医嘱与案主自决的冲突

对癌症末期患者进行临终关怀的服务目标之一是提高生命末期的生活质量。与此同时,案主自决是社会工作者对案主的伦理责任之一,社会工作者相信每个人都有自己决定自己生活方式的能力。临终关怀服务的癌症末期患者,生存周期缩短,但疼痛指数不断升高,很多患者不遵医嘱而根据自己的疼痛感受增加和提高服用药物的数量与频率。

本案例中的案主已经抗癌三年,药物止痛的效果越来越差,呕吐、不解大便、尿潴留等药物带来的副作用越来越明显。为了止痛,案主吃药的频率不断提高,止痛效果却不够明显。社会工作者从保护生命的角度出发,应当制止案主违背医嘱、频繁用药的行为。但是,制止所带来的结果是案主生命末期的生存质量不高,长期处于病痛的折磨之中。

（2）专业关系的困境:多重关系与有限互动之间的冲突

社会工作者与案主之间的专业关系,表现为双方在时间上和工作场合进行有限的互动关系,而双重关系则是指社会工作者在同一时段或不同时段里与案主或其重要关系人,除专业上的关系外还存在一些社会上的、生意上的、经济上的、宗教上的或其他方面的角色关系（刘博、芦恒，2019）。在中国这样注重人情关系的社会文化之中，社会工作者和案主之间随着服务的开展会发展成熟人关系，不仅限于服务提供关系，还会有超出工作范围的情感、利益涉入，这时社会工作者就会陷入多重关系的伦理困境之中。

社会工作者在介入临终关怀服务的过程中，会全程经历案主生命的最后时光，社会工作者会扮演多种角色，如资源链接者、案主支持者、行动倡导者等。在此过程中，社会工作者难免会与案主及和案主密切相关的人发展出较为亲密的关系，这种亲密关系在一定程度上使案主愿意相信社会工作者，比如在生命回顾中愿意分享重大事件，在生命末期会做出临终嘱托，但是也会使实务工作关系不仅限于专业关系，可能成为朋友、亲属，这种深入发展的关系很有可能会影响社会工作者的专业判断。

社会工作者在离开案主的时候会有种种情绪反应。在临终关怀服务中，社会工作者所服务的对象是处于生命末期的患者，多数情况是在服务开展过程中或者服务末期，案主就离世了。社会工作者全程参与案主末期的生活，在此期间，社会工作者会与案主建立一种近似于亲情的、亲密的服务关系，案主会对社会工作者产生情感依赖，社会工作者因为投入了过多的情感，面对案主突然离世，会在一段时间内感到悲痛和难以接受，如果这种情绪没有得到及时处理，那么社会工作者可能无法继续投入后续的临终关怀服务中，甚至放弃从事临终关怀相关工作。

（3）尊重原则的困境：禁忌、隐私与研究评估之间的冲突

社会工作者在服务过程中应该尊重案主以及服务所涉及的与案主关系亲密的群体。对于社会工作专业来说，尊重不仅是一种思想上的认知，而且是一种道德上的实践。服务开始后，从接案签订服务契约到结案、回访的整个过程，社会工作者都会保留原始资料，为后续专业评估、雇主考核及社会工作服务宣传等提供支持材料。

在本案例中，在服务过程中，涉及案主隐私的时候比较多，如医院的最后嘱托、葬礼等。在这种极为私密的情境下，社会工作者没有通过拍照、录像等方式获取第一手资料。社会工作者在特殊情况下会收集有

限的资料,如遗体捐献环节,但是有很多情况是不能收集资料的,如在医院案主进行治疗的过程中或者在案主的葬礼上。在死亡与葬礼这极为庄重和肃静的时刻,社会工作者是否可以进行资料收集和记录?如果不进行记录,那么后续针对社会工作服务过程所展开的研究、评估与宣传该如何进行?这个问题如何解决,值得每个介入临终关怀服务的社会工作者去思考和探讨。

(二)思考题与训练

(1)本案例中,社会工作者是如何与案主建立关系的?有何优势和劣势?医务社会工作领域是否还有其他建立关系的方式?

(2)本案例中,社会工作者需求评估的方式是怎样的?还有哪些方式?评估的步骤是否完善?

(3)本案例中,社会工作者选取个案的方法是否合适?依据是什么?

(4)本案例中,社会工作者使用了哪些社会工作理论?这些理论在服务中如何体现?是否还有其他适用的理论?

(5)本案例中,社会工作者采取了哪种个案工作模式?该模式在服务中是如何体现的?该模式是否适用?

(6)本案例中,社会工作者的干预分为几个阶段?每个阶段的干预目标、干预内容、干预技术是怎样的?上述干预过程是否合适?可以如何完善?

(7)本案例中,社会工作者是如何进行评估的?采用了哪些方法?评估的内容包括哪些?

(8)本案例中,社会工作者是如何结案的?结案的方式是否合适?结案后可以持续跟进的内容有哪些?

(9)社会工作者在医院开展临终关怀服务可能遇到哪些问题?问题产生的原因是什么?可以如何应对?

(10)在我国,临终关怀服务将会遇到哪些本土伦理问题?具体表现有哪些?社会工作者可以如何应对?

四 案例使用要点

（1）案主所面临问题及需求分析。

（2）案主及其所处环境中的优势与资源分析。

（3）开展临终关怀个案服务的理论依据。

（4）临终关怀个案服务的主要步骤、干预内容与干预方法。

（5）临终关怀个体服务中的价值观与本土伦理问题。

五 教学设计与建议

（一）教学计划

案例呈现后，组织学生围绕案例思考题分组讨论（5~6人为一组），并在课堂上分享讨论结果，教师引导学生就核心问题展开集体讨论，讨论结束后进行知识梳理，最后针对案例和相关知识展开自由问答。本案例按照2课时（90分钟）进行设计：案例呈现10分钟，小组讨论20分钟，小组分享与集体讨论30分钟，知识梳理20分钟，问答10分钟。

（二）教辅手段或工具

常规教学设备、大白纸、马克笔、相关材料等。

（三）教学监测和评估

（1）观察课堂小组讨论的热烈程度，监测案例主题的适切性。

（2）根据课堂小组汇报的详细程度，评估案例内容的适切性。

（3）根据课堂集体讨论的深入程度，评估思考题目的适切性。

（4）根据课堂问答环节的互动情况，评估案例教学的效果。

（四）案例使用注意事项

（1）课堂讨论之前，要求学生至少通读一遍案例，并对案例思考题有一定了解。

（2）为保证小组讨论的充分性，小组人数不宜过多，若小组人数过多，可指定每个小组讨论若干题目即可，在集体讨论阶段，其他小组可进行补充说明。

（3）学生在分析案例前，要对医务社会工作与临终关怀服务有一定了解，必要时可在课前为学生提供相关阅读资料。

（4）对于本案例可能涉及的社会工作理论、个案工作方法、社会工作价值观与伦理等相关知识，学生需要提前进行复习。

（5）本案例为社会工作者实际开展的服务案例，故需要提醒学生不要对案例对号入座，严格遵守保密原则。

参考文献

刘博、芦恒，2019，《医务社会工作介入老年临终关怀的伦理困境及重塑路径》，《华东理工大学学报》(社会科学版)第1期，第65~73页。

刘继同、袁敏，2016，《中国大陆临终关怀服务体系的历史、现状、问题与前瞻》，《社会工作》第2期，第34~49、123~124页。

许莉娅，2013，《个案工作》，高等教育出版社。

殷鹏、齐金蕾、刘韫宁、刘江美、李婕、曾新颖、王黎君、周脉耕，2019，《2005～2017年中国疾病负担研究报告》，《中国循环杂志》第12期，第1145~1154页。

United Nations, Department of Economic and Social Affairs, Population Division.2019. "World Population Prospects 2019." Volume II: Demographic Profiles (ST/ESA/SER.A/427).

社区篇

激发社区活力：混合型老旧社区社会工作实务探索
成都市农村集中安置Z村社区社会工作实务探索
农转居社区社会工作实务探索
社区工作介入随迁老人归属感提升的实务探索

激发社区活力：
混合型老旧社区社会工作实务探索
——以北京 H 社会工作机构干预式社区实验为例

李 敏[*]

一 课程基本信息

（一）教学目标

知识层面：掌握社区社会工作中的社区发展、社会策划、社区照顾、社区组织、社区规划等基本理论知识以及介入方法与步骤。

能力层面：具备分析社区问题和评估社区需求的能力、设计社区服务方案的能力、评估社区服务成效的能力、反思社区工作价值观与伦理议题的能力。

思政层面：培养规则意识、公共精神、社会责任感，弘扬中华传统文化与传统美德，坚定文化自信，培育和践行社会主义核心价值观，服务于新时代的社区治理。

（二）教学主题

社区社会工作及其过程与方法的实务教学。

（三）教学内容

社区发展、社会策划、社区照顾、社区组织、社区规划。

---

[*] 李敏，社会工作学院教授。

（四）教学对象

社会工作专业本科高年级学生。

二　案例主体

（一）案例背景

20世纪末期以来，在社会转型和社会重建的背景下，我国的社会结构经历了快速变迁。单位制逐渐瓦解，"单位人"转为"社会人"。特别是随着工业化、城市化、市场化、全球化、信息化的深入发展，我国社会已然走出传统社会，人口流动日益频繁，社会分工高度细化，社会分层不断加剧。城市社会中，由陌生人组成的社区成为新的组织形式，社区成员原子化、邻里关系疏离、社会联结弱化、社会规范失灵等，导致社区公共生活领域发展滞后。为了解决这些社会问题，中央和地方制定了一系列政策文件，推进社会治理创新、城乡社区治理模式转型，实现社区善治。

党的十九大报告明确指出，"加强社区治理体系建设，推动社会治理重心向基层下移，发挥社会组织作用，实现政府治理和社会调节、居民自治良性互动"，并将此作为打造共建共治共享的社会治理格局的重要内容。社会治理在基层城乡社区的重点是社区治理体系建设。在社区建设过程中，社区逐渐形成了由街道党工委领导、居委会负责、各部门配合、社会力量参与的模式，多元治理成为城市社区治理的基本趋势。近年来，中央密集出台了多个政策性文件以推动城乡社区治理。

2017年6月，中共中央、国务院印发《关于加强和完善城乡社区治理的意见》（以下简称《意见》），提出要统筹发挥社会力量的协同作用，主要强调在城乡社区治理中要大力发展邻里互助、居民融入等形式的社区社会组织或其他组织，要依靠人民的力量来治理社区，实现全民参与、全民共享；同时，要坚持社区、社会组织、社会工作的"三社联动"机制。《意见》提出，到2020年基本形成基层党组织领导、基层政府主导的多方参与、共同治理的城乡社区治理体系。此外，《意见》还指出，要将提高居民社区参与能力、社区服务供给能力和社区文化引领能力作为不断提高城乡社区治理水平的重要举措，在公共利益和重大问题的决策中增强居民的参与意识，做到真正的民主集中；同时，做好社区居民的社会服务和文化教育等公共服务工作，不断满足居民多样化的需求。10月，党的十九大报告提出，要打造共建共治共享的社会治理格局，加强社区治理体系建设，推动社会治理重心向基层下移，发挥社会组织作用，实现政府治理和社会调节、居民自治良性互动，阐述了多元主体共同参与社会治理的特征。2019年2月，北京市印发的《关于加强新时代街道工作的意见》明确提出，要强化共建共治共享，激发社区治理活力。2022年党的二十大报告提出，要"完善社会治理体系。健全共建共治共享的社会治理制度，提升社会治理效能……完善网格化管理、精细化服务、信息化支撑的基层治理平台，健全城乡社区治理体系，及时把矛盾纠纷化解在基层、化解在萌芽状态"。新时代，社区治理被赋予新的内涵和历史价值，成为当代中国推进国家治理和社会治理现代化的关键点与突破口。

为了更好地实现社区功能，满足居民多样化的需求，提升社区治理水平，我国应构建以利益和情感为联结形式的社会生活共同体。如何实现社区的再组织化，还原中国社区原初的温情、互助属性，成为社区治理领域的重要议题。2014年至今，H机构依托清华大学社会学、城乡规划建筑学以及公共管理学领域的专家团队，在清河街道开展干预式社区实验，从社区治理、街区规划与社区民生等方面开展跨学科工作，探索社区居委会议事委员制度、社区规划师制度和大数据平台等与社区治理工作融合的途径，实现政府治理、社会调节与居民自治的良性互动，推动基层社会治理模式创新。

（二）社区基本情况

清河街道办事处北经西三旗，通昌平，东与朝阳区奥运村相邻，西部与北京科技中心上地相接。1949年，因坐落于清河之上，得名清河镇。1959年11月设清河街道，1963年3月清河街道单独建制。2006年末，清河街道面积 9.37 平方千米，共辖 29 个社区，常住户籍人口近 3 万户，约 7.4 万人，另有外来人口约 8.4 万人。

Y 社区地处清河街道东南部，占地面积为 0.25 平方千米，大部分居民楼于 1996~1999 年建成，是一个包括单位房、安居房、商品房、待拆迁改造棚户区的混合型老旧社区，共 11 栋居民住宅楼、34 个单元楼门。除居住小区外，还有中学、市政设施等配套用地。该社区下辖六个生活小区，共有居民 2000 户，其中本地居民 1700 户、流动人口 300 户。由于六个生活小区差异较大，整合各小区间的利益存在较大难度。有的生活小区的居民交往频繁，社区参与度比较高，小区组织了很多文体活动，包括广场舞、春秋季趣味运动会等。Y 社区居委会主任的责任心强，到任后的 10 年中为社区居民做了很多实事。Y 社区各文体队伍的负责人都积极配合和支持社区居委会工作。

（三）社区社会工作的介入过程与成效

1. 社区发展——楼栋美化项目

（1）项目介绍

Y 社区房屋老旧，楼道设备设施需要更新或维修，部分楼栋堆物严重，存在安全隐患。2022 年 7~8 月，H 机构与 Y 社区居委会、议事委员讨论楼栋美化项目方案。楼栋美化项目的内容是，社区居民以楼栋为单位，自发参与、共同合作，对楼栋内公共空间环境进行改造和美化。项目由楼栋居民自主商议和实施，H 机构和专家团队进行跟踪辅导与协助。

社区居民可自主讨论确定申报类别，主要有三类。第一类是楼栋美化类，包括清洁类（清洁楼道、清理堆物堆料、清理管线等）、彩绘类（墙面彩绘、楼梯彩绘等）、装饰类（墙面装饰、管线装饰）、手工制作类（手工楼层标识、手工宣传栏制作）等共建活动；第二类是楼栋互助类，包括组织楼道互助活动（设立闲置物品交换处、楼栋阅读角等），满足楼内居民互助需求；第三类是楼栋创意类，组织其他楼栋共建活动或满足居民其他公共需求，如小型发明等。在项目实施过程中，H 机构遵循

"七个共同"原则，即共同商议、共同参与、共同创造、共同监督、共同管理、共同维护、共同鼓励。楼栋美化项目为竞争型项目，H机构组织专家评审，从报名团队中评选十组参与活动。团队可申请资金完成美化方案，资金由H机构和社区居委会各出一部分，申报上限为4000元。楼栋美化项目的实施期限为一个月。

（2）社会资本理论

布迪厄首先给社会资本下了定义，他指出，社会资本是实际或潜在资源的集合体。这些资源包含大家都熟悉、得到公认的持久性网络，是一种体制化关系的网络（布迪厄，1997）。科尔曼进一步指出社会资本具有公共物品性质，它的表现形式包括信任、规范、信息网络、在自愿基础上建立的组织等（Coleman，1990）。帕特南指出，社会资本不仅是一个人的资源，而且是全社会的资源。它强调网络结构的强大力量，如果善于运用这一关系网络，那么不仅能帮助自己，还能解决集体行动困境。社会资本是社会组织的特征，包含信任、规范以及网络等。它们能够促进合作行为以实现提高社会效率的目的（帕特南，2001）。

国内学者发现，制度、规范、信任、网络关系以及传统文化等在经济和社会发展中具有重要作用，最早有学者将其称为"文化力"。社会资本理论引入后，我国学者大多从参与、互助网络、信任、社会准则以及关系等出发，提出社会资本是行动主体与社会密切联系进而获取资源的能力，是民间非正规互助网络，包括公民意识、公共精神以及民间组织等（吴海燕，2006）。有学者梳理了关于经济发展与社会资本的关系、民主政治与社会资本的关系等的文献（李惠斌、杨雪冬，2000）。之后，国内学者进行了本土化研究，从规范、信任和参与网络三个方面分析了社会资本在公民成长以及培育中的作用（梁莹，2011）。社会资本在社区治理中具有如下作用：第一，增加了社区居民之间进行接触的机会；第二，推动了社区居民的互动；第三，减少了居民"搭便车"式合作，推动高水平合作（杨晓寅，2014）。社区比国家、市场更能培育与利用人们传统上形成的共同行为的激励机制，如信任、团结、互惠、名誉、尊敬等（曹荣湘，2003）。

社区作为一个综合性极强的概念，不仅包括居住在此地的居民，还包括其中的公共设施以及富有信任和共同价值取向的人际关系，社会资本理论恰好可以支撑上述社区发展的要素。一方面，社区社会资本存量的多寡直接影响社区治理的效率和社区凝聚力；另一方面，社区作为社会资本的载体对社会资本的增减起决定性作用，所以社区与社会资本间呈现相辅相成、相互影响的作用效果（马文静、布仁吉日嘎拉，2012）。社会资本分为以个人为中心的社会资本和以社区为中心的社会资本。社区社会工作更为关注以社区为中心的社会资本。

（3）社区发展模式

①工作目标

社区发展模式的工作目标既包含实质性问题的解决，也包含在解决问题过程中所采取的解决问题的方法、当事人解决问题的能力以及社区共同体的团结合作精神等。社区发展模式主要以过程目标为导向，是一个组织和教育的过程，在这一过程中培养居民的自助与合作态度，进而加强社区建设。

任务目标，指在社区中要完成的具体实质性的工作项目，或者是要解决的具体社区问题。该项目的任务目标是，以社区楼栋为单位，改善社区楼栋环境，提高社区居民的满意度和归属感，探索楼栋自治。

过程目标，指在社区具体项目建设过程中，通过居民的广泛参与和社区工作者有目的的组织及教育，使社区当事人个人、社区人际关系和社区整体等不同层面达到发展和增强的目标。该项目的过程目标是社区网络的重新建立、居民互动及交往的增加、邻里关系的改善、居民认识到参与的重要性并愿意承担责任、居民对社区更加认同及愿意在社区投入精力。

②介入策略

社区发展模式的基本改变策略是把所有人都团结在一起，然后讨论、决定，即努力让广大社区居民参与决定需求和解决问题的讨论中。为此，在楼栋美化项目中，社会工作者主要采用了以下介入策略。

第一，以广泛讨论、协商一致、团结合作为主，避免冲突，化解矛盾。楼栋是将社区居民联结起来的基本空间载体。该项目以社区楼栋为单位，以楼门长为牵头人，组织楼内居民团结合作，对楼栋公共空间展开规划和治理。项目需经楼门内 2/3 及以上的居民同意后，方为有效参与。

第二，以内部资源的动员、参与、行动为主，外界资源的帮助和技术引进为辅。在项目实施过程中，各楼栋的美化创意、设计规划及具体实施都由社区居民自主协商完成，H 机构负责跟踪、辅导与协助。

第三，注重居民的组织和教育，培养居民发展项目的能力。首先，H 机构组织楼门长召开社区楼栋美化项目说明会，介绍活动内容和具体安排，同时说明规划理念，讲解社区空间规划的基础知识。项目启动后，Y 社区居委会收到 11 个单元楼门提交的经社区居民讨论修改完善的楼栋美化项目报名表。经过筛选，共有 6 个楼门参与项目。邀请清华同衡规划设计研究院及清华大学建筑学院的师生担任项目导师，组织楼栋美化交流工作坊。在工作坊中，参与报名的社区居民畅谈楼栋美化设想，并在专家指导下不断完善项目设计。项目实施时间过半，H 机构组织召开了中期交流会，各参与楼栋派社区居民代表参加，进行经验交流，这培养了社区居民发展项目的能力。

第四，动员居民，广泛参与，自下而上地民主决定社区公共事务。项目注重动员社区居民广泛参与讨论，自下而上地决定社区公共事务，而不是自上而下地由精英决策。楼栋美化项目实施结束后，H 机构组织专家和社区居民对楼栋美化成果进行评议打分，进而将专家评审结果与公众评选结果结合起来，形成项目最终奖项结果。

③社会工作者扮演的角色

第一，启发催化者。项目启动时，社会工作者组织楼门长召开项目说明会，介绍项目的活动内容及安排。以楼门长为牵头人，组织楼内居民讨论形成社区楼栋的管理及参与意见，在楼栋居民之间建立良好的人际关系网络，共同解决社区楼栋问题。

第二，支持鼓励者。在项目实施过程中，社会工作者负责发动居民并培养居民的创造能力，帮助社区居民完成楼栋美化任务；鼓励社区居民参与,增强责任意识,提高社区居民的民主议事能力。

第三,协调联络者。在项目实施过程中,社会工作者在社区各楼栋单元之间进行联络沟通,召开楼栋美化交流工作坊、项目中期交流会,各参与楼栋社区居民代表进行经验交流,增加对彼此的了解,减少分歧。

第四,资源链接者。在项目实施过程中,社会工作者协调动员社区内外资源,如邀请清华同衡规划设计研究院及清华大学建筑学院的师生担任项目导师,帮助社区居民发展项目、解决问题,提升社区居民的素质。

④项目成效

该项目是 H 机构在社区内以楼栋公共空间美化为主题进行楼栋自治的初步探索,以楼道公共空间为纽带,楼栋环境设施(硬件)更新与邻里关系(柔性)和睦相结合,美化楼栋与居民协商相结合,空间治理与社会治理相结合,取得了如下成效。

第一,参与项目的社区居民在活动中充分交流、协商合作,共同完成了楼道美化任务。在此过程中,楼门公约和楼门 logo 应运而生,居民的社区归属感得到提高,社区关系网络逐渐形成。

第二,在项目实施过程中,社会工作者发掘了一批有公益精神、有责任心的社区楼门长,他们在整个项目活动中发挥了重要作用。

第三,融洽了邻里关系,促进了邻里之间的熟识与信任,在共同协作完成楼栋美化过程中,激发了社区活力。

第四,提高了参与项目的社区居民对楼道空间后期维护的关注度,楼门自治自管的雏形逐渐形成。

第五,社区是教育孩子的最佳场所。相比于老师的谆谆教诲、家长不厌其烦的说教,一次真实的邻里互动的环境教育对儿童产生的影响更为深刻和持久。楼栋美化项目刚结束,楼门口的留言板上便出现了儿童的留言,如"谢谢爷爷奶奶把楼道变得比以前干净、漂亮了,让我们提前感受到过年的气氛。卫生环境要大家爱护,我一定爱护公共环境,从我做起""这个活动开展得太好了,让我们的楼道内外有了翻天覆地的变化……我一定养成讲卫生、爱护公共财产的好习惯，不破坏社区的一草一木，让爱洒满整个社区，奉献自己的一切力量"。

2. 社会策划——社区文化氛围的营造

（1）项目介绍

创新社区治理必须充分发挥文化的作用，培育社区精神。H机构重视文化对社区治理和社区凝聚力的基础作用，强化社区的文化引领能力。社区文化氛围营造项目旨在弘扬中华优秀传统文化，将社会主义核心价值观融入居民公约，内化为居民的道德情感，外化为服务社会的自觉行动。项目大力褒奖善行义举，用身边事教育身边人，引导社区居民崇德向善；挖掘社区本土文化，增强社区居民的认同感、归属感、责任感和荣誉感，激发社区活力。为此，H机构策划了Y社区暑期少儿艺术周、"四点半"课堂等服务活动。

①暑期少儿艺术周

为了丰富少年儿童的暑期生活，同时为社区居民搭建互动平台，整合社区内外资源，寻找社区能人，激发社区活力，Y社区举办了为期五天的暑期少儿艺术周活动。暑期少儿艺术周开幕式的节目包括儿童健美操表演、老年合唱团演唱、艺术家现场剪纸、声乐老师唱歌等，还开设了儿童涂鸦区和模特展示区，鼓励儿童释放天性，享受艺术带来的美好。除日间艺术课程外，暑期少儿艺术周还组织了傍晚纳凉观影活动，为社区儿童提供晚饭后游玩的新去处，为他们提供结识小伙伴的新平台。在此后四天的时间中，社区儿童在专业老师的指导下进行了绘画赏析与色彩艺术、英语绘本、跆拳道、行为艺术与演说训练、剪纸艺术与手工训练、打击乐等方面的系统训练。

②"四点半"课堂

Y社区双职工家庭较多，存在对儿童的"管理真空"问题。很多双职工家庭希望不出社区就能够享受儿童就近托管服务。为此，H机构推出了"四点半"课堂活动。

此活动针对Y社区6~12岁儿童，目的是填补儿童放学后到家长下班前的时间，解决家长的后顾之忧，推动社区居民与社区组织联系的常态化。在"四点半"课堂的 2 个小时中，社会工作者在舒适的环境中与儿童共处，不仅给予儿童贴心陪伴，还通过学习场域的营造，为儿童提供不同于学校的温暖环境。根据社区儿童的实际需要，"四点半"课堂的服务内容与服务目标如表 1 所示。

表 1 "四点半"课堂的服务内容与服务目标

服务内容	服务目标
课业辅导	协助儿童完成作业，培养学习兴趣
兴趣培养	组建小组活动坊以及绘画班、手工班、阅读班等兴趣小组，引导儿童培养良好的习惯，培养儿童的兴趣爱好
能力提升	通过社区英语角提升儿童的英语水平，营造社区的英语学习氛围
儿童成长计划	根据儿童自身需求，开展有针对性的儿童成长服务，挖掘儿童潜能，促进儿童全面发展

"四点半"课堂自开展以来，基本满足了社区双职工家庭对学龄儿童的托管需求，为学龄儿童搭建了良好的社区互动和参与平台。此外，为鼓励居民积极参与社区公共事务，H 机构还组织了社区市集、社区墙绘、一日建筑师体验坊等活动，为社区居民搭建互动交流平台，激发社区活力。

（2）公民参与理论

安斯坦认为，公民参与是一种公民权利的再分配，目的是民众的意见能够在未来被纳入政治、经济等活动中（Aronstein，1969）。公民参与理论强调公民的有效参与。霍恩斯坦将公民参与聚焦社区领域，认为大范围的社区参与能够充分调动居民的参与积极性和保证社区资源的有效利用，提升社区整体服务水平，使居民从中受益（Hollnseiner，1982）。约翰·托马斯指出，在不同的公共决策下，政府应充分发挥其引导作用，调动公民参与的力量，建立有效的合作机制（周映华，2006）。公民有组织地参与活动表现在两个方面：一是以地域为基础，通过社区活动实现公民的参与；二是基于共同利益和爱好的人们组成各种非营利、非政府组织，进入社会事务领域，处理那些政府难以有效完成的事务，以克服政府自身的局限性（骆耀东，2017）。

我国社区建设、发展和管理实践离不开社区居民的参与，应鼓励多样化的社区参与，共同促进社区自治（徐永祥，2000）。居民参与有利于增强对社区的认同感和归属感，最大化实现居民的公共利益（徐善登，2009）。根据主动与否，居民参与可分为自主型参与和动员型参与（苗贵安，2009）。根据参与的内容，居民参与可分为政治参与、经济参与、文化参与和社会参与。政治参与是指居民参与民主选举、社区发展大会等；经济参与是指居民参与社区的经济活动和事务；文化参与是指参与社区内举办的生活、学习、休闲娱乐活动等；社会参与是指社区内成员对社区社会活动的参与（施文妹，2010）。居民参与是一项综合性强、难度大、长期性工作，需要调动多方力量共同参与，合力推进，使社区资源能够得到有效利用（黄朝阳，2012）。

（3）社会策划

①工作目标

社会策划模式主要以任务目标为导向，针对社区中的问题进行有目的地收集资料，进而制订服务方案，最后理性选择最优方案。

②介入策略

社会策划模式的基本策略是收集事实和实施有逻辑性的步骤，设计出理性、可行、合适的服务方案。为此，在暑期少儿艺术周活动中，社会工作者主要采用了以下介入策略。

第一，社区问题的调查分析。社会策划的实质性步骤是从社区问题的调查分析开始的。社区调查的主要目的是任务性目的，即为了调查清楚社区问题和可动员资源，然后选择问题作为重点解决介入的焦点。社会服务项目强调解决社区和社会存在的问题，通过社会政策解决某个群体面临的共同问题，而不是解决某个人的个别性问题。所以首先要定义社区存在的共同问题，分析问题的成因和结果。H机构在Y社区通过问卷调查和社区走访发现，Y社区双职工家庭较多，儿童寒暑假期间，双职工家庭无暇照顾学龄儿童。

第二，需求和目标的界定。通过社区走访，H机构了解到很多双职工家庭希望不出社区就能够享受儿童就近托管服务。同时，家长不仅希望孩子学习成绩好，也希望培养孩子的绘画、音乐、舞蹈等能力。

第三，服务方案的制订、分析和选择。没有合理的评估，便不能适当地策划一项活动。根据Y社区双职工家庭的需求，H机构对中心及社区拥有的资源，包括人力、物力、财力等进行评估，最终确定开展暑期少儿艺术周活动。

第四，项目组织管理与方案落实。社会工作者积极筹备暑期少儿艺术周开幕式，确定开幕式的流程及具体内容；发布暑期少儿艺术周公告，积极招募参加开幕式表演的社区居民；联系社区内外的专业教师，最终邀请了剪纸艺术家、绘画老师、英语老师、跆拳道教练、行为艺术老师以及打击乐老师等，他们作为志愿者参与此次艺术周活动。最后，落实艺术周五天课程的具体方案。

第五，监督项目执行。根据暑期少儿艺术周的预定计划，组织实施方案，包括每天课前与授课教师确认上课时间、地点，准备教学所需材料、布置教室，在社区微信群发布课程时间、地点，确认具体参加课程的儿童人数；上课时的签到、课程中间休息的组织、课程中突发事件的处理；课程结束后，收集家长及儿童对课程的意见反馈等。

第六，项目评估。评估一般可分为工作投入评估、工作产出评估、工作成果评估以及工作成本效益评估等。在为期五天的暑期少儿艺术周活动中，社会工作者全程跟进所有的课程，采用问卷法和访谈法对项目进行过程评估。在暑期少儿艺术周闭幕式上，对在活动中表现突出的社区儿童和社区志愿者进行表彰，设立了艺术周全勤奖、课堂积极发言奖、突出贡献奖、小小演说家、小小艺术家、小小策划家、阳光男孩、阳光女孩等奖项，并由清河街道领导、H机构老师为优秀的社区儿童颁奖。社区居民表示"活动搞得太好了，一周的时间真的太短暂了！"清河街道领导对本次艺术周活动取得的成果给予肯定。闭幕式后，H机构召开总结会，对艺术周的服务成效、资源消耗、社会影响等进行反思和总结。

③社会工作者扮演的角色

第一，规划者。社会工作者扮演专家角色，依靠技术理性，调查Y社区家庭的需求，分析社区的事实条件，评估各种服务方案，最终策划了暑期少儿艺术周、"四点半"课堂、社区市集、社区墙绘、一日建筑师体验坊等社区文化氛围营造项目。

第二,项目经理。社会工作者充当项目经理,负责项目整个执行过程的业务操作、财务、人事、物资等管理工作,保证服务项目的有效执行。

第三,监督实施者。社会工作者扮演项目执行过程中的监督实施者,监督项目的执行进度,收集项目执行过程中的意见和信息,反馈给项目组,协调项目得到良好执行。

第四,协调者。社会工作者服务于各专业技术人员。为期五天的暑期少儿艺术周,使社区儿童在专业老师的指导下得到了绘画赏析与色彩艺术、英语绘本、跆拳道、行为艺术与演说训练、剪纸艺术与手工训练、打击乐等方面的系统训练。社会工作者协调各授课老师的时间及授课内容,协同合作完成此项服务。

第五,动员者与反馈者。社会工作者动员、组织社区居民参与暑期少儿艺术周、"四点半"课堂、社区市集、社区墙绘、一日建筑师体验坊等系列项目。在暑期少儿艺术周开幕式上,社区老年合唱团、剪纸艺术家及声乐老师等积极参与。社会工作者组织参与活动的家庭对服务提出意见和建议并反馈给项目组,以便在后续服务中改进完善。

(4)项目成效

此项目是H机构以社区文化氛围营造为主题打造的,取得了如下成效。

第一,弘扬了中华优秀传统文化,丰富了居民的社区文化生活。

第二,为社区居民搭建了交流互动平台,增加了邻里互动,激发了社区活力,为鼓励居民参与社区公共事务打下了基础。

第三,儿童通过制定"艺术周公约",培养了规则意识;通过参加绘画赏析与色彩艺术、英语绘本、跆拳道、行为艺术与演说训练、剪纸艺术和手工训练、打击乐等方面的系统训练,不仅掌握了各种知识,而且锻炼了动手操作能力、发散思维和独立思考能力、语言表达能力,同时结识了新的伙伴。

第四，"四点半"课堂活动回应了社区双职工家庭对学龄儿童的托管需求，为学龄儿童搭建了良好的社区互动和参与平台。

第五，社区居民参与亲子手工互动课堂，在一起动手编手链的过程中，亲子关系更加融洽。

第六，发现了多名社区能人，挖掘了社区本土文化，增强了居民的社区责任感和荣誉感。

第七，孵化了阳光学堂剪纸班、阳光少儿志愿者队伍、阳光剧场和《阳光足迹》杂志社等社区自组织。

3.社区照顾——养老服务驿站

（1）项目介绍

清河街道社区养老服务驿站是暖心工程，是直接为老年人提供居家养老服务的平台。养老服务驿站位于 M 小区，改建装修完成已久，2020年9月完成了区级备案，开始试运营。驿站位于安宁庄东路30号清河生活馆三层，建筑面积1200平方米，共设床位34张，其中单人间8个、双人间7个、三人间4个。驿站集床位养老、日间照料、膳食供应、居家服务、康复理疗、家庭病床、精神慰藉等服务于一体，满足老年人的多方面需求。

为打造在民生关怀保障上"有温度"的"人文新清河"，H 机构发展了社区互助居家养老模式。Y 社区老年人口占比高，适老化服务需求较为突出。为此，H 机构推出了科技助老、老年餐桌等社区养老服务项目。

微信是社区居民实现网络社交的基础工具，也是 H 机构推动社区治理的重要渠道。社会工作者在前期工作中发现，Y 社区老年群体尽管能够掌握微信的基础功能，但对有些复杂的平台内嵌功能并不熟悉，如生活缴费、社区公共服务、第三方服务等。而社区青年群体已经越来越习惯在微信平台获取社区信息、参与社区公共事务。老年人在信息时代的困扰成为横亘在他们面前的"数字鸿沟"，关注并陪伴老年人跨过"数字鸿沟"，成为一项重要的社会课题。为此，H 机构在对社区老年群体微信使用情况和实际需求调研的基础上，开展科技助老服务。课程主要围绕微信的基本功能、小程序使用、社区生活服务功能使用和虚假信息辨别等主题展开。

老年餐桌一直是老龄化社区的共性需求。Y社区在推动议事委员选举时，居民对老年餐桌的呼声很高。议事委员选举当天，候选人在自我陈述中再次提到老年餐桌，希望在协商议事制度的基础上推动建立老年餐桌，解决社区老年人面临的实际问题。社区协商议事平台搭建后，老年餐桌作为议题由议事委员提出，经议事会充分讨论成为后续推动的项目。从议题的产生到充分讨论再到项目推进，社会工作者运用专业理念和方法促进议事委员参与社区事务。

（2）社会支持理论

有关社会支持的研究兴起于20世纪70年代，学者认为社会支持有四种取向：功能取向、结构取向、主观评价取向和互动取向（阮曾媛琪，2002）。社会支持是重要的他人（如家庭成员、朋友、同事、亲属和邻居等）为某个人所提供的帮助功能，这些功能典型地包括社会情感帮助、实际帮助和信息帮助（Troits，1986）。社会支持是个体从社区、社会网络或从亲戚朋友那里获得的物质或精神帮助（Cullen，1994）。个人的社会支持网是个人能够借以获得各种资源支持（如金钱、情感、友谊等）的社会网络，通过社会支持网络的帮助，人们解决日常生活中的问题和危机，并维持日常生活的正常运行（贺寨平，2001）。社会支持既涉及家庭内外的供养与维系，也涉及各种正式与非正式的支持与帮助，它不仅仅是一种单向的关怀或帮助，在多数情形下是一种社会交换（丘海雄、陈健民、任焰，1998）。有些学者将社会支持置于社会网络的理论中进行研究，社会支持是一定社会网络运用一定的物质和精神手段对社会弱者进行无偿帮助的一种选择性社会行为（陈成文、潘泽泉，2000）。社会支持分为感情支持、小宗服务、大宗服务、经济支持、陪伴支持等（Wellman & Wortley，1989）。林南（1999）将社会支持分为工具性支持和表达性支持。肖水源（1994）将社会支持分为客观支持、主观支持、个体对社会支持的利用情况三个维度来考察。

（3）社区照顾

社区照顾是指在社区内对身体和精神有需要的人（如老人、儿童、弱能者和残障者），通过正式或非正式的社会服务系统为其提供援助性的服务与支持。

①工作目标

终极目标：努力促成需要照顾人士留在社区内，尽可能保障其过正常人的生活。

过程目标：建立关怀社区，弘扬以人为本的社区精神，创造相互尊重、相互关怀的社区生活模式。

具体目标：协助需要照顾人士融入社区；培养需要照顾人士的参与意识；强化居民的社区意识；协助政府与社区建立伙伴关系。

②介入策略

社区照顾模式的策略是指社会工作者采用什么方式使服务的使用者和服务者相互理解，进而建立彼此信任关系；采用什么方法建立社区照顾的服务网络，以完成社区照顾的任务，实现社区照顾服务的目标。

源于英国的社区照顾分为两类。一类是在社区内接受照顾，指有需要且依赖外来照顾的人，在社区设立的小型服务机构或家庭住所中接受专业工作人员的照顾。清河街道社区养老服务驿站即是为社区需要且依赖外来照顾的老人提供在社区内接受照顾服务。另一类是由社区负责照顾，指对有需要的人的照顾服务，其中一部分服务由家庭、朋友、邻居及社区内志愿人士为其提供，这种照顾模式强调让社区内非专业人士提供照顾服务。下面以社区养老服务项目为例，探讨在由社区负责照顾这一类型中社会工作者的介入策略。

首先，确定社区照顾的服务对象及居住地，与之建立信任关系，挖掘服务对象潜能与资源，帮助他们树立自信心。

其次，建立社区照顾网络和自助网络。第一，建立直接服务的自助组织服务系统，主要由服务对象的家人、亲友、邻居和社区内的志愿者构成，为其提供购物、清洁家居、送饭服务等。社会工作者积极推动社区老年餐桌项目的落实。第二，建立同类型服务对象的互助组织服务系统，组建单亲妈妈小组、糖尿病人小组、高血压小组，小组成员间可分享经验与感受，增强互助意识和生活信念。第三，建立社区危机处理的自助组织服务系统，社会工作者动员具有不同专业技能的退休老人和热心社区居民，组成不同类型的小组，为遇到各种突发事件的社区居民提供帮助和支持，如解决老年人突然病危、家庭纠纷等问题。

③社会工作者扮演的角色

第一，治疗者。社会工作者以个案或小组方式介入社区中有需要的个人和家庭，为其提供心理疏导与治疗服务。

第二，辅导者。社会工作者以辅导者角色为社区老年人组建"科技助老－智能手机使用"小组。

第三，倡议者。在老年餐桌项目中，社会工作者为社区老年人发出倡议，争取将社区周边一处闲置房屋改造成社区老年人就餐的场地。

第四，顾问。社会工作者与有需要的个人和家庭组成伙伴关系，为其提供活动和发展方向上的咨询服务。

4. 社区组织——社区居委会议事委员制度

（1）项目介绍

《中华人民共和国城市居民委员会组织法》规定了居民委员会是基层群众性自治组织。但社会工作者在调研过程中发现，Y社区居委会工作人员行政化倾向明显，大部分不是本社区居民，难以代表居民实现自治，基层自治能力严重不足，民主议事能力弱。社区居委会工作人员的主要工作是完成街道指派的诸多行政事务，他们没有时间与精力组织社区居民议事协商，因而与社区居民的关系比较疏远，很多居民甚至不知道社区居委会的具体位置。为了实现社区的再组织，H机构进行了基层组织创新实验，即从改造现有的居委会组织格局入手，开展社区治理结构存量改革，创建社区居委会议事委员制度，通过增加本社区居民作为社区居委会的议事委员，增强社区居委会的代表性。社区居委会议事委员制度是社区党组织领导下的深化居民自治的重要方式。

社区居委会议事委员是受社区党组织、居民代表会议委托，由本社区居民通过居民代表会议选举产生，协助社区居委会开展工作，自愿履行各项职责的热心居民。社区居委会议事委员是社区居委会的组成部分，他们将和社区居委会形成一体化的组织。社区居委会议事委员制度既是民意表达的重要渠道，也是居民自治载体和多方协商共治的平台。议事委员的工作职责主要包括两个方面：一是深入群众，倾听群众声音，了解居民的切实需求，同居民建立信任关系；二是协调和化解居民间的各种矛盾纠纷，将居民的合理需求转化为提议并通过社区及时与街道和有关部门沟通，发挥联结居民与党政部门的纽带作用。社区居委会议事委员享有对社区公共事务的知情权、参与权和监督权等，并履行相应职责。

（2）社区组织

①工作目标

将社区和社区居民作为案主，通过发动和组织社区居民集体参与行动，确定社区问题及需求，调整或改善社会关系，减少社会冲突；寻求社会福利需要与社会福利资源的有效配合，以满足社区成员的需要，改善社区生活，促进社会进步；改进社会资源的分配方式，尽可能实现社区内的公平和公正，推动社区发展。

②介入过程

2018年8月，在清河街道领导及居委会的支持下，Y社区开展了议事委员选举工作。选举过程主要包括宣传、报名、审核、选举四个阶段。

a. 宣传阶段

社会工作者与街道领导及社区居委会工作人员协商确定选举产生议事委员的目的、议事委员的职责与义务、议事委员的权利、议事委员候选人应具备的条件等。制作选举海报和选举公告，社区居委会工作人员采取线上与线下相结合的方式招募候选人。线下，将选举相关事宜、公告张贴在社区各公告栏以及社区123个楼门单元的入口处；线上，将设计好的海报以及选举公告在社区公众号和社区居民微信群推送和转发，推动社区居民广泛参与。

b. 报名阶段

在社区居委会的广泛宣传和动员下，根据议事委员候选人的基本条件，通过社区居民推荐与自荐、社区居委会推荐，选举筹备组共收到符合选举条件的议事委员报名表17份。

c. 审核阶段

访谈是开展议事委员选举的必备流程，是对初步候选人进行资格审查的必要步骤，主要目的是了解候选人对 Y 社区发展现状、目前存在问题的看法以及议事委员工作职责的了解和认识。社会工作者逐一对议事委员候选人进行访谈。访谈的内容包括候选人的基本信息（姓名、年龄、政治面貌、性别、受教育程度、家庭住址、在本社区居住时间、退休前的职业）、目前的家庭状况、参与社区活动的次数和程度、对社区整体的评价（满意的地方和需改进的地方）、对议事委员工作职责的了解、对自身优势以及所能发挥作用的认识等。社会工作者将访谈整理成文字资料，为每名候选人建立档案，并将议事委员候选人的公告张贴至各楼门单元。

此次访谈的目的有两个。一是在选举前对每名候选人有一个较为全面的了解。这些候选人是参与社区工作的积极分子，前期与他们建立良好的关系，可以为议事委员选举及后续社区骨干的培育奠定基础。二是对目前 Y 社区居民所面临困难和需求进行摸底。民生无小事，社区居民面临的个人问题和需求在一定程度上反映了社区问题与需求，可为后续具体社区工作的开展指明方向。

d. 选举阶段

在选举筹备阶段，筹备组严格按照正式选举流程做准备，包括打印会议文件、制作选票、确定会议议程以及通知社区居民代表和议事委员候选人等。

2018 年 10 月，Y 社区会议室召开首届社区居委会议事委员选举大会。街道办事处、Y 社区居民代表、社区居委会议事委员候选人、筹备组全体人员等 40 余人参加了会议。选举大会先审核通过了"Y 社区首届居民委员会议事委员选举办法（草案）"，然后请 17 名社区议事委员候选人逐一进行自我介绍，由社区居民代表无记名投票，最终选出 15 名社区议事委员。

后期，H 机构组织议事委员经过反复学习、实践，沿用清河街道和 Y 社区居委会的工作模式，创立了"征集需求—提出方案—召集会议—确定预案—研讨方案—街道参与—预表决—草案公示—上报街道—形成决议—方案执行"的议事规则，为社区居民积极建言献策以及合理表达需求，政府依法行政与提升治理能力，实现政府治理、社会自我调节、居民自治的良性互动提供了可借鉴的依据，通过工作坊、讲座等方式培养议事委员的民主议事和决策能力。在社区"两委"的领导下，议事委员每月定期参加例会，每次例会都有详细的会议记录。议事委员收集居民需求或意见后在会上提出，所有委员都在社会工作者的引导下进行充分讨论，形成决议，在广泛征求居民意见和建议的基础上，与社区居委会共同推动具体工作落实。

（3）项目成效

①打造议事联动平台，推进社区协商共治

由居民代表（或户代表）差额选举产生有公信力、公益心和参与能力的居民作为社区居委会议事委员，赋予其知情权、参与权、监督权和决策权。议事委员围绕社区公共事务，公开自由地表达意见、平等理性地协商讨论，努力缩小分歧、达成共识、落实行动，从而更好地实现公共目标。Y社区议事委员反馈说："社区成立议事会，大事小事有人问，议事会议就是好，民心民意解决了，议事会议要坚持，社区居民都支持。"

Y社区在楼栋自治的基础上，打破了过去以社区为界限的治理模式，强调以小区为单位的院落议事制度和以社区为单位的社区议事制度。根据议题需求，社会工作者邀请街道、物业或辖区单位参与联席会议，将各种渠道的信息及时汇总并商讨解决相应问题，形成共治共享的议事格局，打造社区协商议事的四级联动平台，如图1所示。

图1 社区协商议事的四级联动平台

信息不对称是基层社区治理工作中必须高度重视的根本问题，关系到社区居民能否对相关工作充分知情、理解、配合与支持。社区协商议事四级联动平台以及"Y大家庭"等微信群的建立，将线上互动与线下推进密切结合，打通了社区居民线上线下需求表达的渠道。在重大社区事务决策上，社区居民拥有了话语权，真正成为自己社区的决策者。好事共商、难事共议的多层次治理模式的形成，推动了多元合作关系的建立，促进了邻里交往，培育了居民的社区认同感，创新了以议事委员为主的居民自治载体，激发了不同居民对社区公共事务的参与热情，加强了居民、社区"两委"、物业等利益相关方的沟通合作，强化了民意表达和传导机制，使政府民生工作与居民真实需求更密切地结合在一起。

②赋能社区居委会议事委员，提升协商议事能力

有了表达渠道，还需要表达、协商、决策等能力支撑。为进一步提升社区居委会议事委员的表达、协商、决策等能力，H机构与Y社区"两委"组织了两期社区服务民主协商讨论会，共召集70名社区居民参与。在Y社区，这次讨论会是史无前例的大型参与式居民讨论会。这两期社区服务民主协商讨论会都引入了社会学的"开放空间"技术。社区居委会议事委员在参与讨论社区共同事务的过程中，相互交流、达成共识，共同解决社区问题，这不仅提高了议事委员的自治能力和协商共治能力，而且促进了议事委员之间、议事委员与社区"两委"之间的熟识、认同与信任。

此外，H机构还组织了议事流程及规则培训、社区营造工作坊等赋能培训，引导议事委员提炼居民共性需求与普遍关切，在议事会和联席会上对社区公益金使用以及议题的公共性、迫切性和可行性进行深入讨论、平等协商和民主决策，达成共识后，再转换为具体的项目进行实施。

5.社区规划——参与式公共空间改造

（1）项目介绍

依据沃斯的观点，Y社区的问题是尺寸与密度的问题。为此，社会工作者从空间优化提升着手，通过参与式社区空间规划，激发社区居民参与的积极性和主动性。社区公共空间是培养居民生活方式的载体，也

是居民交流互动的重要场所，在使用过程中经常出现原有功能丧失，或者社区居民产生了新的需求的情况。从经济角度出发，越来越多的社区选择对社区内关键空间进行微更新，从而提升空间品质，使其更好地为社区居民服务。营造社区公共空间的同时也是在增强社区凝聚力。

Y社区三角地项目位于社区南里入口处大约700平方米的三角形空间。在H机构进驻社区前，三角地处于闲置状态，被绿树覆盖，是社区居民丢垃圾、遛狗的地方。Y社区缺乏公共空间，几乎没有社区居民聊天休闲的空间，邻里交往频率大幅降低。2015年，在居民议事委员会与协商机制初步形成的基础上，社区居民提出了改造三角地的提议。

为了充分发挥空间对社区居民交往、生活品质提升、伦理情感与认同感形成的作用，H机构摆脱了传统的空间规划方式，采用居民参与式规划。为了切实推动居民有效参与，组织系列培训增强居民的空间意识，社区居民与社区规划师协商讨论，提出规划方案后，交由居民评选，广泛征求居民意见。经过一年多的反复讨论与协商，在政府支持、物业协调、专家支援与居民参与下，三角地公园于2017年夏天正式完工。三角地公园在落成的同时面临一个新的挑战，即后期的使用管理和维护。这也是当前老旧小区面临的最大问题。在Y社区，由于经历了长时间的参与设计，社区居民早已将三角地视为自己的心血。他们自发成立了三角地维护小组，每天定时组织巡逻和卫生保洁，共同商议拟定了"Y社区三角地公共空间文明公约"，公约的第一条便是"爱护三角地，就像爱护自己的家一样"，实现了从"小家之爱"向"共同家园之爱"的传递，从家园共识向共建共享的集体行动的演进。

（2）社区规划

社区规划是社区与规划的结合。社区既是物的存在空间，也是人的生活空间。社区的公共物品因人们的使用而具有了功能属性、美学意义和象征意义。这一过程也形塑了人们互动的形式和深度。社区规划结合了社会学和建筑学的优势和特点，对深入认识社区运行机制和提升社区品质具有重大意义。在实践层面，社会学通过多元主体的共同参与，将作为建筑结果的社区空间规划规范化，赋予其活力和价值关怀；建筑学通过对功能、布局和审美的绝佳把握，为社会互动设计了恰当的表达情境，激发了居民内心的潜能，为社会团结创造了坚实的空间基础。社区规划必须以人为本，保障和改善民生服务。社区规划是定制化的规划，是为满足各种社区美好需求的规划。社区规划面临的最大问题是新的空间如何调动居民参与的积极性，最终目的是保障和改善民生。

①工作目标

参与式规划是社区居民参与公共空间的规划过程，享有决策、议事与讨论的权利。社会工作者通过项目的实施，从社区居民入手，引导居民参与设计过程，提高居民的动手能力和参与感，认识到自身有参与社区建设、提高社区空间质量和生活环境的能力；同时组织志愿者团队和社区居民参与项目建设，学习如何以更科学、可持续的方法改善社区环境。

②介入策略

a. 征集社区 logo

如何有效激发社区居民的参与动力，一直是社会工作者思考的问题。社区居民对所生活场所的关注、思考和期许是社区参与的前提。因为有了关注才会思考现在的问题，有了思考才会期待理想的目标，现状与目标之间的差距是激发社区居民参与改造生活家园的动力。为此，社会工作者精心策划了社区 logo 设计评选活动。通过前期的精心策划和广泛动员，活动得到了社区居民的热烈响应和积极支持，共收集了 80 多份作品，设计者年龄最大的 80 多岁，最小的只有 3 岁。经过层层筛选，最终的评选活动与亲子市集、公共空间改造意见征询等活动同时进行。此外，社区还为每名设计者定制了印有他们设计图案的马克杯，这个特制的马克杯被社区居民誉为"比传家宝还珍贵"的宝贝。每名进入最后阶段的设计者在现场讲解他们所设计的 logo，最终现场得票最多的"微笑太阳花"被确定为社区 logo。

目前，社区 logo 已被广泛应用于社区各个角落、社区工作用品和纪念品上。更为重要的是，社区 logo 设计评选活动不仅唤起了居民对社区发展的关注，而且发掘出一批热心社区事务、有设计才能的居民。有才华出众的老人，有充满创造力的孩童，还有设计专业的高才生，他们都被纳入社区人才库，将成为后续社区活动的重要支持者。

b. 协力墙面美化

logo 设计等一系列活动使社区居民认识到社区公共空间环境品质的重要性，随后，社会工作者决定对社区中心绿地旁住宅楼的山墙面进行美化，这也是进入社区最重要的对景空间。经过与社区多方反复交流沟通，最终的墙绘方案得到了居民的普遍认同，因为其中的每个场景、每个人物都来自社区中的真实生活。社会工作者带领社区居民自己动手刷底漆、调色、上色。一位老奶奶从上午一直守到下午，就为了让自己的孙子下课后能够在墙面画上几笔。之后逢人便自豪地介绍作品的由来。老奶奶也主动加入居民自发组建的墙绘维护小组。就在墙绘完成的当天下午，有居民驻足观赏，久久不愿离去，而这里在前一天还是杂草丛生、人们匆匆穿行的废弃地。居民在墙面美化中找到了自己身边最真实的生活之美和社区之美，这再次印证了社区规划的魅力在于唤起每个人对所生活地域的关注、想象与创造。

开展墙面美化工作唤起了更多居民对社区公共环境的爱护，他们共同参与美化工作。此外，社会工作者还招募了众多热心居民加入社区人才库，孩子们更是兴趣盎然地成立了小小粉刷匠团队。为更进一步满足居民的要求，社区引导居民探讨对废弃绿地的改造可能，以及"我们能做什么"的积极思考。墙绘方案从原来更多畅想性的创意设计，到最后聚焦于社区真实的生活场景，体现了"设计回归生活"的探索路径。

c. 参与式空间改造

秉承"人人都是设计师"的理念，H 机构通过举办各种活动，尽可能创造机会使居民参与社区公共空间的规划设计过程。

第一个环节是前期调研：专业设计团队进入 Y 社区走访调研，观察三角地的现状，制定项目计划书及任务书。具体包括以下方面。

前期准备。根据进度安排推算时间；确定项目参与人员，包括街道社区负责人、H 机构成员、专业设计师等。

文件准备。街道、社区以及社会组织准备有关社区人口、社区设施、社区自组织、社区文化、社区治理等资料。

物料准备。准备相机或手机、彩笔、便利贴、大白纸、签到表、会议记录等。

工作协调。机构成员在走访时需要社区工作人员介绍社区的基本情况，设计师要注意观察场地现状，发现存在的问题、可优化和利用的方面，并拍照记录。调研结束后，设计师根据走访场地的情况制定项目计划表和任务书。

第二个环节是参与式设计：真正成功的更新靠的是社区居民的参与和自治。参与式设计主要包括以下方面。

培训赋能。参与的首要前提是赋能，切实提升社区居民的空间能力，推动居民的有效参与，打造建筑师体验坊，对社区居民进行培训，带领居民探讨尺度、空间和公共空间的含义。

方案征集。在对三角地进行实地勘测和使用评估后，围绕公共广场的改造议题，将来自不同家庭、不同年龄和性别的社区居民混编到各小组，共同交流使用需求和进行方案设计。

成果制作。设计师根据现场踏勘制订了多种布局方案，但大多都在与社区的意见交流中被否决，于是重新回到设计原点，深入了解人们对空间的使用需求。人们的需求是多元化的，儿童喜欢追逐嬉戏，老人希望晒太阳、下棋、赏花。空间的唯一性使社区不同群体的差异化需求存在冲突。Y社区以老年群体为主，他们最大的需求是晒太阳和聊天，这成为三角地设计方案的核心主旨，最终得到社区的普遍认可。

征求意见及落地实施。初步方案完成后，在社区内展示；邀请社区居民参观，且与设计团队展开多方沟通交流；最后，通过Y社区居民议事会进行公共决议后落地实施。

③社会工作者扮演的角色

第一，资源链接者。社会工作者协调动员社区内外资源，如邀请清华同衡规划设计研究院以及清华大学建筑学院的教师担任设计师，招标选择施工队。

第二，监督实施者。社会工作者监督项目的执行进度，收集执行过程中的意见和信息，反馈给项目组，协调项目的有效执行。

第三，协调联络者。社会工作者在街道、社区、设计团队、课题组成员、施工队之间进行联络沟通，召开交流工作坊；协调设计团队与施工团队协同合作完成此项目。

第四，动员反馈者。社会工作者动员、招募、组织社区居民实地勘测，参与建筑师体验坊等培训，组织小组讨论，将社区居民的意见和建议反馈给项目组。

（3）项目成效

①清河街道、社区居委会、物业、H机构、议事委员、专业规划师、志愿者、辖区单位以及利益相关方等协商合作，形成"1+1+N"工作机制，以参与式规划为理念促进专业理念、居民需求和地方知识的有机结合。

②参与式规划改变了社区居民的生活方式，提升了生活品质，促进了社区认同和社区社会资本的培育。

③促进居民社区参与。参与式规划可直接将社区居民的美好需求转变为能够落地的专业化方案，激发了社区居民的参与热情。

④推动邻里联结。参与设计的过程加强了邻里间的沟通交流，邻里熟悉度提高。

⑤实施社区教育。参与式社区规划从身边的邻里空间开始，从一个小小的议题沟通开始，实现了社区居民公共性的全方位提升。参与设计的过程即是对社区居民进行社区教育的过程。

⑥提供协商共治平台。通过参与设计的过程，社区居民学会了如何表达诉求和换位思考，如何在利益的碰撞中逐步实现沟通协商和达成共识。

⑦主体性凸显。相对于每个小组设计了怎样的方案，更为重要的是，社区居民在这一真实互动的场景中体验和实践了社会化和组织化过程，进而帮助他们成为空间营造的真正主体——不仅成为空间的使用主体，而且成为空间的缔造者，进而培育和提升社区居民的主体意识和主体能力。

三 案例使用说明

（一）案例所覆盖的知识点

1. 理论知识点

（1）社区发展。

（2）社会策划。

（3）社区照顾。

（4）社区组织。

（5）社区规划。

（6）社会资本。

（7）公民参与。

（8）社会支持。

2. 能力训练点

（1）学会如何分析问题与评估需求。

（2）学会根据社区具体问题灵活设计介入策略。

（3）学习如何在服务方案中融入社会工作价值理念。

（4）学习社会工作专业技能方法的运用。

（5）学习如何对服务过程进行反思和调整服务方案。

（6）学习如何对服务效果进行过程评估及结果评估。

（7）学习社会工作者在不同工作模式下可以扮演的角色。

（8）学会对价值观（包括尊重、社会公正等）以及社会工作专业本身进行反思。

3. 价值观讨论点

（1）社区工作者专业技能的提升是在实践—反思—实践中不断提升的。

（2）社区工作者不是专家，不是仅给社区居民提供服务，而是与社区居民同行，共同商议解决社区问题。

（3）社区的任何改变都需要一个过程，只有运用社会工作多种专业方法并不懈努力才能获得。

（4）社区发展最终要依靠社区自身的力量与资源，而不是仅仅依靠外部力量与资源。

4. 思政教育点

（1）培养学生对基层社区的感情以及对社区居民尤其是弱势群体的人文关怀意识。

（2）内化民主、文明、和谐、自由、平等、诚信、友善、公正等社会主义核心价值观教育。

（3）弘扬中华优秀传统文化教育。

（4）深化职业理想和职业道德教育。

（5）提高社会责任感和专业使命感，树立为新时代社区治理贡献青春力量的信念。

（二）思考题

1. 如何针对社区的发展现状及需求，设计专业社会工作的介入方案。

2. 请分析案例中在不同社区社会工作模式下采用的社会工作介入策略有何不同？

3. 请分析案例中在不同社区社会工作模式下社会工作者扮演的角色有何不同？是否合适？

4. 请分析案例中社会工作介入策略成功的方面及原因。

5. 如果你是社会工作者，那么你会对该社区工作计划做出哪些调整？

6. 社会工作者在介入过程中实际遇到或潜在的困难有哪些？可以如何应对？

7. 混合型老旧社区治理有哪些重要意义？社会工作可以发挥哪些作用？

8. 我国社区社会工作面临的本土伦理议题有哪些？可以如何应对？

（三）案例使用要点

本案例分析关键在于把握混合型老旧社区的特点，根据社区需求以及社区治理中面临的问题，采用社区工作的模式开展服务活动。因此，教学中的要点包括以下六个：①混合型老旧社区的特点；②社区问题及需求分析的方式；③社区社会工作的不同模式；④社会工作者扮演的角色；⑤社区社会工作介入的主要步骤与常用方法；⑥社区社会工作的价值观与本土伦理问题。

（四）建议的课堂教学计划

本案例的课堂教学计划可以根据学生的差异，尤其是对案例的阅读和课前对相关知识的掌握进行有针对性的施教。本课程案例主要按照 2 课时进行设计。

A 计划：适用于两种情况，学生事先预习到位，但实务经验不够丰富，学生课前预习不一定完成得很好，或学生之间的实务经验相差较大。在这两种情况下，案例讨论过程中需要教师引导的内容相对较多，将重点放在社会工作项目推行和步骤部分。

B 计划：学生有比较丰富的社区工作经验，教师可根据案例进行细致布置，让学生分组讨论和总结案例，课堂上进行 PPT 汇报并与同学交流，教师总结提升，将重点放在该社区未来的发展方向等的反思上。

课堂教学计划如表 2 所示。

表 2　课堂教学计划

A 计划	B 计划
课前阅读相关资料和文献：2 小时 课堂安排：2 课时（90 分钟） 案例回顾：10 分钟 集体讨论：20 分钟 课堂交流：40 分钟 知识梳理总结：20 分钟	课前阅读相关资料和文献：2 小时 小组讨论 60 分钟 课堂安排：2 课时（90 分钟） 课堂汇报展示：60 分钟 知识梳理总结：20 分钟 问答：10 分钟

（五）案例使用辅助手段或工具

计算机、大白纸、彩色笔、移动话筒等。

（六）案例教学的监测和评估

为了确保案例教学能够促使教学目标的达成和教学质量的提升，学生分小组完成课后以及课上相关作业。选出组长负责统筹监管，要求任务分工具体。每个小组的主要任务包括课前阅读相关资料和文献、讨论案例、总结与梳理、选出一名代表汇报、小组之间互相提问。

（七）案例使用的延展建议

本案例适用于"社区社会工作"课程，也可用作"社会工作概论"等课程的辅助案例。若将本案例用于其他课程，则需做调整，本案例使用说明可供参考。

参考文献

布迪厄，皮埃尔，1997，《文化资本与社会炼金术——布尔迪厄访谈录》，包亚明译，上海人民出版社。

曹荣湘选编，2003，《走出囚徒困境——社会资本与制度分析》，上海三联书店。

陈成文、潘泽泉，2000，《论社会支持的社会学意义》，《湖南师范大学社会科学学报》第6期。

贺寨平，2001，《国外社会支持网研究综述》，《国外社会科学》第1期。

黄朝阳，2012，《我国社区参与现状及对策研究》，《海南师范大学学报》（社会科学版）第9期，第64~66页。

李惠斌、杨雪冬主编，2000，《社会资本与社会发展》，社会科学文献出版社。

梁莹，2011，《社会资本与公民文化的成长——公民文化成长与培育中的社会资本因素探析》，中国社会科学出版社。

林南，1999，《社会资源和关系的力量：职业地位获得中的结构性因素》，《国外社会科学》第4期。

骆耀东，2017，《公共危机决策中的公民参与研究——基于托马斯公民参与理论》，硕士学位论文，西华师范大学。

马文静、布仁吉日嘎拉，2012，《社会资本理论视阈下的社区发展问题思考》，《前沿》第9期。

苗贵安，2009，《从群体性突发事件看我国公民有序政治参与的路径选择》，《中共南京市委党校学报》第3期，第47~51页。

帕特南，罗伯特，2001，《使民主运转起来》，王列、赖海榕译，江西人民出版社，第195~230页。

丘海雄、陈健民、任焰，1998，《社会支持结构的转变：从一元到多元》，《社会学研究》第4期。

阮曾媛琪，2002，《中国就业妇女社会支持网络研究》，北京大学出版社。

施文妹，2010，《简析城市社区治理中的社区参与——以绍兴市为例》，《北方文学》(下半月)第1期，第129~130页。

吴海燕，2006，《重构与治理：基于"多中心"的中国城市社区研究》，中央文献出版社。

肖水源，1994，《〈社会支持评定量表〉的理论基础与研究应用》，《临床精神医学杂志》第2期。

徐善登，2009，《社区公民参与特殊性之内外审视：基于治理视阈》，《云南社会科学》第4期，第86~89页。

徐永祥，2000，《社区发展论》，华东理工大学出版社。

杨晓寅，2014，《城市社区社会资本研究》，硕士学位论文，华北电力大学。

周映华，2006，《公共决策中的公民参与——论约翰·克莱顿·托马斯的公民参与的有效决策模型》，《四川行政学院学报》第3期，第13~15页。

Aronstein, S. R.1969."Ladder of Citizen Participation." *Journal of the American Institute of Planners* 4: 216.

Coleman, J. S.1990. *Foundations of Social Theory*. Cambridge: MA. Harvard University Press.

Cullen, F. T. 1994."Social Support as an Organizing Concept for Criminology:

Presidential Address to the Academy of Criminal Justice Sciences." *Justice Quarterly* 4.

Hollnseiner, M. R.1982. "'Citizen Participation and Social Planning' in Assignment Children." UNICEF: 57-58.

Troits, P. A.1986. "Support as Coping Assistance." *Journal of Consulting and Clinical Psychology* 4.

Wellman, B. & Wortley, S.1989. "Brothers' Keepers: Situating Kinship Relations in Broader Networks of Social Support." *Sociological Perspectives* 32.

成都市农村集中安置 Z 村社区社会工作实务探索

——增权视角下的社区参与水平提升[*]

陈伟杰[**]

一 课程基本信息

(一)教学目标

1. 知识目标

①掌握社区社会工作中的社区发展模式。

②了解社区社会工作的基本过程与常用方法。

2. 能力目标

①具备分析社区问题、评估社区需求的能力。

②具备挖掘社区潜能、陪伴社区成长及链接资源的能力。

③具备评估社区服务成效的能力。

④具备社区工作价值观与伦理议题的反思能力。

3. 思政目标

①了解我国基层社区治理的时代背景与重要意义。

②理解我国社区社会工作发展的独特性。

---

[*] 本文的案例主体部分是在征得倪萍(YG 社会工作服务中心)、刘滋依(ZH 村社会工作者)的同意之后,在她们提供的案例文本基础上,根据她们提供的各种服务过程资料进行扩充改写的。

[**] 陈伟杰,社会工作学院副教授。

（二）教学主题

社区社会工作模式及其过程与方法的实务教学。

（三）教学内容

①社区发展模式及其在社区社会工作中的运用。
②社区社会工作的基本过程与常用方法。
③社区社会工作的实务案例分析。
④我国社区治理与社区社会工作本土议题讨论。

（四）教学对象

社会工作专业本科二年级学生。

二 案例主体

（一）案例背景

1. 当前乡村振兴中的治理问题

改革开放以来，随着市场经济的建立和社会流动的加剧，我国农村既获得了发展机遇，也面临着诸多挑战。党中央高度重视"三农"问题，始终从国家战略的高度寻求解决路径。习近平总书记于2017年10月18日在党的十九大报告中提出实施乡村振兴战略。在2022年底举行的中央农村工作会议上，他进一步指出，全面推进乡村振兴、加快建设农业强国，是党中央着眼全面建成社会主义现代化强国做出的战略部署；"没有农业强国就没有整个现代化强国；没有农业农村现代化，社会主义现代化就是不全面的"。① 可见，乡村振兴在中国式现代化建设中具有不言而喻的重要意义。

乡村振兴是一个系统工程，总体要求包括产业兴旺、生态宜居、乡

---

① 《习近平：加快建设农业强国 推进农业农村现代化加快建设农业强国 推进农业农村现代化》，中共中央党校（国家行政学院）网站，https://www.ccps.gov.cn/xxsxk/zyls/202303/t20230315_157263.shtml，最后访问日期：2023年10月7日。

风文明、治理有效和生活富裕,需要全面推进产业、人才、文化、生态、组织"五个振兴"。在这当中,乡村治理体系和治理能力现代化是一个不可或缺的方面。党的十八届三中全会以来,中央高度重视社会治理,强调要完善"党委领导、政府负责、民主协商、社会协同、公众参与、法治保障、科技支撑"的社会治理体系。2021年7月印发的《中共中央、国务院关于加强基层治理体系和治理能力现代化建设的意见》提出,要健全基层群众自治制度,强调"在基层公共事务和公益事业中广泛实行群众自我管理、自我服务、自我教育、自我监督,拓宽群众反映意见和建议的渠道。聚焦群众关心的民生实事和重要事项,定期开展民主协商"。通过各种方式鼓励农村居民积极参与村庄公共事务,有助于实现政府治理、社会调节、乡村居民自治的良性互动,是构建共建共治共享的乡村治理格局的一个重要途径。

2. 成都市乡村振兴与社区治理的政策和举措

近年来,成都市高度重视贯彻中央乡村振兴战略,在要素配置、基础设施一体化、基本公共服务普惠共享、乡村经济多元化发展、农民收入增长机制建设等多个层面着力,采取全方位的措施推动乡村振兴战略落到实处。作为乡村振兴的重要一环,社区治理同样受到高度重视。2016年,成都市民政局发布了《关于开展城乡社区可持续总体营造行动的通知》,强调"统筹发挥基层政府、社会力量、居民群众主体作用,提升基层社会治理水平,将城乡社区发展成为具有共同情感联结、共同社区意识、共同文化凝聚的社会生活共同体"。2020年,成都市人大常务委员会通过并发布了《成都市社区发展治理促进条例》(以下简称《条例》),以立法的形式将促进社区发展与社区治理的事业提到了新的高度。在社区治理方面,《条例》要求"倡导和鼓励驻社区单位、社会组织、居民积极参与社会捐赠、项目认领、邻里互助等活动","鼓励居民根据兴趣爱好、职业经历等,自我组织和开展学习、健身、厨艺、园艺、公益集市等社区活动。鼓励居民组建公益慈善类、社区服务类、文化体育类、教育培训类和公共安全类等社区社会组织,推动居民参与社区发展治理"。在农村社区,社区治理的高度投入为实现乡村振兴战略提供了有力支撑。

3. 案例概况及社会工作介入的主要内容

中国天府农业博览园（以下简称"农博园"）位于成都市 X 区西北部，作为国家城乡融合发展试验拓展区和四川农博会的永久举办地，被赋予立足成都、面向川渝、服务全国的农业科技创新服务平台和农业博览综合服务平台职能。农博园通过"链接城乡要素资源，大力发展'农业＋科技''农业＋文旅''农业＋食尚'产业，积极培育以乡村为场景的新经济产业，着力打造'永不落幕的田园农博盛宴、永续发展的乡村振兴典范'"。[①] 与"公园城市需要乡村表达，乡村振兴离不开城市参与"的理念相呼应，农博园重视通过城乡深度合作谋求发展。在此目标下，农博园的发展不仅需要依靠从外部加大政府和市场资源投入力度，还需要着力从内部挖掘本地资源，提升本地人口的素质、能力和区域治理水平，创造良好的发展环境。

X 区 Z 村位于农博园核心区、Y 镇北部，距成都市区 25 公里，面积 2.56 平方公里，耕地面积 3100 余亩；下辖 17 个村民小组，共 908 户 2666 人。村"两委"班子成员 6 人，村总支下设 3 个支部，共有正式党员 80 名、预备党员 1 名。党群服务中心面积 400 平方米，集体经济收入每年约 50 万元。由于位于农博园核心区，Z 村近年来处于基础设施改造进程之中。村中有 271 户共 920 人已迁入 H 小区集中居住，其他人员在外过渡。H 小区属于农村集中安置居住小区（以下简称"农集区"），随着居住格局的变化，村民处于从农村生活方式向城市生活方式转变的状态。

成都市 YG 社会工作服务中心成立于 2015 年 2 月，综合运用专业知识和方法在社会服务和社会治理领域帮助有需要的个人、家庭、群体预防和解决社会问题。自成立以来，YG 社会工作服务中心共承接市级项目 7 个、县级项目 10 个、县级以下项目 28 个，共计开展服务 2000 余次，受益人数 50000 余人次，获得党委政府和群众的一致好评。机构获评为 XJ 区 2021 年"聚爱相伴"救助服务"爱心社会组织"，机构理事长获得"四

[①] 《中国天府农业博览园》，成都市新津区人民政府网站，http://www.xinjin.gov.cn/xjxrmzf/c143163/2023-03/22/content_04f539f0c95e4dfbb8384b24b980f34d.shtml，最后访问日期：2023 年 10 月 7 日。

川省助残先进个人"和"成都好人"等荣誉称号。近年来，YG社会工作服务中心进入农博园区域开展专业服务，与当地群众和政府建立了良好的专业关系。2021年8月，Z村成立了"自治赋能"社会工作者室（以下简称"社会工作者室"），办公地点位于Z村党群服务中心，由YG社会工作服务中心运营。社会工作者室秉承"助人自助、自治赋能、共播希望、齐创未来"的服务理念，落实四大保障，开展有针对性的社区服务。

4. 社会工作介入的主要内容

自Z村社会工作者室成立以来，社会工作者通过前期需求调研，确定将H小区作为其主要服务对象，提高村民社区参与水平作为其服务目标，综合运用个案工作、小组工作和社区工作等多种专业方法。经过一年多的努力，居住在农集区的Z村村民的社区参与能力与意愿得到有效提升和增强，社区自组织得以建立和发展，并开始尝试自主参与各类社区公共事务，改善了当地的社会治理状况，初步营造出共建共治共享的新局面。

（二）资料收集与社会工作者介入的方法

1. 资料收集方法

社会工作者室的社会工作者采用问卷法、访谈法和观察法收集资料。前期，社会工作者通过这些方法了解小区村民的社区参与状况、问题和需求；中期，社会工作者通过观察了解小区村民在社区参与方面的行为和态度变化；后期，社会工作者通过这些方法评估社会工作介入的成效和村民满意度。在需求评估阶段，社会工作者面向集中居住在H小区的村民发放线上问卷共计89份。问卷填答者中，男性34名，占38.20%；女性55名，占61.80%。17~28岁10人，占11.24%；29~50岁60人，占67.42%；50岁以上19人，占21.35%。文化程度为初中及以下34人，占38.20%；高中和中专20人，占22.47%；大专及以上30人，占33.71%。此外，社会工作者还联合Z村网格员进行实地走访，对茶铺、住户、商户进行了问卷调查和访谈，填写问卷31份。

2. 社会工作介入方法

社会工作者室的社会工作者综合运用个案工作方法、小组工作方法和社区工作方法，面向 H 小区的社区能人、个人和自组织群体开展能力培训、意愿提升、自组织活动等服务，促进小区村民提升社区参与水平，实现自治赋能的预定目标。

（三）H 小区的治理现状与需求

1. H 小区的治理现状

社会工作者在调查走访中发现，H 小区存在以下三类较为突出的公共问题。首先，H 小区由村委会直接管理，物业费由村委会兜底，行政性和干预性强，小区治理参与渠道缺乏。H 小区文宣队伍和社区自组织团队缺乏，村民在社区组织参与方面存在不足。这表现在：村民对社区社会组织或团队的了解程度不够。问卷中对社区社会组织或团体表示"完全不了解"和"听说或参与过，但只是片面地了解"的比例高达 61.79%（见表 1）；村民对社区社会组织或团队的参与度较低。在所有被调查者中，只有 3.37% 的人是某一社区社会组织或团体成员（见表 2）；村民对社区社会组织或团队的满意度较低。对于所在社区的社会组织或社会团体所提供的服务或活动，认为"开展次数太少"的占 68.54%，认为"参与度低，人少形式化，没有实质作用"的占 41.57%（见表 3）。其次，村民此前缺乏集中居住的生活经验，公共意识薄弱，邻里矛盾纠纷问题突出。最后，持续的拆迁安置和快速的新业态进入，使村民生活格局变动剧烈，小区环境品质不佳。

表 1　村民对社区社会组织或团体的了解程度

单位：人，%

选项	频数	占比
完全不了解	18	20.22
听说或参与过，但只是片面地了解	37	41.57
有专门学习过，也参与过相关的社会组织	24	26.97
非常了解，组织开展过	10	11.24
合计	89	100

表2　村民成为社区社会组织或团体成员的情况

单位：人，%

选项	频数	占比
是	3	3.37
不是	86	96.63
合计	89	100

表3　村民对社区社会组织或社会团体提供服务或活动的看法

单位：人，%

选项	频数	占比
服务或活动内容单一、乏味	15	16.85
开展次数太少	61	68.54
参与度低，人少形式化，没有实质作用	37	41.57
没有参与感，不融入	23	25.84
其他	10	11.24

综上，H小区从表面上看是管理存在问题，但症结出在人身上，即村民未能树立公民意识，未能通过建立自治组织，实现积极的社区参与，提升社区治理水平。具体来说，问题体现在以下三个方面。第一，村民的自治意识薄弱。村民对社区社会组织的认识不够清晰，参与社区公共活动的意愿不强。第二，村民的自组织发育不足。村中基本事务都由村委会管理，唯一的村民队伍是自上而下建立的党员志愿者队伍，缺少自组织。第三，村民的参与渠道较窄。由于组织方式单一，村庄多元性和参与性明显不足，解决公共问题时方法比较生硬，村民对社区的接受度不高、参与感不强。

2.H小区的需求分析

虽然村民对社区社会组织不够了解，但他们当中还是有不少人愿意接受社区社会组织提供的服务，其中，59.55%的被调查者希望增建生活服务类社区社会组织，57.30%的被调查者希望增建教育培训类社区社会组织（见表4）。关于是否愿意参加社区开展的活动，26.97%的被调查者表示会参加，另有35.96%的被调查者表示要"看有没有时间"（见表5）。也就是说，在时间允许的情况下，超过六成被调者具有参加社区开展的活动的意愿。关于是否会参加社区社会组织，20.22%的被调查者表示"会积极主动参加"，这部分人是潜在的积极参与者，可以推知内生动机较为明确，另有35.96%的被调查者表示"如有相关奖励会参加"，这部分人虽有参与意愿，但需要外部条件的激励（见表6）。

表4 希望社区增建的社区社会组织类型

单位：人，%

选项	频数	占比
文体活动类	33	37.08
生活服务类	53	59.55
慈善公益类	37	41.57
教育培训类	51	57.30
维权服务类	29	32.58
志愿者组织类	14	15.73
其他	7	7.87

表5 被调查者是否愿意参加社区开展的活动

单位：人，%

选项	频数	占比
会	24	26.97
不会	31	34.83
看有没有时间	32	35.96
其他	2	2.25
合计	89	100

表6　被调查者是否会参加社区社会组织

单位：人，%

选项	频数	占比
会积极主动参加	18	20.22
如有相关奖励会参加	32	35.96
没有硬性要求一般不会参加	27	30.34
不管怎样都不会参加	12	13.48
合计	89	100

此外，分年龄段的统计分析表明，不同年龄段的人在参与倾向上有一些区别。占比18%的17~28岁人群，对社区社会组织了解不多，更希望社区多开展一些文体活动、助老活动，并且愿意抽出时间加入志愿者队伍，但不愿意加入自组织队伍，这估计与工作较忙有关；占比68%的29~50岁人群，对社区社会组织的认知不够清晰，但对社区组建活动期待更高，更多的人希望多开展一些公益性活动，小部分年龄较大者愿意加入自组织，也愿意加入志愿者队伍，但希望有奖励机制；占比14%的50岁以上人群，对社区社会组织基本不了解，对社区发展的兴趣不大，加入自组织和志愿者队伍的意愿也较低。

根据对小区存在问题和调查对象表述倾向的分析，H小区存在村民发展和自治需求，具体包括以下三点。

第一，培育骨干。挖掘小区骨干，发现有能力、有精力、有热心、有公心的"四有"村民，通过组织、赋能、陪伴、实践提升小区治理参与度。

第二，培育自组织。在村委会支持下建立村民自组织，增加小区治理的多样性。

第三，促进自组织的社区参与。拓宽村民参与小区治理路径，激发村民参与小区热情，充分调动村民通过自组织参与小区公共事务的积极性。

（四）增权视角下的村民社区参与水平提升过程

1. 个人层面增权：社区能人的发现及能力和意愿提升

（1）招募能人

在这一层面开展工作，核心目标是发现积极性高和有才干的村民，在 H 小区内部进行有目标的招募，有效培养自治组织骨干。

社会工作者对 H 小区进行实地走访，查看前期项目文档资料、图片资料，寻找"熟面孔"，按照活动参加次数、参与类型对"熟面孔"进行分类，筛选出露面次数较多的 5 名村民，确定为第一批主要服务对象。社会工作者与这 5 名能人分别进行一对一面谈，运用优势视角，和村民们一起发现他们身上的闪光点，分享对小区的期待，找准小区的问题。

5 名能人在社会工作者的引导下，产生了扮演社区带头人角色的想法，并付诸行动。他们通过聊天、散步、跳舞、带娃娃等多种浸入式同频生活方式进入村民内部，观察、接触和了解村民的内在需求，物色潜在的社区自组织参与人员。在此基础上，为搭建社区、社会组织、社会工作者、社区志愿者、社区慈善资源"五社联动"的社区治理平台，推进社区治理水平的提升，社会工作者室于 2022 年 5 月 17~18 日，通过线上和线下相结合的方式招募村民志愿者和自治组织成员。招募主要分为两部分。一是线上招募。社会工作者编辑招募信息后由村委会工作人员发送在村民微信群中，社会工作者进行线上统计，共招募 16 名有意愿、有想法的村民。二是线下招募。社会工作者通过和村网格员前期调查走访筛选出的能人，线下进行了有目标的招募，共招募 12 名有动力、有能力的村民。两次共招募了 28 名有意愿、有想法、有动力、有能力的"四有"村民。

（2）培训能人

打造社区自组织队伍，需要不断提升社区能人的参与能力，使其能够满足村民的多元化需求。社会工作者联合有经验的志愿者及村网格员、村干部进行讨论，在 28 名村民中筛选出部分能人进行赋能培训，从组织统筹能力、矛盾解决能力、活动开展等方面提升社区能人的素质和能力。在此过程中，社会工作者室一共开展了不少于10场能力培训+实践活动，在学中做、在做中学，切实提升了社区社会组织成员的社区参与能力。

以社会工作者室培育的"果益"志愿者服务队为例，社会工作者室于2022年5月26日在Z村村委会二楼会议室对前期招募的志愿者进行赋能培训，其中包括上述能人。此次培训，一是提高志愿者的服务能力，增强志愿者的荣誉感；二是为Z村民生服务、社区治理、产业发展培育专业志愿力量；三是招募Z村"五社联动"骨干人员；四是持续加强Z村"果益+"积分体系建设。培训前期，社区同社会工作者在掌握资料的基础上，采用一对一访谈形式对Z村居民骨干、商家、企业主等进行走访，并就成为Z村志愿者达成初步共识。培训中，社会工作者首先以PPT形式围绕什么是志愿者、志愿者服务方向、志愿者的素养等问题进行讲解；其次，社会工作者引导志愿者在全国志愿者系统2.0版本进行志愿者登记注册，并加入"果益"志愿者服务队；再次，社会工作者进行服务方向探索，以工作坊的形式，引导志愿者思考如何从事民生服务、社区治理、产业发展工作；最后进行志愿者宣誓，增强志愿者的荣誉感。志愿者纷纷表示，他们一定为Z村做好服务，让这支队伍成为Z村一张新的名片。

（3）能人意愿提升

志愿者培训增加了社区能人的荣誉感，激发了他们参与社区的内在动力。与此同时，社会工作者室注重内外结合对社区能人进行激励。社会工作者室积极探索，将经济发展与社区治理相结合，挖掘在地资源——Z村邻里合作共享超市，建立果园"益+"公益积分。社区能人参与公益活动可获得积分并在共享超市消费，实现超市消费积分和社区公益积分相互兑换。一是可以兑换培训、文化、养老、育幼等社区服务，二是可以兑换定点农旅场景折扣券、消费券，三是可以兑换特殊群体帮扶公益活动。社区公益积分除了可以兑换相应服务外，还可以兑换超市购物消费券。

为了鼓励更多居民、党员加入志愿者行列，社会工作者室在村委会的支持下，策划开展了果园"益+"公益积分兑换活动，近50人参加活动。活动主要分为两部分。首先，社会工作者将志愿者所获得的积分在志愿者微信群里公示，方便志愿者核对确认，并在群里介绍了志愿者积分的兑换标准：一积分等于一块钱超市代金券。其次，社会工作者挨家挨户将这些代金券发放到志愿者手中。志愿者李阿姨高兴地对工作人员说："志愿服务，助人也助己，在服务大家的过程中，我也收获了快乐。能用这些代金券购买一些对我有用的日常生活用品，我觉得更加有获得感和成就感。"

果园"益+"公益积分兑换活动既使志愿者愿意参加志愿服务工作，也是对志愿者付出的一种肯定与鼓励。此后，Z村在实施过程中适时改进志愿服务积分制度，完善志愿服务工作机制，以便继续壮大社区志愿服务队伍，调动越来越多的居民投身志愿服务，真正使志愿服务成为一种生活习惯，更好地为社区居民提供高效优质的服务。

2. 组织层面增权：社区自组织的建立

社会工作者室发现、动员社区能人并对其进行能力培训，通过开展焦点小组对社区能人进行需求分类、能力划分后，逐渐建立起"老辈子"矛盾调解团、"果嬢嬢"志愿服务队、"手拉手"儿童服务队、"风之彩"文宣队、"果果"厨娘研学队等多支社区自组织队伍，并引导他们在社区进行备案。

以"风之彩"文宣队为例，为更好地培育孵化Z村社区自治组织，打造出一支文艺团队，社会工作者室联合志愿者、村网格员及村干部开展工作。社会工作者室驻点社会工作者每晚都到社区广场散步，发现有许多社区阿姨在一块儿跳舞，大家每次都准时出现。社会工作者通过聊天发现，他们平时没有什么业余活动，跳舞是唯一的爱好，社会工作者便鼓励大家一起成立一支文宣队。招募了一群志愿者之后，社会工作者室从中筛选出一名有经验和能力的村民，并且联合村干部及网格员于2022年5月27日在村委会会议室进行了一次社区自治组织培育方向的探讨，经过讨论成功产生了Z村的第一支文宣团队。

此后，社会工作者室注重在实践中持续开展村文宣队赋能培训。自组织团队赋能培训强调形式的多样化。比如，社会工作者室将赋能培训会和游园会主题活动结合在一起举办。在村委会支持的培训会和游园会中，社会工作者室引导报名的人员依次进行自我介绍，社会工作者组织报名人员一起通过魅力无限拍拍拍、推手游戏等，活跃现场氛围，这拉近了彼此之间的距离。培训中，文宣队建立了制度。社会工作者引导大家为文宣队取名，经过一番讨论，大家一致投票"风之彩"，并讨论了组织架构、服务内容等，选出了队长。队长带领队员们一起制定了文宣队的相关制度和契约：不迟到、不早退、有事请假、团结友爱。最后大家进行了合照留念。此次游园会活动，一是增加了村民的生活乐趣，提高了村民的生活质量；二是完善了社区平台功能，培育发展了社区自组织能力，加强了队员之间的联系；三是培育了社区文化，发扬了团结互助精神，充分提高了Z村文宣队的服务能力，为Z村"五社联动"注入新生力量。

"风之彩"文宣队不仅可以丰富Z村村民的业余生活，还能帮助成员强身健体，为热爱舞蹈的村民提供了自我展示的机会与舞台。为继续壮大"五社联动"力量，让"风之彩"文宣队更好地发挥社区社会自组织作用，社会工作者室在村委会的支持下，通过赋能培训会议等形式，协助"风之彩"文宣队做好自组织工作。一是巩固文宣队制度，推进成员议事会制度化，重大事情通过不定期召开成员议事会讨论处理，在每次会议中，成员都保证能按时参加会议，不缺席，不早退等。二是资金支持，文宣队所需要的音响等设备，队员自行筹备一部分资金，另通过社会工作者室向上级反映，上级提供一部分资金。三是能力提升，为了更方便和及时地处理问题，文宣队开展了腾讯网络会议培训，队员们掌握了召开线上会议的技巧。在充分的互动中，队员和队员、队伍和社会工作者室之间形成了相互沟通交流的平台，队员们的参与感和融合感得到了提升。

"果嬢嬢"志愿服务队的培育也有相似的特征。为进一步推动Z村"五社联动"居民科普工作，让社区"果益"志愿者服务队伍及"果果"厨娘研学队更好地反哺社区，社会工作者室得到了村委会的支持，在乡村厨房开展了"果果"厨娘研学队赋能培训暨"乡厨"交流主题活动。活动主要包括四个部分。一是厨娘招募。社会工作者室以美食制为切入点，通过线上线下招募和志愿者推荐的方式共招募到6名热爱美食的在地村民，而后召集厨娘进行讨论并组建了"果果"厨娘研学队。二是提升Z村"果益"志愿者服务队的服务水平，将志愿者作为新生力量纳入社区服务体系，邀请志愿者参与活动，帮助他们更好地融入社区，以便今后更好地开展服务工作。三是通过开展活动，看到不同人对待食物的态度，也品尝到更多元的菜式，激发大家对做菜的兴趣、主张健康的社区生活方式、促进社区妇女发挥所长，推动创新社区治理。四是建立约束性制度。通过上述活动，"果果"厨娘研学队的凝聚力得到增强，"果益"志愿者服务队的协助能力得到提升。

3. 社区层面增权：社区自组织的参与式行动

社区自组织在成员能力和意愿提升的基础上，越来越多地参与社区公共事务。例如，各社区自组织曾参与Z村村委会组织的针对Z村主干道和住户小区开展的人居环境卫生清理活动，增强了他们的环境保护意识，使其思想发生从被动到主动的转变，让社区自组织及志愿者有意识地以实际行动关心环境问题、参与整治工作。

"果益"志愿者服务队持续参与各类社区活动。为了更好地满足社区居民的需求，不断打造社区服务平台，践行乐于助人精神，使空巢老人和特殊群体感受到家人般的温暖及社会的关爱，社会工作者室和"果益"志愿者服务队举办了"从心出发，为爱而行"公益主题活动。活动开展前，社会工作者同"果益"志愿者服务队对空巢老人及特殊群体进行了走访，从心理需求、生活需求、安全需求等方面进行全面调研，并形成需求清单。在前期需求调研的基础上，在活动举办过程中，村干部、社会工作者、志愿者进入特殊群体家中，一是积极向独居老人、孤寡老人宣传、讲解惠民政策，叮嘱老人注意防寒保暖，谨防用火用电安全，出门要戴好口罩，做好疫情防护；二是针对特殊群体实际需求，给予物质上的帮助，解决他们遇到的困难。独居老人张大爷感慨道："我们社区好，村干部、社会工作者、志愿者这么多人常常来看我，太感激了。"开展此次活动的目的，一是检验长期扎根于社区的社会工作者对小区特殊群体需求的了解程度；二是提升"果益"志愿者服务队的服务水平，让其体验服务的乐趣；三是提高小区特殊群体的幸福感。此外，社会工作者室和社区自组织还举办了"有爱集市·童在1+1"公益主题活动，参与活动人数30余人。此次活动共分为四个部分：一是为残疾人、60岁以上老年人免费理发，让其以干净清爽的面貌迎接新年的到来；二是为社区居民拍摄全家福、老年夫妻照等，展现居民幸福的生活，营造健康、和谐、关爱、欢乐的浓厚氛围；三是邀请志愿者或儿童表演节目，活跃现场气氛；四是发放"防疫爱心包"，其中包含消毒凝胶、口罩、板蓝根等，携手共渡难关，共克时艰，让防疫变得更加有温度。此次活动不仅提高了"果益"志愿者服务队的服务能力，让其体会到参与志愿服务的快乐，而且提升了居民的幸福感和归属感。

（五）案例结语

1. 村民社区参与水平提升的结果评估

自社会工作者室成立以来，社会工作者共挖掘28名社区能人，建立5支社区自组织队伍（"老辈子"矛盾调解团、"果嬢嬢"志愿服务队、"手拉手"儿童服务队、"风之彩"文宣队、"果果"厨娘研学队），组织开展能力培训+实践活动13次。这些社区自组织参与设计、策划和落实的小区治理建议共5条，协助调解矛盾纠纷13起（其中"老辈子"矛盾调解团参与调解8起），解决环境卫生、垃圾清运、防洪宣导等11个小区治理突出问题。通过社会工作者室+社区自组织两级服务体系，小区环境得到明显改善，公共问题得到有效解决。

2. 案例小结

我国传统的农集区治理多采用社会策划模式，通过行政化方式，由政府出面进行物业代管或物业费用垫付，注重发挥政府的兜底作用，强调村"两委"对小区的直接管理。这种治理方式呈现资源充足、路径有效的特点，具有立竿见影的效果，但是由于行政干预和路径单一，往往存在居民发动不够、多元参与不足、资源不可持续等一系列问题。

社会工作者室运用地区发展模式探索农集区治理，摆脱单一行政化治理模式的束缚，以协同培育为主线，运用增权理论，从个人、组织和社区三个层面的递进式增权着手，大大提升了小区居民的社区参与水平，有效解决了小区治理群体主体作用发挥不充分、环境品质不高、发展动能不足的问题，探索了农集区区域治理的新路径，推动了小区初步形成共建共治共享的新格局。

3. 经验总结

在本案例中，除了社区发展模式和增权理论的运用之外，值得总结的经验还有以下两个方面。首先，社会支持的重要性得到了彰显。各级政府、Z村"两委"的资金支持和平台支持、村庄既有资源的整合运用、社会工作机构的引导与陪伴等，都对社区自组织的建立、发展和社区参与起到了重要的支撑作用。其次，社区参与水平提升是一个长期过程，要使居民真正成为社区治理主体，参与基层社区的多元共治，还需要不断提升能力、增强意愿，激发社区自组织的活力；同时也需要镇党委、政府和村"两委"继续支持社区自组织的发展，创造更多机会吸纳社区自组织参与。

三 案例使用说明

（一）教学与训练

1. 理论知识学习

从总体上说，本案例中的社会工作者采用了兼具社区发展和社会策划特点的模式来开展社区参与水平提升行动。

社区发展模式是由美国学者杰克·罗斯曼根据社区发展以及社区建设的相关经验提出的社区工作实务模式，其核心理念是注重参与。社区发展模式强调，应在一个较大的社区范围内鼓励社区居民通过自助或互助的方式广泛参与社区事务、解决社区问题、推动社区发展；社区居民是有能力的，他们应该愿意参与社区事务；社区自身是有力量的，社区之所以存在问题，主要是因为缺乏沟通和合作，如果能让居民参与，加强沟通和合作，社区问题就能够得到解决；社区可以也应当实现和谐，社区内不同人群的利益不是对立的，而是有共同利益的，社区本身有潜力和资源解决社区问题（全国社会工作者职业水平考试教材编委会，2022：210~211）。

社区发展模式强调，社会工作者应相信服务对象的能力并与服务对象一起做。在这个过程中，社会工作者要直面服务对象存在的问题并激发服务对象的潜能，发挥其优势，推动其主体性得到彰显。这样，社区发展模式和增权理论便具有内在的关联。在本案例中，社会工作者从增权的角度入手协助村民提升社区参与水平。关于增权，可从"权"的内涵、增权的层面和增权的动力来源三个方面来理解。关于增权中的"权"，有的学者将其理解为"权力"，并把权力界定为"为了自己的利益对影响自己生活空间的力量施加影响的能力"（Pinderhughes，1983）。陈树强（2003）认为，所谓权力，不外乎是指人们所拥有的能力。这种能力不仅表现为一种客观存在，而且表现为人们的一种主观感受，亦即权力感。这种权力感可以促进人们形成自我概念、自尊、尊严感、福祉感及重要感。因此，权力的增强不仅体现在客观能力层面，还体现在主观意愿层面。关于增权问题，学者们给出了不同的理解。一些学者认为，增权涉及个人、人际和政治三个层面（Gutiérrez & Lewis，1999），而另一些学者则认为增权涉及个人、组织和社区三个层面（Soloman，1976）。尽管对这个问题的理解不尽相同，但学者们都强调了微观、中观和宏观层面的增权。关于增权的动力来源，增权无论是被看作一个过程，还是被看作一种精神状态、一种对权力的再分配、一个目标（Swift & Levin，1987），都既强调个体主体性和主动性，也强调外部力量的促进作用，通过外力来激活特定的人群。

社会策划模式是"在理性方法指导下，依靠专家的意见和知识，在准确把握社会服务机构的使命、宗旨、政策、资源的基础上，确立社区工作目标，并在社区工作目标的引导下，从多个预选方案中选择一个最佳的工作方案，然后结合社区需要，动员和分配资源，并在工作过程中根据不断变化的实际状况随时修改计划，保障计划朝向预定目标前进，在工作结束时对计划执行情况加以总结和反思，最终解决社区问题"（全国社会工作者职业水平考试教材编委会，2022：215）。社会策划模式注重自上而下的改变，社会工作者在包括资料收集、问题分析、方案设计和服务提供的整个过程中居于主导地位，强调运用理性原则处理问题（全国社会工作者职业水平考试教材编委会，2022：216）。

对于学生来说，一个重要的知识点是，不同的社区工作模式并不是截然对立的，在社会工作服务的不同阶段，不同模式可能分别出现。罗斯曼曾在一个研究中比较了各类具体的社区实践案例。他发现，在社区发展、社会计划和社会行动三大实务模式当中，很多机构在开展社区工作过程中同时采用两种及以上不同的模式（Rothman，1996）。在本案例中，社会工作者在行动过程中特别强调社区居民的参与、能力的提升和意识的增强，总体来说符合社区发展模式。当然，由于国内政府购买服务项目周期较短等原因，案例中的社会工作者并没有足够的时间来从头贯彻社区发展模式的种种理念。可以看出，在需求评估阶段和服务初期，社会工作者理性决策的色彩更浓，更具有社会策划的风格，而随着社区自组织的建立发展和居民主动性的发挥，社会工作者逐渐更多地扮演陪伴者角色，社区发展模式也更多样化。短周期特征是当前在社区场景中开展社会工作服务时经常遇见的，因此，案例中社会工作者的模式选择在现实中具有一定的典型性。

2. 能力训练

（1）问题分析与需求评估能力

通过对本案例的介绍，提升学生分析社区问题与需求的能力。分析社区的问题，建立在社会工作者掌握基本的社会调查方法和统计方法的基础之上。学生借此了解问卷调查法、访谈法两种方法如何相互结合以帮助社会工作者得出相关结论。同时，学生通过解读案例，进一步理解需求可分为规范性需求、感受性需求、表达性需求和相对性需求，不同的资料收集方法对应不同类型的需求分析。

（2）服务方案设计能力

组织学生在问题分析与需求评估的基础上，分析当前服务方案设计的理论依据、服务对象、服务目标、具体执行过程、介入方法以及服务效果，讨论当前服务方案设计的适切性和可能存在的问题，进而提出可以完善和改进的建议。

本案例中的社会工作者基于增权理论设计服务方案，从个人、组织、社区三个层面入手为社区居民提供服务，不同层次的服务之间呈现递进式的逻辑关系。学生通过对案例的深入学习和讨论，在社会工作理论与社会工作实务之间建立起联系，形成关于社会工作服务的基本理解框架（见图1），从整体上了解增权实践所需要的外部支持，增权过程为何要从三个层面分别展开，由个人至社区的三个层面为什么具有递进的关系。

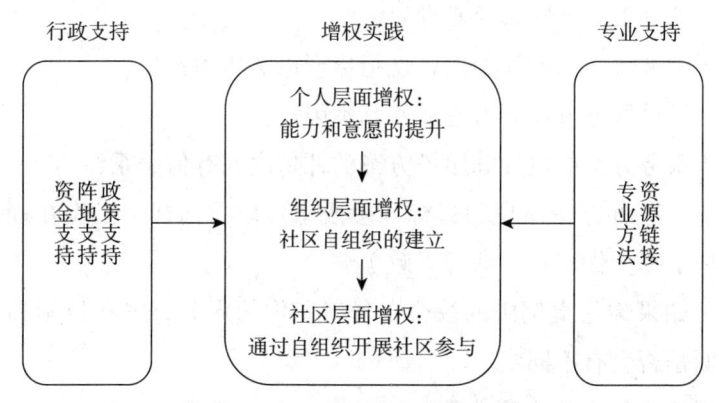

图1 社会工作服务的基本理解框架

（3）价值观与伦理议题的反思能力

讨论过服务方案之后，引导学生围绕社区社会工作的价值观与伦理议题展开讨论。本案例涉及的价值观包括人的尊严和价值、人际关系的重要性、民主和群众参与等，可能遇到的伦理问题包括社区自决、多方主体利益冲突、价值观冲突、专业关系边界等。选取本土情境中常见的伦理议题组织学生进行课堂模拟训练或观点辩论。

（二）案例思考题与讨论

按照问题与需求分析、服务方案设计、服务开展和结果评估四个阶段设计案例思考题，同时，将课程思政相关问题融入以上四个阶段。

1. 问题与需求分析阶段的思考题

（1）面向农集区社区开展的服务有何意义？（课程思政）

（2）社会工作者采用了哪些方法来确定社区中存在的问题？

（3）社会工作者如何从调研资料中分析出社区存在的需求？

（4）社会工作者成功地收集资料需要哪些前提？机构前期在当地开展服务的经历起到了什么作用？

（5）从问题与需求分析的方式可以看出社会工作者采用了怎样的社区工作模式？

（6）这些需求的总结与党和政府当前的政策有哪些关系？（课程思政）

2. 服务方案设计阶段的思考题

（1）服务方案的设计如何体现指导理论的作用？

（2）设计服务方案要考虑哪些基本因素？

（3）服务方案的设计和服务方案的评估之间有何关系？

（4）从服务方案体现的目标和手段中可以看出社会工作在社会治理当中发挥了哪些作用？（课程思政）

（5）如果你是案例中的社会工作者，你的服务方案在目标和方法设计等方面是否会有不同？

3. 服务开展阶段的思考题

（1）社会工作者的增权实践分为几个阶段？

（2）每个阶段的服务目标、服务内容、服务方法是怎样的？

（3）不同阶段的目标和内容之间存在什么样的逻辑关系？

（4）服务过程中实际遇到或潜在的困难有哪些？应该如何应对？

（5）社会工作者在服务过程中扮演的角色有哪些？是否合适？

（6）如果你是案例中的社会工作者，你所开展的服务是否会有不同？

（7）社会工作者开展的各阶段服务对参与者产生了什么样的影响？哪些过程对传统美德和现代价值具有弘扬作用？（课程思政）

4. 结果评估阶段的思考题

（1）社会工作者在评估中考虑了哪些方面？

（2）社会工作者采用了哪些方法开展评估？

（3）如果你是社会工作者，你会对评估方案做出哪些调整？

（4）我国当前社区工作的模式有哪些独特性？这些独特性对服务的结果产生了什么样的影响？（课程思政）

（5）我国社会工作面临的本土伦理议题有哪些？可以如何应对？

（三）案例使用要点

1. 农集区社区的独特性。
2. 社区问题及需求分析的方式。
3. 社区社会工作的不同模式。
4. 社区赋能的主要步骤与常用方法。
5. 社区社会工作的价值观与本土伦理问题。

（四）建议的课堂教学计划

案例呈现后，组织学生围绕案例思考题进行分组讨论（5~6人为一组），并在课堂上分享讨论结果，教师引导学生就核心问题展开集体讨论，讨论结束后进行知识梳理，最后针对案例和相关知识展开自由问答。本案例按照2课时（90分钟）进行设计：案例呈现10分钟，小组讨论20分钟，小组分享与集体讨论30分钟，知识梳理20分钟，问答10分钟。

（五）案例使用辅助手段或工具

多媒体设备、大白纸、马克笔、农集区社区虚拟背景图片。

（六）案例教学的监测和评估

1. 观察课堂小组讨论的热烈程度，监测案例主题的适切性。
2. 根据课堂小组汇报的详细程度，评估案例内容的适切性。
3. 根据课堂集体讨论的深入程度，评估思考题目的适切性。
4. 根据课堂问答环节的互动情况，评估案例教学的效果。

（七）案例使用的延展建议

1. 课堂讨论之前，要求学生至少通读一遍案例全文，并对案例思考题有一定了解。

2. 为保证小组讨论的充分性，小组人数不宜过多，若小组数量过多，可指定每个小组讨论若干题目，在集体讨论阶段，其他小组可进行补充说明。

3. 学生在分析案例前要对农集区有一定了解，必要时可在课前为学生提供相关阅读资料。

4. 对于该案例可能涉及的社区社会工作理论、社区社会工作模式、社区社会工作价值观与伦理等相关知识，学生需要提前复习。

5. 由于该案例为社会工作者实际开展的服务案例，教师需要提醒学生不要对号入座，要严格遵守保密原则。

参考文献

陈树强，2003，《增权：社会工作理论与实践的新视角》，《社会学研究》第 5 期，第 70~83 页。

全国社会工作者职业水平考试教材编委会编写，2022，《社会工作综合能力》，中国社会出版社。

Gutiérrez, L. M. & Lewis, E.A. 1999. *Empowering Women of Color*. New York: Columbia University Press.

Pinderhughes, Elaine B. 1983. "Empowerment for Our Clients and for Ourselves." *Social Casework* 64(6): 331–338.

Rothman, J.1996. "The Interweaving of Community Intervention Approaches." *Journal of Community Practice* 3(3-4): 69-99.

Soloman, B. 1976. *Black Empowerment: Social Work in Oppressed Communities*. New York: Columbia University Press.

Swift, C. & Levin, G.1987. "Empowerment: An Emerging Mental Health Technology." *Journal of Primary Prevention* 8.

农转居社区社会工作实务探索
——以北京 X 机构的社区教育服务项目为例[*]

刘 焱[**]

一 课程基本信息

（一）教学目标

1. 知识目标
①掌握社区社会工作中的社会策划、社区照顾与社区教育模式。
②了解社区社会工作的基本过程与常用方法。

2. 能力目标
①具备分析社区问题和评估社区需求的能力。
②具备设计社区服务方案的能力。
③具备评估社区服务成效的能力。
④具备社区工作价值观与伦理议题的反思能力。

3. 思政目标
①了解我国基层社区治理的时代背景与重要意义。
②理解我国社区社会工作发展的独特性。
③探索中国社会文化在社区社会工作中的运用及其优势。

---

[*] 本文案例主体中的部分资料来源于中华女子学院硕士研究生武会玲的毕业论文以及 X 机构的校园宣讲材料，特对为本文提供资料与指导的学生和机构表示感谢。
[**] 刘焱，社会工作学院讲师。

（二）教学主题

社区社会工作及其过程与方法的实务教学。

（三）教学内容

①社会策划及其在社区社会工作中的运用。
②社区照顾及其在社区社会工作中的运用。
③社区教育及其在社区社会工作中的运用。
④社区社会工作的基本过程与常用方法。
⑤农转居社区社会工作的实务案例分析。
⑥我国社区治理与社区社会工作本土议题讨论。

（四）教学对象

社会工作专业本科二年级学生。

二 案例主体

（一）案例背景

农转居社区的出现与当前中国的快速城市化相伴而生，该类型社区现已占城市社区总数的1/4左右，并呈逐年上升之势。与此同时，我国的城市化水平也在逐年提升。数据显示，2020年我国常住人口城镇化率为63.89%，比2010年提高14.21个百分点，城镇人口增加23642万人[①]。《中华人民共和国国民经济和社会发展第十四个五年规划和2035年远景目标纲要》明确提出，至2025年常住人口城镇化率提高到65%。有研究预测，2030年中国的城市化率将达到68%，新增城镇人口2.41亿人（陈光金等，2014）。随着城市化进程的加快，未来会有大量传统村落就地城镇化，转化为农转居社区。从村落到农转居社区的城市空间变革，不仅意

---

① 《城镇人口占63.89%！总人口141178万！第七次全国人口普查结果公布》，https://www.thepaper.cn/newsDetail_forward_12621381，最后访问日期：2023年1月14日。

味着出现了一种新的社区治理模式，还意味着社区生活世界的重大变革。

农转居作为实现城镇化的一条重要途径，在实施过程中面临诸多挑战。多数农转居社区并非自然形成，而是在外力的推动下建成。农村社区向城市社区转型，不仅意味着农民身份、居住方式、土地归属、集体经济、村委管理等经济政治方面的转变，也意味着价值观念、亲属关系、邻里互动等社会文化方面的变迁。在村转居社区[①]中，靠血缘和地缘建立起来的人情社会发生改变，基于差序格局的人际信任关系遭到破坏，现代社区居民的异质性和复杂性增强，容易出现居民日常生活秩序的断裂与失序（吕青，2015）。由村转居后引发的社区管理、居民参与、文化转型、社区认同、权益分配、资产处置等问题也引起了学界的关注（陈晓莉，2013；梁慧、王琳，2008；蒋福明，2013；吴晓燕，2011）。

在加强和创新基层社会治理的背景下，村转居社区呈现的现实问题与居民诉求为社区社会工作的发展提供了空间与契机，社会工作开始探索参与村转居社区治理的可能路径。注重多元主体参与、搭建社区共同生活平台、挖掘传统文化资源、培育社区公共精神、增强居民社区认同等村转居社区治理思路相继被提出（李和中、廖澍华，2017；姚进忠，2011；崔月琴、张扬，2017；赵呈晨，2017）。与此同时，近年来致力于培育居民主体性与社区公共性的社区社会工作实践也开始涌现。与强调治疗功能、科学理性、专业权威的临床社会工作不同，此类社区社会工作更为强调社区为本与社区发展的工作模式，注重社会工作的道德性、情境性和本土性，介入的切入点更为贴近服务对象的日常生活世界与社区公共议题，社会工作者则需要在实践中开展行动研究与反思性对话（郭伟和、徐明心、陈涛，2012；张和清，2016）。村转居社区因其独特的发展进程与社会文化情境，成为探索基层社会治理经验与社区社会工作本土实践路径的重要场域。

自2014年起，北京X社会工作发展中心（以下简称"X机构"）扎根京北农转居社区（以下简称"京北社区"）探索社会工作介入农转居社

---

① 即农转居社区，本文进行文献综述时用此称呼。

区的本土经验。经过数年发展，机构逐渐摸索出一条通过农耕文化建设开展社区教育的可能路径。

（二）社区基本情况

京北社区隶属于北京北部地区的Y乡，2011年第一批农转居居民入住，2014年基本形成1~7区的稳定居住格局，目前已承载八个传统村庄的居民。京北社区的农转居过程与多数农转居社区相似，也经历了快速转居上楼的过程。在此背景下，社区面临诸多挑战，如社区公共服务设施不足、新的生活方式适应不良、社区归属感与认同感匮乏、乡土文化与传统支持网络式微、回迁社区利益关系复杂等。为了让农民尽快适应居民生活，转变观念和增强居民意识，减少拆迁带来的矛盾和冲突，Y乡党委政府引进X机构入驻京北社区。2014年4月，X机构开始进入京北社区开展农转居社区社会工作的探索。

京北社区作为一个农转居社区，在形成过程中具有一定的独特性。当地政府在居民回迁过程中，尽量将原村落居民安排在同一区域居住，这使原村民之间原有的居住格局并未被完全打破，原有的血缘与地缘关系在一定程度上得以延续。此外，原有村庄依旧享有村内集体经济的管理权，原有村委会的权力也被部分保留，原村落中的村民自组织（如民间小车会、广场舞队等）在新居民社区中依然活跃。整体来说，京北社区的居民经济状况较好，社区熟人关系网络、传统家庭、家族、社区支持体系保存得相对完整，社区能人、社区队伍（组织）汇集；政府、社区、村行政支持与服务体系较为完善。上述社区资源为后续社区工作开展奠定了良好基础。

进入社区之初，X机构与政府共同设计建造了邻里中心，早期邻里中心的运营以传统的社区服务和学堂教育为主。在对前期工作经验与服务效果进行总结和评估反思的基础上，X机构于2015年底尝试运用口述史方式重新对社区问题与居民需求进行评估，并在此基础上调整工作思路，将"人心建设"设定为农转居社区建设的核心，并通过系列活动将社区组织起来。本文将从邻里中心的早期运营、农耕文化传承活动的尝试、农耕文化传承活动的拓展三个阶段对农转居社区社会工作的介入过程与成效进行描述。

（三）社区社会工作的介入过程与成效

1. 邻里中心的早期运营

（1）前期需求调研

Y乡政府于2014年秋邀约X机构进驻京北社区运营邻里中心，由于介入的整体性和紧迫性，社会工作者从专业角度对社区进行了整体调研。在调研开始之前，Y乡政府对邻里中心已有初步规划，整个中心划分为综合活动大厅、老人活动中心、残疾人活动中心以及个案调解中心等功能室，这要求社会工作者提供日间照料、居民调解、市民化和协助社区居委会开展工作等服务。

在对地方政府的要求有了初步了解后，X机构在政府以及社区相关负责人的带领下对社区进行了为期四个月的调研，目标是了解社区整体情况与重点服务人群的需求。X机构通过对居委会成员、居民代表和楼门长等不同群体代表进行调查走访，在短时间内了解了社区基本情况。在重点服务人群的选择上，考虑到未来可能的参与主体，选择残疾人和老年人进行调研。鉴于社区内部存在居民自组织，X机构还对社区组织的类型与资源情况进行了了解。

调研后发现，残疾人对健康知识讲座、聊天、公共娱乐场地有较大兴趣；老年人对文体活动、公共活动空间和日间照料中心有期待。在社区组织方面，当地传统的民俗表演队伍较为活跃，各类文体队伍在师资、场地、器材、演出机会等方面需要支持；社区关注的主要议题有子女教育与儿童成长、就业、公共设施配备与管理等。经过前期调查，社会工作者对社区基本情况有了深入了解，对社区资源、社区组织、能人骨干进行了初步的摸底。在调研过程中，社会工作者与社区居委会、居民代表和居民之间建立了一定的联系，这为邻里中心的运营奠定了基础。

（2）邻里中心方案设计与运营

X机构仔细总结地方政府的诉求、社区调研结果以及自身工作经验后，将邻里中心整体划分为三个模块：一是服务中心，主要为老年人、残疾人等提供服务，包括日间照料、健康讲座、文体活动等；二是社区教育，具体分为成人教育（邻里学堂）与儿童教育（儿童中心）；三是组织运营，主要对接已有社区队伍，为其提供场地、支持和管理等服务。

邻里中心按照机构的专业设计思路开始正式运营。老年人与残疾人服务中心通过深度访谈、焦点小组等方式进一步了解群体需求，在此基础上为有需要的居民链接资源，尝试开展服务对象感兴趣的社区活动。邻里学堂对台湾社区大学的经验进行改良，开设书法、绘画、京剧、合唱等课程，聘请该领域具有较高水准的退休教师或专业人才进行授课。这些课程对居民具有吸引力，邻里学堂迅速聚集了一批居民。儿童中心提供的学龄前儿童教育由于填补了国家和当地学龄前教育的空白，再加上农转居居民对儿童教育的重视，所以很快正常运行。文体队伍开始对邻里中心的场地和其他公共资源进行使用，社会工作者利用邻里中心的资源平台召开文体队伍会议，制定平台基本运营规则，就场地的维护与使用、公共物资的借用与管理等进行商议，邻里中心的平台运营和组织管理工作也逐步进入正轨。

（3）邻里中心运营成效

经过邻里中心的前期运营，社会工作者与社区居民初步建立了良好的关系，为后续工作的开展奠定了一定的信任与对话基础，居民对社区、社会工作、社会工作者有了一定的了解。社会工作者依托邻里中心提供的专业服务能够满足部分居民的实际需求，邻里学堂和儿童中心的教育服务、文体队伍支持与管理服务受到居民好评。此外，邻里学堂的教育体系、平台运营规则等可以推动认知改变，部分居民的规则意识、责任意识与公益意识得到提升，文体队伍初步形成自我管理和自我服务，一些居民中的积极分子与志愿者骨干也开始崭露头角。

邻里中心的早期运营主要以政府期待、社区初步调查和社会工作者的专业知识为基础，这种专家式的服务提供在取得一定成效的同时，也面临部分服务设计与居民实际需求不一致的问题。比如，老年人对专门提供计的日间照料服务并没有多大的需求，老人与残疾人服务中心提供的专业服务实际并没有太多人参与。与此同时，社会工作者发现，社区居民多处于关注私利的状态之中，主动参与社区事务的意识依然缺乏，社区活力不足。面对上述问题，社会工作者亟须了解居民的真实想法与需求，寻找恰当的社区议题调动居民参与的积极性，进而激发社区活力。

2. 农耕文化传承活动的尝试

（1）基于村庄集体记忆的反思性调研

与初期基于城市模板进行的专家式调研不同，这一时期的需求调研基于对前期干预实践的反思以及对居民日常生活世界的观察。社会工作者与居民进行对话和互动，从居民的角度理解其日常生活及真实状态，进而发现解决当下社区问题的线索。对早期介入进行反思后，社会工作者面向有一定生产生活经验、对社区发展有一定认识的居民组建口述史小组，针对各个村落的历史、转居过程以及新社区生活状态进行访谈。社会工作者尝试用口述历史的方式梳理居民对"农""转""居"的理解。出于对老人年纪和记忆长度的考虑，"农"主要包括转居以前的集体时代和改革开放后的生活，"转"主要为转居的过程，"居"主要为上楼之后的状态。

社会工作者在口述历史访谈中发现，居民怀念的除个人劳作经历、小家庭生活外，还包含对农耕社会、集体化时期以及改革开放后的集体记忆。在谈及农耕时代的经历时，居民时常流露出对过往生活的热爱和怀念，互助、团结和信任是老一辈居民的共同回忆，艰苦朴素、严于律己、尊老爱幼等传统美德也成为居民身份认同以及价值感的重要来源。转居后，原始的村落虽然在形式上被拆除，但有关村庄的记忆以及对家和集体的惦念一直萦绕于怀难以疏解，这在社区老年人群体中表现得最为明显。

在对转居后居民具体经历的梳理中还发现，居民能够动用周遭的资源来调适转居后的心态，在适应社区生活方面具有很强的主体能动性。社区中近1/4的居民在50岁以上，该群体大多提前退休赋闲在家，有固定退休金，年龄不大，身体状况良好。由于居住空间的改变，邻里之间串门比较困难，相对年轻一点的老人喜欢遛弯，这样既可以锻炼身体，又可以与邻里聊天，还能获取社区的最新信息。这部分老人也是邻里学堂和文体队伍的主要参与者。转居后的年轻人由于文化水平有限，找到好的工作比较困难，很难满足城市对高学历人才的需求，所以会将希望寄托在下一代身上，对子女的教育更为关注，故儿童中心的活动最受该群体的欢迎。与此同时，社会工作者也对居民当前的生活状态有了更为深入的理解，居民对原有家庭的思念、对传统习俗的沿袭、对公共空间的争夺以及对公共事务的漠不关心等与农转居的生活经历以及村庄共同体的式微密切相关。

（2）农耕文化传承活动的开展

社会工作者在与居民的深入互动中了解到，社区中有些居民看到了村落拆迁带来的文化断裂，已经开始做文化补救工作。这些居民有老师、工程师、村干部等，他们青年时期在村庄中度过，非常热爱家乡，后因工作离开，退休后又回到社区居住，他们对社区内外的公共事务较为关注，对拆迁带来的变化感受强烈。社会工作者开始与这些居民合作，肯定和鼓励他们的想法，并引导其将个人爱好与社区议题结合起来，共同推动社区文化传承。随后，致力于推动农耕文化传承的三个小组成立。

展览组致力于在社区中收集和展示与农耕文明有关的老物件，包括农业用具、老家具、历史档案资料等。以老物件收集为核心的居民骨干开始聚集在邻里中心，与社会工作者商讨老物件收集、安置和运用的方案，老物件的种类在此过程中不断得到丰富和完善。在收集老物件过程中，居民也会时常回忆起曾经的生活。

记录组源于社会工作者开展的口述史小组，口述史小组成员多为各个村落的农业技术高手、村干部和熟知村落事务的居民，他们在不断的回忆与叙述中感受到历史传承的必要性。社会工作者与部分成员将口述史定性为"传承"，并改称为记录组，希望对20世纪50年代以后的农村生产和生活进行回忆和整理，将当地的历史记录下来。在居民口述历史过程中，社会工作者负责转录和编辑，最后整理出版。这一过程不仅调动了老年人的主体性与积极性，而且在不同年龄段的社区居民之间建立了联系，年轻居民逐渐了解了社区历史并生发出对老一辈居民的尊重。

对社区历史的整理与记录为居民提供了看待社区的不同视角，社区环境、子女教育、丧葬活动等公共议题开始被关注，寻求改变的想法在一些居民心中萌生。

创作组致力于采用壁画的形式将农耕记忆与历史呈现出来，以可视化的形式呈现社区历史感，进而增强居民的社区认同感和责任感。社会工作者最初与居民骨干进行沟通时，他们表示在墙上作画较为困难，建议社会工作者邀请专业画家来创作。但在后续工作中社会工作者发现，专业画家不仅价格高，而且缺少当地农村的生活经验，很难创作出贴近本地社区的绘画作品。社会工作者将情况反馈给居民骨干，在沟通过程中骨干开始理解和认同绘制本土场景的重要意义以及本地居民身份在其中的不可代替性。盘点社区现有资源后，社会工作者与居民骨干邀请了社区一位退休的油画老师讲授素描创作，油画老师与居民骨干在后续创作中成为创作伙伴。围绕壁画创作的主题，社会工作者面向社区招募了几十位喜欢画画且认同文化传承理念的居民，创作组正式成立。经过一年多的学习与训练，居民主导创作的第一期农耕文化传承壁画成果正式形成。素描学习与壁画创作的过程不仅丰富了居民的文化娱乐生活，而且提升了居民的自我价值感与社区认同感。

（3）农耕文化传承活动的成效

这一阶段农耕文化传承活动依托展览组、记录组和创作组三个小组展开。它们除了完成内部既有成员的动员和参与之外，还因循成员自身的人际网络进行社区动员，农耕文化传承活动成为动员和组织社区居民的重要载体。自此社会工作者组建了以老年男性为主导、以高龄居民为主体、部分年轻居民参与的农耕文化团队。

农耕文化团队成员多为本地居民，对社区非常熟悉且具有一定的能力和威望，在文化传承活动开展过程中，社区资源很快被动员和整合起来。展览组聚集了一群对老物件感兴趣且有能力的民俗专家，记录组根据讨论的主题推荐和邀请新的居民参与，创作组在审稿和校正阶段经常邀请当地有经验的居民提供指导。三个小组的文化传承活动均围绕农耕主题开展，小组间经常就活动内容、设计思路、成果产出等进行交流讨论，小组间的交流互动增加，三者在工作内容和工作过程方面不断整合。

通过前述农耕文化传承活动的开展，因个人兴趣参与传承活动的居民逐渐在参与过程中提升了个人价值感，共同创作的行动过程与集体劳动成果的公开呈现进一步加强了居民之间的联系，集体价值与社区认同感也在不断增强。

农耕文化传承活动在动员和组织居民参与、提升居民价值感与社区认同方面取得成效，但这一阶段的工作主要围绕社区少数骨干居民展开，创作和记录的形式使普通居民难以进入。如何基于农耕文化传承活动动员更多居民参与，如何将农耕文化与其他社区公共议题建立联系有待进一步探索，这即是接下来通过拓展农耕文化传承活动的范围来打造社区共同体的起点。

3. 农耕文化传承活动的拓展

（1）农耕文化传承活动的内部拓展

随着农耕文化传承活动的开展，原本以少数骨干居民为主体的传承活动逐渐引起了更多普通居民的兴趣，在社会工作者的推动下，多元化和平民化农耕文化传承活动相继出现，其中以乡情沙盘组与传统饮食文化组最具代表性。

乡情沙盘组致力于通过制作沙盘模型的方式复原和呈现旧时村庄的老风貌，一方面寄托老年居民对家乡的思念之情，另一方面让年轻居民了解村落历史进而增强对社区的认同感。乡情沙盘组最初由农耕文化团队的两位老者带头，乡情在老年群体中很容易引起共鸣，很快便吸引了社区中十几位老人参与。老人们在无人指导的情况下不断摸索制作沙盘的方法，经过数月努力，承载着老人乡情的沙盘最终完成。在沙盘制作过程中，社区老人时常回忆起原有村落共同体中的邻里互助以及神话传说中所蕴含的道德品质，制作沙盘时的相互帮助与配合也让居民重新体验到人与人之间的善意以及邻里间守望相助的情分。

传统饮食文化组的建立和社会工作者与居民对野菜的谈论有关。居民可以从饮食谈到过往与当下的生产生活，由于饮食话题的延展性，更多的社区居民可以参与进来。居民对饮食的讲述蕴含着民间的智慧、情感和乡俗，社会工作者除协助居民记录和分享美食制作过程以外，还会引导居民挖掘饮食背后传递出的勤俭节约、艰苦奋斗等传统美德。

（2）农耕文化传承活动与其他社区议题的整合

农耕文化传承活动的开展直接带动了社区内其他小组的建立，其中摄影组与小车会的活动内容实现了与农耕文化传承活动的融合。摄影组是邻里中心早期发展的小组之一，但小组成员缺少参与的动力，迟到或缺席的情况经常发生。自农耕文化传承活动开展以来，社会工作者邀请摄影组成员拍摄活动现场或者书籍插图，并在农耕文化产品中注明摄影师身份。为农耕文化传承活动拍照逐渐成为摄影组的常规内容，组员也在摄影过程中发现了农耕题材的价值，后期主动发掘"农"和"变迁"的题材进行拍摄，其摄影理念和参与意识得到改变和增强。小车会原本是当地一支具有百年历史的民俗队伍，以大鼓和扭秧歌为代表的民俗活动受到当地居民的喜爱。自农耕文化传承活动开展以来，小车会积极探索推动文化传承的工作方式，致力于通过创新民俗表演内容和形式让居民更为直观地感受农耕文化氛围。在与农耕文化团队进行多次交流后，小车会将其表演的内容进行再创新，将农事活动分为四季，将生产与收获的过程通过舞台表演进行呈现，小车会逐步被纳入农耕文化传承的核心团队之中。

除了与其他小组的活动进行整合外，农耕文化传承活动还与社区中的儿童教育、家庭教育、学校教育等议题相融合，进而将农耕议题与社区议题结合起来。农耕文化团队对祖辈传唱的老儿歌进行再创作，推出原创《老儿歌》绘本用于儿童中心的亲子共学班课程中。社会工作者推出了乡土文化夏令营，激发了社区青少年及其家庭的参与热情，夏令营活动涉及民俗、刺绣、京剧、老物件、农耕活动、社区调查、社区公益等诸多议题，农耕文化团队中的居民志愿者全程参与，通过言传身教的方式将农耕文化、民间智慧以及传统美德传递给下一代。此外，农耕文化团队还通过创作图书《老规矩和礼节礼貌》，将传统礼节与当下家庭文明建设、社区文明建设相结合，促进家庭和谐、邻里和睦的共同体精神和责任意识的树立。在该书的创作过程中，居民逐步认识到家风家教的重要性。社会工作者以此为契机，推动创办以社区居民为主体的家风家教论坛，居民在论坛中分享自己家庭的故事，共同讨论对家风家教的理解，此种发挥居民主体性的自我教育形式更贴近居民的日常生活，有利于地方文化与共同价值理念的形成，从而为社区共同体的形成奠定基础。后期农耕文化传承活动还被拓展至学校教育之中，农耕文化团队基于实践经验形成了"认知＋实践＋互动"的课程体系，并自主完成备课和授课工作，社会工作者主要负责组织、沟通、行政等工作。

（3）农耕文化传承活动拓展的成效

随着农耕文化传承活动议题范围的不断拓展，社区中更多的居民与资源被动员和调动起来，居民的参与热情与主体意识得以提升，农耕文化中蕴含的家族情感、集体记忆、传统美德、生命意义、乡土归属等在居民的共同行动中被唤起或重塑，传统文化与当下经验的融合为农转居社区共同体的塑造提供了可能，社区共同体不仅体现在资源与利益共享之中，而且体现在对历史文化、价值理念甚至共同命运的认同之中。

三 案例使用说明

（一）教学与训练

1. 理论知识学习

（1）社会策划及其在社区社会工作中的运用

社区层面的社会策划是社会工作者以理性方法，通过清楚理解机构的工作理念、政策、资源和方向确立社区工作目标，从多个预选方案中选择一个最理想的工作策略，然后根据社区需要动员、分配资源，并在工作过程中结合实际变化随时修改计划，使计划按照预定的目标实施，待工作结束时对计划执行情况加以检讨和反思的行为过程。

社会策划主要有以下四个理论假设：①关于人性的假设，人是理性的经济人，追求个人利益和效用的最大化是人的本能；②关于社会、社区的假设，社会系统是既建立在个人之上又相对客观、独立的一个系统，有自己的边界，有自己的平衡机制，有自己的分化增长机制，各个子系统通过能量交换实现自己的功能；③关于社会变迁的假设，社会变迁是人类有组织、有计划、有步骤的理性发展过程，是在人的理性指导下逐步建构、逐步完善、逐步推进的；④关于人的行为动机的假设，人是理性的，有较强的认知能力和实践能力，他会在价值、利益等诱导下理性地追求个人利益最大化。

具体来说，社会策划具有三个方面的功能：①社会策划是开展工作前对社区总体状况的全面总结；②社会策划是培养工作者团队精神和居民社区认同感、归属感的载体；③社会策划是下一阶段社区发展的指路明灯和建立良好专业关系的途径。社会策划模式具有理性化、自上而下的改变、控制与指导未来的特征。社区资源开发规划、社区基础设施建设、社区服务规划、社区组织规划是社会策划的主要内容。在社会策划模式中，社会工作者主要扮演技术专家与方案实施者角色。前者包括收集社区资料，进行社区分析与社会诊断，进行社会调查、组织运作及评估等；后者包括执行有关方案，与有关机构、团体保持良好关系，以便方案的推动与实施。

采用社会策划模式开展社区工作具有以下优点：系统及周详地考虑事实，以客观的理由和逻辑去分析各个可行的方案及估量其后果，然后做出最理想的决定；专业化的服务质量得以保证，它是自上而下的改变及介入，透过专家的知识、科学决策的能力及权威，推动和策划改变；可满足服务对象的即时需要。但它也容易出现居民参与率低、服务对象依赖性增强的问题。

在本案例中，X机构对邻里中心初期运营阶段的工作采用的即为社会策划模式。社会工作者在需求评估中以专家身份设计调研方案，然后结合政府要求、调研结果、机构经验确定工作目标，并设计最优的服务方案，认为可以通过有组织、有计划、有步骤的专业服务满足居民需求，进而推动社区发展。社会策划模式下的邻里中心服务在满足居民即时需求方面取得了一定成效，但在后期发展中也出现了居民参与率低的弊端。

（2）社区照顾及其在社区社会工作中的运用

社区照顾源于对院舍照顾的反思。19世纪欧洲各国相继建立了许多院舍，它们将需要照顾的孤儿、老人、精神病人等集中于院舍中进行照顾。院舍照顾在一定程度上减少了家庭结构因工业化而遭到削弱的消极后果。随着时间的推移，人们认识到院舍照顾存在诸多不足，甚至会影响居住于其中接受照顾的弱势群体的身心健康。相对于院舍照顾，社区照顾更强调正常化的理念，肯定了需要照顾人士的权利，即按照一定的社会文化和社会价值过上尽可能正常的生活。20世纪70年代，西方福利国家面临严重的财政危机，各国政府推行社会福利改革。政府注重多方挖掘社会资源，共同发展社会福利事业。为了弥补政府对弱势群体照顾的不足，政府鼓励发展社区照顾事业。

社区社会工作中的社区照顾是指，通过整合社会资源，运用正规照顾和非正规照顾网络，为需要照顾人士在家庭或社区中提供全面照顾，促使其过正常人的生活。从照顾提供者的角度来看，社区照顾可以分为正规照顾（formal care）和非正规照顾（informal care）。正规照顾通常是指由政府承担并提供的照顾性服务，多由政府人员及专门工作人员提供；非正规照顾通常是指由家人、亲友或者邻居基于情感和人伦上的因素及动力而提供的无偿照顾。社区照顾也可分为在社区内照顾（care in the community）、由社区照顾（care by the community）、与社区共同照顾（care with the community）三种类型。在社区内照顾通常是指需要照顾人士在社区内的小型服务机构或住所中，获得专业工作人员的照顾，属于正规照顾的范畴。由社区照顾是指社区内的人士，如家人、亲友、邻居或志愿者等，为需要照顾人士提供照顾，属于非正规照顾范畴。由社区照顾要求对社区居民进行培训，政府提供一定的支持，帮助建立社会支持网络。与社区共同照顾将非正规照顾与充足的支持性社区服务相结合，使社区照顾持续下去。

社区照顾的目标一般包括协助需要照顾人士融入社区、培养需要照顾人士的参与意识、强化居民的社区意识、政府与社区建立伙伴关系、推动建设关怀性社区。社会工作者扮演的角色主要有以下几种：①治疗者，包括行为治疗、心理治疗或小组治疗等；②辅导者与教育者，包括辅导服务、训练课程、照顾技巧等；③经纪人，包括为案主寻找有关服务，为照顾者小组寻找社区资源、财政申请渠道等；④倡导者，为特殊案主倡导/争取合适服务；⑤顾问，向服务机构提供服务意见，为照顾者小组提供咨询意见。

社区照顾模式下的社区社会工作具有为服务对象提供人性化的关怀、动员社区普通居民参与社区照顾、倡导社区层面服务的综合化等优点，但也具有资源及权力下放可能引发的政府责任和角色问题、社区资源状况不符合社区照顾的要求、激励机制出现问题、非正规照顾的服务质量难以保证、社区对有困难人士的排斥和歧视问题等缺点。

在本案例中，为老年人和残疾人提供社区照顾是X机构对邻里中心初期规划中的重要职能之一。这一阶段的社区照顾提供者主要为社会工作者，属于正规照顾、在社区内照顾，社会工作者主要扮演治疗者、教育者和经济人角色。这一阶段的社区照顾暴露出明显的缺点，即资源及权力下放引发的政府责任和角色问题。地方政府作为社区照顾服务资源的提供者，明确要求X机构在制定邻里中心规划时必须满足社区照顾的政策要求，这也导致邻里中心的服务在后期与社区的实际情况以及居民需求出现部分脱节。在农耕文化传承活动拓展的后期工作中，X机构转变社区照顾思路，主要通过培养居民的参与意识、建立社区支持网络、倡导关怀社区的方式为社区中有需要的居民（主要为儿童）提供非正规照顾，这一阶段社区照顾体现为非正规照顾与支持性社区服务相结合的形式，即与社区共同照顾。

（3）社区教育及其在社区社会工作中的运用

不同国家对社区教育的界定存在不同，英美视社区教育为非正规的社区服务，日本视社区教育为社会教育，强调学校教育在社区教育中的地位和作用。我国对社区教育的解释主要有以下两种：一种解释认为，社区教育是一种教育工作形式，超出学院或学校的范围，请社区其他人参加，既可作为学生也可作为教师，或两者兼任，教育完全是为整个社区的利益服务；另一种解释认为，社区教育是以社区为依托，以全体社会成员为教育对象，以社会主义教育、政治思想和科学文化教育为主要内容的一种教育形式，是社区文化建设的基础工程。本案例中的社区教育采用的是第二种解释。

社区教育的目标是培养和塑造有知识、有能力、以社区发展为己任的优秀公民。要做到这一点，必须在知识、行为和感情三个方面使服务对象有较大进步。在知识方面，使服务对象具备如下能力：掌握社区生活或共同问题的知识及资料，理解资料之间的相互关系，并能批判地分析问题；在掌握和理解资料的基础上能够触类旁通；在正确分析、评估问题与政策的基础上提出创新的建议。在行为方面，使服务对象掌握如下技能：对社区领袖而言，熟练掌握与群众沟通的技能，善于表达对他人的关怀和爱护，能理解文件和有关资料，懂得行政及会议的技巧，拥有社会行动和基层动员的能力，具备谈判、游说、公关及与大众传媒合作的能力。在感情方面，使服务对象的价值观发生转变：人的价值观具有可塑性，不是一成不变的，而是随着年龄的增长和实践的发展而不断修正的。因此，社区工作者可以从感觉、直觉、想象、判断、兴趣等各个方面引导居民，改变他们对参与、社会公义、市民权益的观念以及与此相关的价值取向，也可以通过行为反思的方法澄清价值观，使其在社区活动中由冷漠、消极、被动转向热情、积极、主动。

社区教育秉持大教育理念，具有以社区内全体成员为教育对象、与社区发展相结合、集合协调各种教育因素、立足社区特色等特点。欧洲国家的社会教育以地区发展模式、社会策划模式、社会行动模式为主。东南亚工业化国家和地区的社区教育是从基层社区的以新生活运动，思想、精神建设，民主建设，以及建设社会新秩序为目标的社区发展和社会改革运动开始的。它的显著特点是社区发展与社区教育紧密联系在一起，物质建设与精神建设紧密联系在一起，并且寓精神建设于物质建设之中。我国的社区教育模式依然处于探索阶段，存在各地党委和政府对社区教育的重视不够、社区教育经费投入难以落实、社区教育的管理体制与运行机制不顺、社区教育法规和政策亟待完善、社区教育资源整合不够等问题。

在本案例中，X机构依托邻里学堂和儿童中心开展社区教育，将社区教育的作用定位在知识技能传授、思想认识提升、知行合一的改变三个方面，充分体现了社区教育在知识、行为、情感三个方面的目标。X机构推动的社区教育秉持大教育理念，具有以社区内全体成员为教育对象、与社区发展相结合、集合协调各种教育因素、立足社区特色等特点。邻里学堂针对社区居民的生活需求，开设居民喜闻乐见的通识类课程讲座，让居民以更加灵活的形式参与文化教育活动，使邻里学堂的资源惠及更多居民。依托邻里学堂开展的社区教育与精神文明建设、当地社区发展、建立新生活秩序紧密相关。文化艺术课程满足农转社区居民的文化生活需求，营造社区文化氛围；学堂空间促进社区居民之间的联结、融合，居民的社区归属感、参与度提升；居民的思想意识在潜移默化中发生转变，规则意识、守礼意识、责任意识、公益意识等得以树立；学员成为社区志愿者活动的骨干，推动社区组织与社区志愿行动的发生。后期依托当地农耕文化特色开展的社区教育实现了与家庭教育、学校教育的融合，对探索家校社协同育人机制具有探索意义。

2. 能力训练

（1）问题分析与需求评估能力

通过实际案例，锻炼学生的问题分析与需求评估能力。在本案例中，问题分析与需求评估经历了两个阶段，问题分析与需求评估的模式、方法有所不同。

第一阶段，邻里中心的前期专家式调研主要采用社会策划模式，根据政府要求、专业知识制订调研方案，以专家身份对社区内重点人群进行走访，了解社区总体情况、重点人群需求以及社会组织情况。在对调研资料进行科学分析后总结出特殊人群、社区教育、社会组织三个方面的需求，在国内外经验与专业理论的指导下设计服务方案。该阶段的问题分析与需求评估整体采用自上而下的方式展开，且以问题视角为主。

第二阶段，基于村庄集体记忆的反思性调研与初期基于城市模板进行的专家式调研不同，主要采用行动研究的方式对前期干预实践进行反思，采用与服务对象同行的方式深入社区居民的日常生活世界，通过频繁互动与口述史梳理的方式了解居民现实处境，致力于从居民的角度理解其观念和行为的内在逻辑，进而发现居民的真实需求以及解决当下社区问题的线索。该阶段的问题分析与需求评估整体采用平等的方式展开，注重探寻问题的社会历史原因，需求评估以优势视角为主，注重对居民的能力、资源与优势进行发掘。

（2）服务方案设计能力

组织学生在问题分析与需求评估的基础上，分析当前服务方案设计的理论依据、服务对象、服务目标、具体执行过程、介入方法以及服务效果，讨论当前服务方案设计的适切性和可能存在的问题，进而提出可以完善和改进的建议。

（3）价值观与伦理议题的反思能力

服务方案讨论之后，引导学生围绕社区社会工作的价值观与伦理议题展开讨论。本案例中涉及的价值观包括尊重、社会正义、社区发展、民主与群众参与、服务质量等，可能遇到的伦理问题包括服务对象自决、多方主体利益冲突、价值观冲突、专业关系边界、传统文化议题等。选取本土情境中常见的伦理议题组织学生进行课堂模拟训练或观点辩论。

（二）案例思考题与讨论

将案例依照通用过程模式的六个阶段进行过程拆解，每个阶段设置相应数量的问题引导学生进行思考和讨论，最后增设思政相关议题引导学生对社区治理与社区社会工作的独特性进行思考。

1. 接案阶段

（1）社会工作者是如何接案的？

（2）社会工作者是如何与多方主体建立关系的？有何优势和劣势？

（3）社区社会工作是否还有其他建立关系的方式？

2. 预估阶段

（1）社会工作者进行问题分析与需求评估的步骤是怎样的？具体采用了哪些方法？

（2）社会工作者对问题表现及其成因的判断是怎样的？潜在的理论依据是怎样的？

（3）社会工作者评估出的社区需求有哪些？

（4）假如你是社会工作者，你如何进行问题分析与需求评估？

3. 计划阶段

（1）社会工作者如何设定社区社会工作的目标？依据是什么？

（2）社区工作者设定的干预目标是否合适？

（3）社会工作者采取了哪种社区社会工作模式？在服务中是如何体现的？该模式是否适用？

（4）假如你是社会工作者，你会对该社区的工作计划做出哪些调整？

4. 介入阶段

（1）社会工作者的介入分为几个阶段？每个阶段的介入目标、介入内容、介入方法是怎样的？

（2）介入过程中实际遇到或潜在的困难有哪些？可以如何应对？

（3）在介入过程中，社会工作者扮演的角色有哪些？是否合适？

5. 评估阶段

（1）社会工作者是如何进行评估的？

（2）社会工作者采用了哪些评估方法？评估的内容有哪些？

（3）假如你是社会工作者，你会对评估方案做出哪些调整？

6. 结案阶段

（1）社区工作的结案方式有哪些？

（2）假如你是社会工作者，你应该在结案时注意哪些事项？

7. 思政议题讨论

（1）社会工作参与我国基层社区治理的时代背景是怎样的？

（2）对农转居社区进行治理有哪些重要意义？社会工作可以发挥哪些作用？

（3）如何理解我国社区社会工作发展的独特性？有哪些优势和局限？

（4）中国社会文化在社区社会工作中可以如何运用？

（5）我国社区社会工作面临的本土伦理议题有哪些？可以如何应对？

（三）案例使用要点

1. 农转居社区的独特性。
2. 社区问题及需求分析的方式。
3. 社区社会工作的不同模式。
4. 社区社会介入的主要步骤与常用方法。
5. 社区社会工作的价值观与本土伦理问题。

（四）建议的课堂教学计划

案例呈现后，组织学生围绕案例思考题分组讨论（5~6人/组），并在课堂上分享讨论结果，教师引导学生就核心问题展开集体讨论，讨论结束后进行知识梳理，最后针对案例和相关知识展开自由问答。本案例按照2课时（90分钟）进行设计：案例呈现10分钟，小组讨论20分钟，小组分享与集体讨论30分钟，知识梳理20分钟，问答10分钟。

（五）案例使用辅助手段或工具

多媒体设备、大白纸、马克笔、农转居社区虚拟背景图片。

（六）案例教学的监测和评估

1. 观察课堂小组讨论的热烈程度，监测案例主题的适切性。
2. 根据课堂小组汇报的详细程度，评估案例内容的适切性。
3. 根据课堂集体讨论的深入程度，评估思考题目的适切性。
4. 根据课堂问答环节的互动情况，评估案例教学的效果。

（七）案例使用的延展建议

1. 课堂讨论之前，要求学生至少通读过一遍案例全文，并对案例思考题有一定了解。
2. 为保证小组讨论的充分性，小组人数不宜过多，若小组数量过多，可指定每个小组讨论若干题目，在集体讨论阶段，其他小组可进行补充说明。

3. 学生在分析案例前，要对农转居社区有一定了解，必要时教师可在课前为学生提供相关阅读资料。

4. 对于本案例中可能涉及的社区社会工作理论、社区社会工作模式、社区社会工作价值观与伦理等相关知识，学生需要提前复习。

5. 该案例为社会工作者实际开展的服务案例，故教师需要提醒学生严格遵守保密原则。

参考文献

陈光金、张翼、王春光、汪建华、张文博，2014，《新型城镇化与社会治理》，《学术研究》第12期，第35~44页。

陈晓莉，2013，《新型城市化发展中农转居社区治理变革》，《求实》第10期，第60~63页。

崔月琴、张扬，2017，《"村改居"进程中农村社区"公共性"的重建及其意义》，《福建论坛》（人文社会科学版）第4期，第151~158页。

郭伟和、徐明心、陈涛，2012，《社会工作实践模式：从"证据为本"到反思性对话实践——基于"青红社工"案例的行动研究》，《思想战线》第3期，第34~39页。

蒋福明，2013，《"村改居"社区文化及其困境探讨》，《北京行政学院学报》第3期，第87~90页。

李和中、廖澍华，2017，《行政主导的"村改居"社区治理困境及其化解——基于深圳市宝安区S街道的个案分析》，《社会主义研究》第2期，第105~111页。

梁慧、王琳，2008，《"村改居"社区居委会管理中的问题及对策分析》，《理论月刊》第11期，第171~173页。

吕青，2015，《"村改居"社区秩序：断裂、失序与重建》，《甘肃社会科学》第3期，第135~138页。

吴晓燕，2011，《从文化建设到社区认同：村改居社区的治理》，《华中师范大学学报》（人文社会科学版）第5期，第9~15页。

姚进忠，2011，《赋权："村改居"社区服务的路径选择》，《城市问题》第10期，第80~85页。

张和清，2016，《中国社区社会工作的核心议题与实务模式探索——社区为本的整合社会工作实践》，《东南学术》第6期，第58~67页。

赵呈晨，2017，《社会记忆与农村集中居住社区整合——以江苏省Y市B社区为例》，《中国农村观察》第3期，第16~26页。

社区工作介入随迁老人归属感提升的实务探索
——以北京市 S 社区 "随居而安" 项目为例

苗艳梅[*]

一 课程基本信息

(一)教学目标

1. 整体教学目标

通过"高级社会工作实务"课程的学习,使学生体验专业自我反思与成长,实践并掌握社会工作过程的通用模式/流程;熟练掌握个案工作、小组工作、社区工作的基本目标制定和服务技巧;初步掌握服务方案设计与管理技能,独立完成服务方案设计、实施和服务评估;培养学生理论与实践相结合的能力,提升学生在实务领域的专业素养。

2. 本案例聚焦的教学目标

通过案例学习,掌握社会工作服务项目的设计、实施、评估全过程,整合前期学习的理论知识、专业价值观和服务技巧。本案例运用社会支持理论、需要理论等分析随迁老人社区归属感现状及其影响因素、面临困境的原因,探索如何发挥社会工作专业的作用,开展项目设计,对项目实施过程进行管理和督导,对服务成效进行评估。

(二)教学主题

"高级社会工作实务"课程主要由五部分组成:第一部分是社会工作

---

[*] 苗艳梅,社会工作学院副教授。

再认识与社会工作者；第二部分是社会工作通用过程模式；第三部分是社会工作实务中的理论框架；第四部分是社会工作实务技巧；第五部分是整合社会工作，即在项目中将社会工作专业价值观、专业理论知识和服务技巧相融合。本案例主要聚焦第五部分内容。

（三）教学内容

指导学生运用社会工作相关知识梳理设计服务方案的要点，包括界定问题、分析问题、需求评估、影响界定需求的因素、服务资源评估、设计服务方案、实施服务方案、服务成效评估以及服务团队建设等。

（四）教学对象

社会工作专业硕士一年级学生[①]。

二 案例主体

（一）案例背景

1. 随迁老人成为社区老年群体的重要组成部分

随着城市化的不断发展，城市本土居民所占比例越来越低，随迁老人在社区所占比例越来越高。他们跟随子女来到新的生活环境，由于语言不通、生活习惯差异、亲朋好友远离等原因，对流入地的生活产生排斥，将自我独立在各类社区活动之外，甚至成为社区中的"隐形人"。根据活动理论，一定程度的社会参与并从中获得自我肯定、提升自我效能感与积极性，对老年人的晚年生活具有重要作用。因此应通过多形式多渠道提升随迁老人的社会参与度和适应能力。

2. 随迁老人的社区归属感提升成为一个社会问题

随迁老人的社区归属感提升不是私人问题，既涉及家庭、社区、整个社会，也涉及国家层面的宏观政策、流入地的经济结构及所在社区居民

---

① 前期应学习"社会工作理论""社会工作研究"等课程，跨专业攻读社会工作专业硕士学位的学生还应补修"社会工作概论""人类行为与社会环境"等课程。

的态度和行为、流动者的社会文化背景等多方面因素,反映了我国"以人为本"的服务理念的落实,是构建和谐社会过程中无法回避的问题。

"随居而安"随迁老人社区归属感提升项目(以下简称"随居而安"项目)得到北京市社会建设资金支持,执行时间为2016年3月至2017年6月。在需求评估的基础上,社会工作者运用社会工作直接服务方法,开展个案辅导、小组服务、社区活动等,明显提升了随迁老人的社区归属感。项目直接受益人数为90人左右,间接受益人数为300人左右。项目结束后,当地社区工作者持续跟进。

(二)事件过程、方法干预过程

1. 服务对象问题与需求评估

本案例主要运用问卷调查法和访谈法进行需求评估,对北京市两个社区的随迁老人进行调查,发放问卷200份,回收有效问卷188份;对5位随迁老人进行深度访谈。

调查内容主要包括随迁老人的性别、年龄、婚姻状况等基本情况。根据数据分析结果可知,62.2%的调查对象为女性,37.8%的调查对象为男性;半数调查对象的年龄为55~65岁,其次是66~75岁,占比42.0%;88.3%的调查对象已婚,只有10.6%的调查对象丧偶;22.4%的调查对象为大专及以上文化程度,高中(中专、技校)文化程度的占28.2%,初中文化程度的占23%,文盲仅占5.3%;65.8%的调查对象已经在流入地社区居住了三年及以上,一年到三年的占17.6%,半年到一年的占9.6%,三个月到半年的最少,只占7.0%;74.5%的随迁老人为了照顾子女和孙辈来到流入地社区,为了养老的占33.0%,为了家庭团聚的占9.7%。可见,帮助子女分担生活压力和照顾孙辈是老人迁移的主要原因。

根据统计分析资料可以看出,随迁老人主要面临以下问题。第一,社区关系网络薄弱,交往对象主要是家人,其次是老乡、亲戚和邻居,交往对象单一,交往深度和频率较低,因此老人难以在新的社区环境中获得良好的人际关系。第二,社区活动参与不足。有关随迁老人较少参与社区活动的原因，超三成随迁老人选择"不知道社区有活动"，有三成随迁老人选择了"没时间"，占14%的随迁老人表示"语言沟通有障碍"，其他为"对社区举办的活动不感兴趣""没有人陪自己参加""感觉融入不到活动中"等。随迁老人来自各个省份，特别是对于来自南方或农村的老人而言，语言上的差异使日常沟通成为难题。与本地老人的生活习惯差异较大，认为本地老人可能不愿意、不需要与外来人口过多交往，使随迁老人交往人数减少、频率下降，社会支持力度减小。营造和谐友爱的社区氛围不仅能促进随迁老人的社会融合，而且有助于社区的整体发展。

2.服务对象的需求

（1）随迁老人有增强社区关系网络的需求

虽然部分随迁老人在流入地社区建立了一定的社区关系网络，但是社区关系网络的功能并不完善，主要表现为朋友数量不足和朋辈支持不足。此外，还有部分随迁老人没有建立较好的社区关系网络，但他们并不排斥建立社区关系网络，只是多种原因，如忙于家务没有时间、没有合适的机会、语言交流不通、不知道怎样结交朋友和文化差异等，阻碍了其社区关系网络的构建。随迁老人有此需求，但无法得到满足，长此以往，对老人的身心健康将产生不利影响。

（2）随迁老人有提高社区参与程度的需求

调查结果显示，流入地社区内部分随迁老人的社区参与不足，主要是因为时间不足或者不知道社区有活动，尤其是不知道社区内有哪些活动是自己能参加的。

流入地社区居委会对社区内的失独老人、空巢老人关心较多，针对他们开展的活动比较丰富，但是对社区内随迁老人并不了解，组织活动时，常见方式是工作人员定向邀请经常参加活动的老人，这在客观上造成了随迁老人在社区内受"冷落"的状况，部分随迁老人的社区参与需求无法被满足。社区参与程度是影响社区归属感的重要因素，所以可以借助小组活动帮助随迁老人和社区服务站建立联系，帮助随迁老人了解参与社区活动的方式和途径。

3. 社会工作服务因素考量和介入方法选择

"随居而安"项目开展需要充分考虑如下几个方面的因素。

（1）个人因素：随迁老人的问题和需要是什么，问题严重性如何，随迁老人需要什么帮助，参加活动的能力状况如何等。

（2）资源因素：随迁老人目前有什么资源，缺乏什么资源，如何评估这些资源等。

（3）个人需求和资源链接因素：随迁老人和现有资源如何链接，谁去链接，如何评估效果等。

项目根据服务对象个人需求和现有资源，针对居民的共性需求开展社区活动，针对部分服务对象的需求开展小组活动，针对个别服务对象的多元化需求尝试开展个案服务。

4. 项目目标

（1）总目标

提升随迁老人的社区归属感，提高随迁老人对新生活与新环境的了解程度和适应能力。

（2）具体目标

第一，增加随迁老人的社区交往，拓宽交往范围，促使其更好地融入社区生活；第二，了解与熟悉本地社区资源，参与社区活动，提高随迁老人的归属感；第三，帮助随迁老人了解相关政策，更好地适应社区生活。

5. 项目计划的具体方法与途径

（1）个案工作

案主来源包括主动求助者、社区工作者转介、通过前期调研发现的潜在案主。社会工作者主要从亲子关系、代际隔阂、情绪困扰等个人问题出发，计划开展4~6个个案辅导，根据实际情况，每个个案开展6~8次探访活动。

（2）小组活动

小组活动将分主题围绕不同需求的组员开展，每个小组的人数为8~15人，计划至少开展2个专业小组。社会工作者可选择的小组议题如下。

第一，日常生活适应小组。主要针对南方省籍的在日常生活中感受到语言可能会妨碍与外界交流的随迁老人，以日常的衣食住行等方面为依托，开展普通话趣味学习小组。通过学习普通话，减少语言障碍，促进社区融入。

第二，社会支持小组。旨在扩大随迁老人的人际支持网络，提高其交往能力。随迁老人的交往包括随迁老人之间的交往、随迁老人与本地老人之间的交往以及随迁老人与子女之间的交往。可以成立以随迁老人为组员的人际小组，也可以成立不强调随迁特点的社区老年人休闲娱乐小组，还可以成立随迁老人及其子女的亲子活动小组等。

第三，网络使用学习小组。教授有需求的随迁老人使用网络，帮助他们与新老朋友通过多渠道进行沟通，学习上网聊天、浏览新闻、购物等。

第四，随迁老人能力提升自助小组。在有条件的社区组织热心的随迁老人开展自助服务。

（3）社区活动及其他

项目组根据随迁老人的需求，在社区内开展有针对性的社区服务及宣传等活动。

第一，开展社区大讲坛。利用社区现有资源，邀请有关专家开展针对随迁老人的讲座，如政策解读、气候变化与养生等，提高随迁老人的社区适应能力。

第二，发放宣传手册。制作"便利生活早知道"宣传手册，让随迁老人熟悉所在社区资源，包括交通出行信息、健身器材位置、娱乐设施与活动周期、就近的便民服务圈信息等，也可介绍北京的特色文化、风俗习惯、美景名胜等，以便随迁老人充分利用社区资源，满足生活需求。

第三，建设文化宣传专栏。利用社区、街道的文化宣传栏，宣传社区娱乐活动，畅通随迁老人的活动知晓与参与途径；宣传尊老敬老的传统美德，鼓励子女多陪伴老人。

第四，开展多样化的社区活动。可利用节假日开展社区活动（如"甜咸粽子都美味""汤圆元宵一家亲"等），增进社区居民与随迁老人之间的交流，提升其社区归属感。

第五，组织"不老青春"社区老年活动社团招新会。组织社区原有合唱队、舞蹈队、老年人俱乐部等社团筹备新年招新会，动员随迁老人积极参与，同时鼓励随迁老人创办社团（如老乡会、黄梅戏等），促进随迁老人与社区居民之间的交流，提升其社区归属感。

6. 专业服务开展

在上述目标和项目计划的指引下，项目以不同的服务内容与服务重点予以展开。

（1）同伴的人际支持。社区人际关系是影响社区归属感的要素之一，因此开展了三个随迁老人人际交往小组，每个小组由六次系列活动组成。

（2）社区支持。项目组邀请社区工作者介绍社区及现有社区活动，使随迁老人对社区设施和社区历史等有更多了解，动员随迁老人加入社区自治组织，积极参与社区活动，提高随迁老人对社区的归属感。

（3）专业支持。除小组工作之外，社会工作者还通过个案工作帮助服务对象缓解婆媳矛盾、走出家门参与活动等。

（4）家庭支持。通过上门探访，为有需要的随迁老人提供服务，强化家庭支持网络。

（三）事件或干预结果、社会反应

项目在执行期间，主要通过小组成员分享、回顾与总结等质性资料收集方式进行过程性评估，项目后期运用满意度量表进行结果评估。项目在执行期间通过社区微信公众号和项目微信公众号进行宣传，而且在项目执行完毕后，参与者通过撰写论文等方式进一步总结反思，呼吁对随迁老人进行关注，在《北京社会治理发展报告（2016~2017）》上撰写的文章引发《人民日报》（海外版）、《北京晚报》等媒体的深度报道，具有一定的社会影响力。

从整体上看，主要服务成效如下。

1. 服务对象在社区的人际交往状况有所改变

9个月的服务拓展了服务对象的人际交往范围，提高了服务对象的交往深度。

> 我很感谢这几位年轻人,我在这个小组中获得的开心和快乐是我来之前完全没有想到的,而且我认识了老谢,感觉和他特别合得来,现在不光是我们俩,我们两家的关系都不错,两家人之前还在一起做菜吃饭,特别开心,现在想想要不是因为这个小组,可能也不会认识这么个好朋友了。(人际交往小组组员A)

> 之前感觉来这个小组就是消磨时间,有时候还希望活动能早点结束,好让我回家做饭,但是慢慢地我特别期待参加每周的小组活动。你想啊,这里有这么多好朋友,还有年轻人愿意带咱们玩,咱们开心地玩一玩、笑一笑,感觉自己都变年轻了,而且参加了这个小组,我还认识了一个老乡,咱们这个社区里我的老乡可不多,我们两家还离得挺远,要不是来参加这个小组,根本不会认识,真的特别感谢这个小组!(手工小组组员B)

每个小组在初期和评估时都采用前后测进行成效评估。以其中一个社会支持小组为例,前后测对比如图1所示。

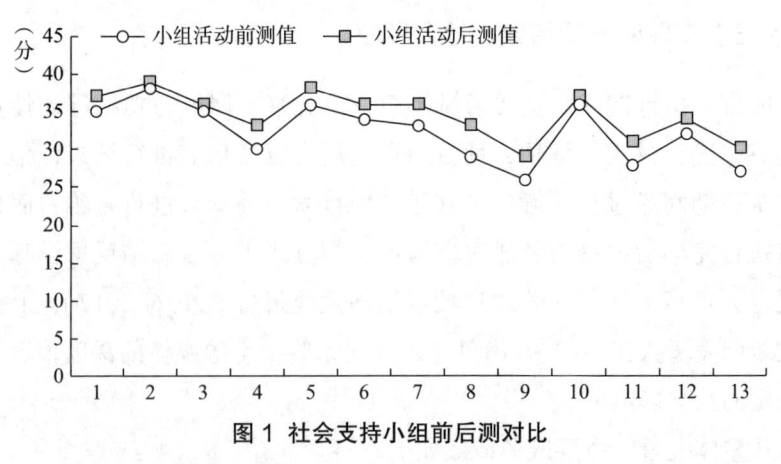

图1 社会支持小组前后测对比

注:横坐标为组员编号。

2. 服务对象对流入地社区有了深入的了解

服务对象通过居委会主任的介绍,认识了社区工作人员,了解了社区开展的各项居民活动,逐渐参与居委会组织的活动,这提高了他们对流入地社区的生活满意度,进而增强了他们对社区的归属感。

3.项目满意度评分逐渐增加

对项目的满意度评估既有过程评估也有结果评估,包括对小组组员的调查和访谈等多种方式。项目在每次小组活动或社区活动结束后,都进行活动满意度调查,对实际情况和服务效果进行评估。满意度调查数据显示,随迁老人对每次活动的整体效果、流程安排、活动内容、工作人员和活动收获指标的满意度较高,整体满意度在86%以上,多数指标的满意度在92%以上(见图2)。

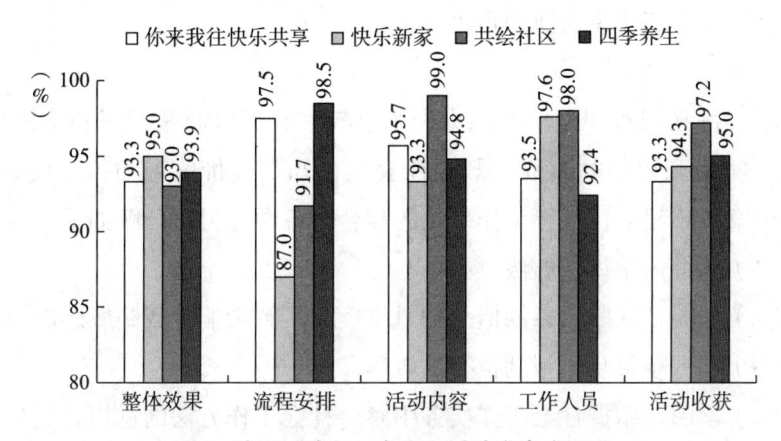

图2 社区活动和一个小组活动满意度汇总

调查结果显示,服务对象对社会工作者、活动设计、服务目标等的满意度均在98%以上。访谈中多数服务对象说自己发生了很大变化,对社区事务更加关心,建立了微信群,也更愿意走出家门,和新认识的朋友一起聊天、买菜等。社区工作者也认为项目组活动策划有新意,让老人"开开心心热热闹闹,特别好"。

平时社区对失独老人、空巢老人都有所关注,也举办一些活动来帮助这样的老人,但确实没想到还有随迁老人这样的群体,小组活动给社区工作者"提了个醒""打了个样"。(社区服务站站长)

三 案例使用说明

（一）案例所覆盖的理论知识点、能力训练点、价值观讨论点

1. 理论知识点

（1）需求调查与评估方法。

（2）社区归属感相关观点；社会支持理论、社会活动理论基本观点。

（3）项目设计、管理与评估流程。

（4）社会工作中个案工作（含个案管理）、小组工作、社区工作的基本知识。

（5）社会工作者扮演的角色。

2. 能力训练点

本案例在课程规划中的能力训练点较多，但核心是学习和掌握项目设计、实施和评估的流程，既是社会工作知识、价值观和技巧的整合，也是个案、小组、社区等工作手法的整合。各项能力可分解如下。

（1）掌握需求评估方法。

（2）掌握社区归属感的概念测量维度，了解影响社区归属感的因素。

（3）掌握项目从申报到执行的流程。

（4）学习与掌握社会工作实务中整合社会工作方法的运用。

3. 价值观讨论点

（1）在社区活动中如何看待送礼物这一现象？与社会工作价值观是否有冲突，为什么？

（2）与服务对象建立专业关系的重点与难点是什么？专业化与本土化是否有冲突？有何表现？假如你是社会工作者，你会怎么做？

（3）社会工作者的个人价值观、专业价值观和案主的价值观是否一致？

（4）家庭社会工作中的案主知情权和保密原则冲突如何处理？

（二）思考题

本案例的思考题主要对应案例教学的理论知识点、能力训练点和价值观讨论。将思考题和案例提前告诉学生，让学生提前阅读、回顾、熟

悉相关知识点，阅读关于需求理论、活动理论、社会支持理论以及社区归属感的期刊文献，熟悉需求评估方法（包括问卷调查、访谈、焦点小组等收集和分析资料的方法），制定目标及分目标的原则，社会工作通用过程模式以及个案工作、小组工作、社区工作实务技巧，社会工作者扮演的角色等方面的内容。

（1）如何将个人生活经验发展为专业服务项目？专业服务项目设计的内在逻辑是什么？

（2）案例中是如何开展服务对象需求评估的？不同的方法有何优势与不足？

（3）如何用理论指导实务？社会支持理论如何在个人层面、人际层面和社区层面的实务中发挥作用？

（4）如何界定服务对象、明确服务目标、设计服务方案？

（5）项目如何管理？如何编制预算？人事管理技巧有哪些？如何做好项目监测？

（6）案例中的个案来源是什么？针对某个个案，社会工作者从哪些方面提供帮助？能否截然分开个案、小组与社区工作的方法？为什么？

（7）本案例对你看待专业社会工作有何启发？

（8）案例中社会工作者扮演的角色有哪些？

（三）案例讨论、分析的思路及要点

案例讨论、分析的整体思路是将案例材料和启发思考题结合起来，激发学生对案例发展情况的兴趣，并结合实际情境进行探索思考。

1. 界定服务对象的范围

案例中的服务对象是谁，这一服务对象应如何界定？他们有何特点？教师引导学生查阅文献，引出本案例中随迁老人的概念界定及其成因。

"随迁老人"这一称谓具有中国特色，是中国国情和传统文化共同作用的结果。学术界界定的随迁老人具有如下特点：年满60岁，在迁入地居住生活时间较长但户籍在迁入地之外，子女在迁入地工作。学术界对随迁老人界定的差异性主要集中在迁入地生活时间和随迁老人的户籍两

个因素上。《中国统计年鉴》通常认为在迁入地生活半年以上即为常住外来人口，但是学术界并不统一。例如，王颖、黄迪（2016）认为，随迁老人是指在迁入地生活了一年以上的流动老年人口群体；瞿红霞（2012）认为，在迁入地生活两个月以上的老年人就是随迁老人。在户籍上，部分学者强调随迁老人特指与进城子女一起生活而户籍在农村的老年群体（余昆，2013；陈盛淦，2014；姚兆余，2010）。本文将随迁老人在迁入地生活的时间界定为三个月，并不特指户籍为农村的老年人。通过对国外老年移民的特点和原因进行研究发现，国外老年人移民的原因多与个人有关，如迁入宜居环境或获取养老服务资源（黄璜，2013)，因此具有自愿性和主动适应性。中国的随迁老人不同，亲属关系是重要因素，为照顾子女孙辈生活、家庭团聚和养老需要是随迁的三个重要原因。

除服务对象之外，服务范围还涉及"社区"这一概念。

2. 主要理论

该项目在执行过程中涉及理论和模式较多，主要是社会支持理论、社区归属感的理论研究和活动理论。

（1）社会支持理论

社会支持的概念来源于20世纪60年代的精神病学研究，早期研究者将社会支持作为个人从他人或社会网络中获得的一般或特定的支持性资源。林南等学者曾对社会支持的多种概念进行综合研究及讨论，在他看来，社会支持是"意识到的或实际的由社区、社会网络和亲密伙伴提供的工具性或表达性的资源"（见表1）。台湾学者宋丽玉综合了林南关于社会支持的定义和讨论（转引自范明林，2016：14~15）。

表1 社会支持的综合定义

	工具性支持		表达性支持	
	实际的支持	感知的支持	实际的支持	感知的支持
社区（归属感）				
社会网络（联结）				
亲密伙伴（系属）				

（2）社区归属感

社区归属感是研究社区的重要主观指标。《中国大百科全书：社会学》对社区归属感的定义是"居民把自己归入某一地域人群集合的心理状态，这种心理状态既有对自己社区身份的确认，也带有个体的感情色彩"。可见，社区归属感的概念比较强调研究对象的主观心理感受。本文认为，社区归属感是指随迁老人对所居住社区的人群和地域的认同、喜爱、依恋、关心等心理感觉。本文的社区归属具体表现为身份归属和地域归属两个指标，即认为自己是否为迁入地社区的人、是否愿意长期生活在迁入地社区。

社区归属感的影响因素较多，多数研究者都认同居民在社区中的居住时间与其社区归属感呈正相关关系，即在社区居住的时间越长，其社区归属感就越强（丘海雄，1989；单菁菁，2008；叶继红，2011）。此外，除个体年龄、性别、受教育程度、身体健康程度等因素外，社区归属感还受到研究对象参与社区活动的程度、对社区内外环境的满意度、对社区的认同程度、社会适应能力、社区居住条件、社区邻里关系等因素的影响。

随迁老人相关研究主要体现在社会融合、社会适应、社会支持等方面，可以为本研究提供借鉴。虽然随迁老人在城市社区中逐渐成为不容忽视的特殊老年群体，但他们在迁入地的生活状况并不乐观，主要表现为精神生活单调、很少参与社区活动、对迁入地社区的认同度低（姚兆余，2010）。他们的幸福感受到居住时间、从事活动的类型、对出行和气候适应的程度等因素影响（徐华等，2014）。低龄随迁老人疲于照顾子女孙辈生活等家务付出，高龄随迁老人因身体不便出行较少，他们常常成为社区中的"隐形人"。随迁老人将大部分时间用于做家务和照顾子女孙辈，缺少时间发展社区关系网络和参与社区活动（程首一，2015）。部分老人因为语言、风俗、担心被当地居民排斥等原因，主动减少与外界交往。农村户籍的随迁老人对自我城市身份的不认同及社区工作人员对其的态度问题、与社区居民交往内容单一和对社区缺乏情感认同等问题是他们融入城市的主要障碍（赵婕，2013）。此外，即使城镇户籍的随迁老人因为医疗、养老等政策与迁入地社区户籍老人存在差异，也将自己视为社区的"外人"，所以户籍壁垒是造成自我排外的主要原因（霍海燕，2016）。

（3）活动理论

活动理论认为，老年人应积极参与社会活动，只有参与，才能使老年人重新认识自我，保持生命的活力。

活动理论要点：老年期角色与成年期不同，老年期的角色属于非强制性的，更加符合个人意愿；非强制性角色有益于改善老年人的精神状态；非强制性角色的数量与老年人的精神状态呈正相关关系。

活动理论观点的基础：老年人的角色丧失越多，参与的活动就越少；老年人的自我认识需要在社会活动中形成和证明；自我认识的稳定性源于角色的稳定性；自我认识越清楚，生活满意度越高。

在理论的基础上，通过分析收集的资料，做好需求评估，形成方案目标，并围绕目标进行方案设计。分析资料的过程中引导学生回顾学习的研究方法和研究伦理。引导学生将需求评估结果转化成项目目标，并代入社会工作者角色，思考"如果我是社会工作者，我可能会开展哪些服务，方法和内容是什么"，再详细阅读案例材料，找出项目的优缺点。

对于项目管理，多数学生没有经验，了解的相关知识较少，针对这部分知识点，重要的不是回顾，主要是引导式学习，问题解决式的探索，可以进行分组讨论。主要议题如下：首先是项目落地，在社区需要哪些支持，如何找到；再思考需要多少人力，有何要求，在人事管理上有何技巧；财务支出等；评估与机制、指标与方法有哪些，如何整理评估资料，形成评估报告；项目进行中有何风险，何时进行风险管理等。

（四）案例使用要点

本案例的关键点是项目实施的全过程，厘清项目实施的步骤：需求评估和资源评估；社会工作服务目标与方案设计；社会工作实施；成效评估；反思与建议。上述步骤如何对应社会工作通用过程模式，分析每个步骤涉及的方法等。

主要难点是，寻找社会工作服务项目的理论和理念支持，整合理论与实务；需求评估和资源评估；链接资源，建立关系，进入服务区域；社会工作服务项目的管理与评估。

该项目的主要限制是，项目书的撰写是典型的"纸上谈兵"，根据当年政府购买服务项目指南撰写，前期没有开展需求评估，以文献分析即专家界定的需求为出发点。但这一限制也可以为学生提供一个示例，例如学生根据自己在家乡、在其他社区的观察和文献研究，确定的服务领域或服务群体的项目是否可行，应注意哪些问题。

（五）建议的课堂教学计划

每一届社会工作专业硕士研究生的实务能力都存在较大差异，主要表现为本科专业、实习经验等。因此要根据学生情况而定，本科为社会工作专业的学生，有比较丰富的专业实习经验或工作经验，实务能力较强，可以让他们回顾相关理论、实务技巧等知识点，课前阅读大约需要1.5小时；如果本科为非社会工作专业，则实务能力较弱，课前阅读大约需要3小时。

授课时可分小组进行每一步骤的讨论与讲解，共16学时，主要包括需求评估和资源评估、理论与实务整合框架、服务目标与计划、项目管理、项目评估、反思建议等。根据学生差异进行学时调整。

（六）案例使用辅助手段

小组讨论、课堂模拟等。

（七）案例教学的监测和评估

在传统的同行和督导听课打分的基础上，可以建立案例学习行动小组，以每个课堂学习小组组长为主，委托他们课后在小组内了解组员反馈与需求，及时进行调整。教学结束后进行问卷评估，通过数据分析促进教学质量提升。

（八）案例使用的延展建议

本案例除用于"高级社会工作实务"课程之外，还可以用于"老年社会工作""社会工作督导"等，部分内容可以用于"个案工作""小组工作""社区工作"等课程，每门课程根据实际的知识点选择重点讲授的内容。

参考文献

陈盛淦，2014，《随迁老人的城市适应问题研究》，《南京航空航天大学学报》（社会科学版）第 3 期。

程首一，2015，《农村随迁老人城市社会融入研究》，硕士学位论文，郑州大学。

范明林，2016，《护老者社会支持网络建设和社会工作介入》，载王思斌主编《社会工作硕士专业学位研究生（MSW）教学案例集》，北京大学出版社。

黄璜，2013，《老年人口迁移研究述评》，《人文地理》第 4 期。

霍海燕，2016，《社会质量视域下"老漂族"生活现状探究》，《学习论坛》第 10 期。

丘海雄，1989，《社区归属感——香港与广州的个案比较研究》，《中山大学学报》（哲学社会科学版）第 2 期。

瞿红霞，2012，《随迁老人的社会融入状况及其影响因素探析》，硕士学位论文，华中科技大学。

单菁菁，2008，《社区归属感与社区满意度》，《城市问题》第 3 期。

王颖、黄迪，2016，《"老漂族"社会适应研究——以北京市某社区为例》，《老龄科学研究》第 7 期。

徐华、牟书、徐娟、曾美英，2014，《北京地区随迁中老年人的主观幸福感及其相关因素》，《中国老年学杂志》第 9 期。

姚兆余，2010，《城市随迁老人的精神生活与社区融入》，《社会工作》第 9 期。

叶继红,2011,《城郊农民集中居住区移民社区归属感研究》,《西北人口》第3期。

余昆,2013,《关于随迁老人社会融入的文献综述》,《社科纵横》第12期。

赵婕,2013,《农村随迁老人城市融入的社区性机制研究》,《安徽理工大学学报》(社会科学版)第9期。

图书在版编目（CIP）数据

妇女·儿童·家庭·社区：社会工作专业硕士课程案例集/刘利群主编．-- 北京：社会科学文献出版社，2024.6

ISBN 978-7-5228-2535-9

Ⅰ.①妇… Ⅱ.①刘… Ⅲ.①妇女工作－社会工作－案例－中国②儿童－社会工作－案例－中国③家庭－社会工作－案例－中国　Ⅳ.① D669

中国国家版本馆 CIP 数据核字（2023）第 184227 号

妇女·儿童·家庭·社区：社会工作专业硕士课程案例集

| 主　　编 / 刘利群 |
| 执行主编 / 李　敏 |

| 出 版 人 / 冀祥德 |
| 组稿编辑 / 赵　娜 |
| 责任编辑 / 孟宁宁 |
| 责任印制 / 王京美 |

| 出　　版 / 社会科学文献出版社·群学分社（010）59367002 |
| 　　　　　地址：北京市北三环中路甲 29 号院华龙大厦　邮编：100029 |
| 　　　　　网址：www.ssap.com.cn |
| 发　　行 / 社会科学文献出版社（010）59367028 |
| 印　　装 / 三河市尚艺印装有限公司 |

| 规　　格 / 开　本：787mm×1092mm　1/16 |
| 　　　　　印　张：17.25　字　数：256 千字 |
| 版　　次 / 2024 年 6 月第 1 版　2024 年 6 月第 1 次印刷 |
| 书　　号 / ISBN 978-7-5228-2535-9 |
| 定　　价 / 128.00 元 |

读者服务电话：4008918866

▲ 版权所有 翻印必究